지은이 옥한흠

제자훈련에 인생을 건 광인(狂人) 옥한흠. 그는 선교 단체의 전유물이던 제자훈련을 개혁주의 교회론에 입각하여 창의적으로 재해석하고 지역 교회에 적용한 교회 중심 제자훈련의 선구자다.

1978년 사랑의교회를 개척한 후, 줄곧 '한 사람' 목회철학으로 예수 그리스도를 닮은 평신도 지도자를 양성하는 데 사력을 다했다. 사랑의교회는 지역 교회에 제자훈련을 접목해 풍성한 열매를 거둔 첫 사례가 되었으며, 국내외 수많은 교회가 본받는 모델 교회로 자리매김했다. 1986년에 시작한 〈평신도를 깨운다 제자훈련 지도자 세미나〉(Called to Awaken the Laity, CAL세미나)는 제자훈련을 목회의 본질로 끌어안고 씨름하는 수많은 목회자에게 이론과 현장을 동시에 제공하는 탁월한 세미나로 인정받고 있다.

철저한 자기 절제가 빚어낸 그의 설교는 듣는 이의 영혼에 강한 울림을 주는 육화된 하나님의 말씀으로 나타났다. 50대 초반에 발병하여 72세의 일기로 생을 마감할 때까지 그를 괴롭힌 육체의 질병은 그로 하여금 더욱 더 하나님 말씀에 천착하도록 이끌었다. 삶의 현장을 파고드는 다양한 이슈의 주제 설교와 더불어 성경 말씀을 심도 있게 다룬 강해 설교 시리즈를 통해 성도들에게 하나님 말씀을 이해하는 지평을 넓혀준 그는, 실로 우리 시대의 탁월한 성경 해석자요 강해 설교가였다.

설교 강단에서뿐만 아니라 삶의 자리에서도 신실하고자 애썼던 그는 한목협(한국기독교목회자협의회)과 교갱협(교회갱신을위한목회자협의회)을 통해 한국교회의 일치와 갱신에도 앞장섰다. 그리하여 보수 복음주의 진영은 물론 진보 진영으로부터도 존경받는, 보기 드문 목회자였다.

1938년 경남 거제에서 태어났으며 성균관대학교와 총신대학원을 졸업했다. 미국의 캘빈신학교(Th. M.)와 웨스트민스터신학교에서 공부했으며, 동(同) 신학교에서 평신도 지도자 훈련에 관한 논문으로 학위(D. Min.)를 취득했다. 제자훈련 사역으로 한국교회에 끼친 공로를 인정받아 웨스트민스터신학교에서 수여하는 명예신학박사 학위(D. D.)를 받았다. 2010년 9월 2일, 주님과 동행한 72년간의 은혜의 발걸음을 뒤로하고 하나님의 너른 품에 안겼다.

교회 중심의 제자훈련 교과서인 《평신도를 깨운다》를 비롯해 《길》, 《안아주심》, 《고통에는 뜻이 있다》, 성경 강해 시리즈인 《로마서 1, 2, 3》, 《요한이 전한 복음 1, 2, 3》 등 수많은 스테디셀러를 남겼으며, 그의 인생을 다룬 책으로는 《열정 40년》, 《광인》 등이 있다.

옥한흠 전집 강해 01
로마서 1 내가 얻은 황홀한 구원

Romans　John　Acts　Sermon on the Mount

로마서 1

내가 얻은 황홀한 구원

옥한흠 지음

국제제자훈련원

서문

설교자라면 누구나 한 번쯤은 로마서를 강해하고 싶은 마음이 들 것이다. 나 역시 예외는 아니었다. 1982년부터 그 이듬해까지 수요일 저녁 강단에서 로마서를 강해한 적이 있었지만, 스스로 만족하지 못했기에 늘 다시 해야겠다는 생각을 갖고 있었다. 그러던 중 건강이 나빠져 2년 동안 투병생활을 하면서 나 자신에게 무엇보다 시급한 것은 구원의 감격을 다시 회복하는 일임을 절감하게 되었다. 아마 이러한 영적 갈증이 다시금 강단에서 로마서를 펴게 하지 않았나 생각된다.

그동안 한국교회에서는 강해 설교를 대체로 저녁 예배 때 했다. 그러나 나는 주일 낮 예배 때 하기로 결심했다. 가급적이면 많은 청중에게 들려주어야겠다고 생각했기 때문이다. 주일 낮 예배의 설교는 길어야 40분을 넘지 못한다. 이렇게 짧은 시간을 이용하여 로마서의 심오한 진리를 효과적으로 전달하는 일은 결코 쉽지 않다. 한 절씩 설교하면 강해를 마치는 데 수년이 걸릴 것이고, 한 장씩 설교하면 너무 가볍게 다룰 위험이 따른다.

로마서를 일컬어 '교회 갱신의 성경'이라고 한다. 어거스틴으로부터 시작하여 루터, 웨슬리 등 교회를 새롭게 재건하는 일에 쓰임 받았던 거목들이 로마서를 통해서 주님의 음성을 들었기 때문이다.

지금도 교회가 새로워지고 그리스도인들이 또 한 번 거듭나기 위해서는 로마서 안에 담긴 우레 같은 주님의 음성을 들어야 한다.

놀랍게도 오늘날 교회 안에는 복음을 들어야 할 사람이 많다. 복음을 제대로 배우지 못한 이들, 구원의 감격을 한 번도 맛보지 못한 이들, 들어도 감각이 없는 이들, 심지어 잘못된 복음에 익숙해진 이들이 어디 한두 명인가? 이런 사람들은 모두 로마서를 펴 들고 자신의 죄인 됨을 실감 나게 볼 수 있어야 한다. 십자가에 달리신 예수 그리스도께 더 가까이 다가가 그분을 만나야 한다. 위대한 믿음의 능력을 발견해야 한다. 하나님의 무궁한 사랑에 자아가 온통 침몰하는 체험을 해야 한다. 성령께서 길어 올리시는 시원한 생수로 메마른 심령이 물 댄 동산처럼 바뀌어야 한다. 이러한 은혜가 없다면 답답하고 목이 타는 영혼이 어디서 힘을 얻을 수 있겠는가? 이 병든 세대를 무슨 방법으로 치료할 수 있겠는가?

앞으로도 한두 번은 더 로마서를 설교하고 싶다. 완전한 해설, 완전한 설교란 어느 시대에도 없었다. 우리는 모두 다 부분적으로 알고 부분적으로 말할 뿐이다. 그러나 불완전한 설교자의 부분적인 진리를 가지고도 기쁘게 일하시는 성령이 계신다. 우리의 기도를 온전케 하시려고 늘 탄식하시는 성령께서 나의 부족한 설교마저 하나님의 살아 있는 진리가 되게 하시려고 오늘도 탄식하고 계심을 감사한다. 무엇보다 독자들이 구원의 기쁨, 구원의 능력을 다시 회복하는 데 이 책이 일조할 수 있다면 더할 나위 없이 기쁠 것이다.

옥한흠

차례

	서문	4
01	예수 그리스도의 종 바울(롬 1:1-7)	9
02	로마교회는 복음을 다시 들어야 했다 I (롬 1:8-17)	31
03	로마교회는 복음을 다시 들어야 했다 II (롬 1:8-17)	49
04	하나님의 진노(롬 1:18)	67
05	하나님께 경건하지 못한 죄(롬 1:19-25)	87
06	불의, 불의, 불의(롬 1:26-32)	105
07	그래도 남보다 선하다는 사람(롬 2:1-16)	125
08	유대인이라 칭하는 네가(롬 2:17-3:8)	145
09	주여 나는 죄인이로소이다(롬 3:9-18)	167
10	새로 열린 구원의 길(롬 3:19-26)	189
11	자랑할 데가 어디냐(롬 3:27-31)	209
12	일한 것도 없고 경건치도 못한데(롬 4:1-17)	229
13	아브라함은 이렇게 믿었다(롬 4:18-25)	249
14	당신은 하나님과 화평을 누리고 있는가(롬 5:1-11)	269
15	당신은 은혜의 보좌로 나가고 있는가(롬 5:1-11)	289
16	당신은 영광을 바라고 즐거워하는가(롬 5:1-11)	309
17	아담 안에서 죽었고 예수 안에서 살았다(롬 5:12-21)	329
18	더욱 넘치는 은혜(롬 5:12-21)	351
	성경구절 색인	373

01

예수 그리스도의 종 바울

로마서 1장 1-7절

1 예수 그리스도의 종 바울은 사도로 부르심을 받아 하나님의 복음을 위하여 택정함을 입었으니 2 이 복음은 하나님이 선지자들을 통하여 그의 아들에 관하여 성경에 미리 약속하신 것이라 3 그의 아들에 관하여 말하면 육신으로는 다윗의 혈통에서 나셨고 4 성결의 영으로는 죽은 자들 가운데서 부활하사 능력으로 하나님의 아들로 선포되셨으니 곧 우리 주 예수 그리스도시니라 5 그로 말미암아 우리가 은혜와 사도의 직분을 받아 그의 이름을 위하여 모든 이방인 중에서 믿어 순종하게 하나니 6 너희도 그들 중에서 예수 그리스도의 것으로 부르심을 받은 자니라 7 로마에서 하나님의 사랑하심을 받고 성도로 부르심을 받은 모든 자에게 하나님 우리 아버지와 주 예수 그리스도로부터 은혜와 평강이 있기를 원하노라

사도행전을 읽으면 바울이 세 번째 전도 여행을 하면서 고린도라는 도시에 잠깐 머물렀다는 사실을 알 수 있습니다. 때는 겨울이었습니다. 그는 전도 여행을 잠시 멈추고 고린도에서 겨울을 나기로 작정했습니다. 그러나 단지 휴식을 취하고자 그렇게 한 것은 아닙니다. 더 중요한 일이 하나 있었는데, 그것은 바로 로마교회에 편지를 쓰는 일이었습니다.

바울은 로마교회에 무척 가보고 싶었습니다. 그런데 이상하게도 자꾸만 길이 막혀서 갈 수 없었습니다. 하는 수 없이 편지부터 먼저 보낼 생각을 하고 비서인 더디오에게 편지의 내용을 불러주었습니다. 나이가 50대에 접어든 바울은 시력이 별로 좋지 않은지라 직접 쓰지 못하고 더디오에게 받아쓰게 한 모양입니다. 한마디 한마디 불러주는 대로 더디오가 받아 적으며 기록을 끝내자 바울은 그 편지를 여집사 뵈뵈의 손에 들려 로마교회에 전해주도록 했습니다. 이 편지가 바로 기독교 역사상 교회를 개혁하고 부흥시키는 데 결정적인 역할을 한 로마서입니다.

보배보다 귀한 이 말씀이 하나님의 특별한 은혜로 오늘날까지 남아 우리 손에 들려졌다는 사실은 얼마나 기적 같으면서도 감사한 일입니까? 신학자 슈페너는 "성경을 하나의 반지라고 한다면 로마서는 그 반지의 보석에 해당한다"라고 표현했습니다. 바로 그 성경을 눈앞에 펴놓고 자유로이 읽을 수 있다는 사실 하나만으로 우리는 행복한 사람들입니다.

예수 그리스도의 종 바울

로마서의 첫 장 첫 절에는 무척 충격적인 표현이 나옵니다. 바로 "예수 그리스도의 종 바울"입니다. 그게 뭐 그리 대단한 말이냐고 반문할 수도 있겠지만, 이는 그때의 사정을 잘 몰라서 하는 말입니다. 원어인 헬라어로는 이 말이 '노예'를 가리킵니다. 아마도 우리말 성경에는 '종'이라고 번역되어 있어 그 의미가 강도 높게 전달되지 못하는 것 같습니다.

지금은 노예가 없으니 노예가 얼마나 천한 신분인지 실감할 수 없을 것입니다. 학자들마다 의견이 다르기는 하지만, 당시 로마의 인구가 100만 명 정도였고 그중에 최소 20퍼센트 이상이(어떤 학자는 50퍼센트 이상이라고 추정) 노예였다고 합니다. 노예는 오늘날 공장의 기계와 다를 바 없는 존재들이었습니다. 사람대접은커녕 생산수단 취급을 받았다는 뜻입니다. 그래서 "노예하고 당나귀는 똑같은데 노예는 말을 할 줄 알고 당나귀는 말을 하지 못한다"라는 말이 공공연히 사람들의 입에 오르내릴 정도였습니다.

당시의 노예 시장에 가면 반나체 상태로 단 위에 전시된 노예들을 볼 수 있었습니다. 지나가던 사람들이 구경을 하다 마음에 들면 상인과 흥정을 해서 사 갑니다. 그렇게 집에 데리고 가서는 이미 뚫려 있는 노예의 귓불에 주인의 이름을 새긴 귀걸이를 달아줍니다.

그러면 그 순간부터 노예는 귀걸이를 달아준 사람의 소유가 되는 것입니다. 노예는 이름도 없습니다. 생각도 표현할 수 없습니다. 자신의 의지나 꿈, 계획이라는 것은 상상조차도 할 수 없습니다. 말할 줄 아는 짐승처럼 그저 주인을 위해서 농사나 짓고 심부름이나 하는 도구에 지나지 않았던 것입니다.

이와 같은 상황에서 바울은 한 번도 대면한 적 없는 로마의 성도들에게 자신을 '예수 그리스도의 노예'라고 소개하며 편지를 보냈습니다. 정말 놀라운 일이 아닐 수 없습니다. 그는 당대의 석학이었습니다. 시민권을 가진 당당한 로마 사람이었습니다. 그러나 그는 자신을 예수의 노예라고 소개하기를 더 자랑스러워했던 것입니다.

바울이 강요에 못 이겨 자기를 예수의 노예라고 불렀습니까? 물론 우리가 아는 바와 같이 그와 예수님의 첫 만남은 강제적으로 이루어졌습니다. 당시 그의 가슴에는 무서운 증오가 치밀어 오르고 있었습니다. 예수가 앞에 있었다면 침이라도 뱉고 싶은 심정이었습니다. 그러나 예수님이 그를 만나 너는 "택한 나의 그릇"(행 9:15)이라고 하시자, 반항할 수도 없고 도망갈 수도 없이 죽지 못해 끌려가는 노예처럼 되고 말았습니다. 그런데 그런 바울이 로마서를 쓰던 당시에는 전혀 다른 사람으로 바뀌어져 있었습니다. 죽지 못해 끌려가는 종이 아니라 주인 되신 그리스도를 위해 자신을 기꺼이 드리는, '자원하는 종'으로 변한 것입니다.

복음이신 예수 그리스도

바울이 언제 그렇게 변했을까요? 물론 성령이 그에게 새 마음을 주신 순간부터 그런 변화가 일어났을지도 모릅니다. 그러나 자기를 누군가에게 종으로 드리는 일은 결코 하루

아침에 되지 않습니다. 그렇게 결단하지 않을 수 없는 분명한 계기가 생겨야만 가능합니다. 바울이 예수님을 처음 만났을 때 당장 그러한 심령의 변화가 일어난 것 같지는 않습니다. 처음에는 자신에게 일어난 피할 수 없는 변화를 담담하게 받아들였을 것입니다. 그리고 기뻐서 자원하는 심령으로 자신을 주님께 드리기까지는 얼마 동안의 과정이 필요했다고 생각합니다.

2절부터 4절까지의 내용을 보면 그가 어떻게 예수님의 종으로 헌신할 수 있었는지 그 과정에 대해 약간의 추리를 할 수 있을 것 같습니다.

> 이 복음은 하나님이 선지자들을 통하여 그의 아들에 관하여 성경에 미리 약속하신 것이라(2절).

바울이 확인한 하나님의 복음은 예수 그리스도였습니다. 예수님은 구약성경에 기록된 모든 선지자들의 글을 통하여 하나하나 확인할 수 있는 메시아였습니다. 다메섹 도상에서 환상 중에 만난 예수 그리스도는 하나님의 말씀을 통해서 확인된 예수 그리스도요, 하나님의 아들이었습니다.

> 그의 아들에 관하여 말하면 육신으로는 다윗의 혈통에서 나셨고 성결의 영으로는 죽은 자들 가운데서 부활하사 능력으로 하나님의 아들로 선포되셨으니 곧 우리 주 예수 그리스도시니라(3-4절).

바울은 예수님을 만나고 나서 얼마 지나지 않아 구약성경을 들고 아라비아 사막으로 들어갔습니다. 그는 거기서 3년 동안 은둔하며 주님의 말씀을 철저하게 검토하고 연구했습니다(갈 1:17-18). 그동안 그는 자기가 다메섹 도상에서 극적으로 만난 그분이 과연 구약의 선지자들을 통해 하나님이 약속하신 메시아인지, 과연 인류에게 복음이 되시는 구원자인지를 철저히 검토했을 것입니다. 창세기 12장 2절이 말하는 "복의 근원"(개역한글)이 예수 그리스도인지, 이사야가 예언한 '이새의 줄기에서 난 싹'(사 11:1)이 다른 사람이 아니라 베들레헴에서 탄생하신 예수 그리스도인지를 밝히는 작업을 쉬지 않고 했을 것입니다.

드디어 그는 이사야가 예언한 분, 바로 가난한 자에게 복음을 전하기 위해 '성령의 기름 부음 받은 종'(사 61:1)이 자기가 만난 예수 그리스도임을 확신하게 되었습니다. 바울은 이사야 53장에 등장하는 '고난의 종'이 바로 십자가에서 죽으신 하나님의 아들 예수 그리스도라는 것을 알았습니다. 다윗이 시편에서 예언한 '썩음을 당치 않을 거룩한 자'(행 13:35; 시 16:10)가 바로 사흘 만에 부활하신 예수 그리스도라는 것을 알았습니다. 이사야 49장 6절에 등장하는 '땅 끝까지 구원을 베푸는 이방의 빛'이 다른 사람이 아니라 예수 그리스도라는 것을 알았습니다.

그래서 바울 자신이 강제로 만나고 강제로 믿게 된 그 예수 그리스도는 구약의 선지자들을 통하여 하나님이 수천 년 동안 변함없이 약속하셨던 인류의 메시아요, 이 세계를 위해 하나님이 주신 복음이자 구세주라는 사실을 더 이상 의심하지 않고 확신할 수 있었던 것입니다. 그가 자기를 예수의 종으로 드리기를 주저하지 않았던 것이 바로 이때의 일이 아니었나 생각합니다. 그는 틀림없이 예수 그리스도의 발 앞에 다시 한 번 엎드려 얼굴을 땅에 대고 뜨거운 가슴으로 "나의 주, 나의 하나님!"이라 외쳤을 것입니다.

4절은 다소 어려운 내용이지만 검토할 필요가 있습니다.

> 성결의 영으로는 죽은 자들 가운데서 부활하사 능력으로 하나님의 아들로 선포되셨으니 곧 우리 주 예수 그리스도시니라(4절).

이 말씀은 두 가지 방향으로 해석됩니다. 우선 성결의 영을 예수 그리스도의 신성으로 보는 해석이 있습니다. 즉, 하나님이신 예수 그리스도의 신성이 부활을 통해 인정되었다는 것입니다. 그리고 3절에 언급된 "육신으로는"이라는 구절은 그분의 인성을 나타내는 표현이라고 해석됩니다. 우리는 예수 그리스도께서 참 하나님이시요, 참 사람이 되심을 아무도 의심하지 않습니다. 이 사실을 믿지 않으면 그리스도인이라 할 수 없습니다. 하지만 저는 성결의 영을 예수 그리스도의 신성으로 해석하는 것에 동의하지 않습니다. 그보다는 '성령'으로 해석하는 것이 더 옳다고 생각합니다.

조금 복잡하게 느껴질지 모르지만 "하나님의 아들로 선포"되셨다는 구절도 잠깐 생각하고 넘어갔으면 합니다. 한국교회가 개역개정판 이전에 쓰던 개역한글판 성경은 이 구절을 "하나님의 아들로 인정되셨으니"라고 번역했습니다. 그러다 보니 예수님이 부활하기 전에는 하나님의 아들이 아니었다고 오해할 수 있습니다. 그러나 '인정되다'라는 말이 '선포되다', '확인되다', '알려지다'라는 의미를 담고 있다는 사실을 알면 이해가 어렵지 않을 것입니다. 예수님은 부활하고 나서야 비로소 하나님이 되신 것이 아닙니다. 부활하시기 전에도 하나님이셨지만 그 사실이 가려져 있다가 죽음을 이기고 성령의 권능으로 부활하신 다음에야 그 사실이 공공연히 온 세상에 확인되었다는 뜻입니다.

기쁘게 예수의 종이 되라

구약성경을 펼쳐놓고 이 놀라운 진리의 지성소로 한 걸음씩 발을 옮겨놓는 동안 바울의 마음속에서는 말로 다 할 수 없을 만큼 뜨거운 감격이 솟구쳐 올랐을 것입니다. 그가 얼마나 울었을까요? 너무도 초라하고 힘없이 십자가에서 처형당한 그분이 수천 년 동안 인류가 대망하던 메시아라는 것을 다시 한 번 확인했을 때 얼마나 가슴이 벅차 소리를 질렀을까요? "예수를 없애야 해. 그를 추종하는 자는 한 놈도 남겨두어서는 안 돼" 하며 이를 갈던 자신의 옛 모습을 돌아보면서 얼마나 흐느꼈을까요? 자기를 불러 복음을 세상에 전하는 사도로 임명하신 예수 그리스도의 한량없는 은혜 앞에 참으로 감격해서 목놓아 울었을 것이 틀림없습니다. 이 감격 때문에 자기를 기꺼이 종으로 팔아버릴 수 있었던 것입니다.

드디어 그는 억지로가 아니라 자진해서 '예수 그리스도의 종'이 되어 남은 생을 살겠다고 백 번 천 번 다짐했습니다. 이후로 그는 어디에 가든지 자기를 예수의 종이라고 소개했습니다. 자기는 없어지고 예수만 남은 것입니다. 그는 예수의 종이 된 자신이 앞으로 몹시 험한 길을 가야 한다는 사실도 잘 알았습니다. 얼마나 많은 매를 맞아야 하고 얼마나 많이 감옥에 가야 하고 얼마나 모욕과 멸시를 당해야 하는지 주님이 그에게 보여주셨기 때문입니다. "그가 내 이름을 위하여 얼마나 고난을 받아야 할 것을 내가 그에게 보이리라 하시니"(행 9:16).

그럼에도 바울은 "주여 감사합니다. 가겠나이다" 하며 자기를 주님께 드렸습니다. 그는 고린도전서 4장 9절에서 토로한 것처럼 "천사와 사람에게 구경거리가" 된 채로 일생을 살았습니다. 많은 사람들이 조롱하고 비웃는 길이었지만 그는 기쁘게 발을 옮겨놓았으며 결사의 각오로 충성했습니다.

> 내가 달려갈 길과 주 예수께 받은 사명 곧 하나님의 은혜의 복음을 증언하는 일을 마치려 함에는 나의 생명조차 조금도 귀한 것으로 여기지 아니하노라(행 20:24).

로마서를 읽으면서 바울이 왜 자기를 예수의 종으로 소개하는지 잘 모른다면 편지 전체에 흐르는 저자의 뜨거운 감격과 열정을 느낄 수 없을 것입니다. 그런데 바울의 이야기가 우리와 무슨 상관이 있습니까? 바울처럼 특별히 소명을 받은 선교사에게나 예수의 종이 되는 문제가 중요한 것이지 나 같은 평신도에게는 그렇지 않다고 생각하는 것은 아닙니까? 이는 철저히 인간적인 생각입니다. 물론 우리는 바울이 아닙니다. 사도도 아닙니다. 그럼에도 바울의 이야기가 곧 우리 모두의 이야기라는 사실을 부인할 수 없습니다.

한번 생각해봅시다. 우리 중 상당수는 바울처럼 예수님을 억지로 믿기 시작했습니다. 저같이 4대째 믿는 집안에서 태어나면 원하든 원하지 않든 자연스럽게 그리스도인이 됩니다. 성인이 되어 신앙생활을 시작한 사람들 중에도 누군가의 권유로 어쩔 수 없이 교회에 끌려가서 믿게 되었거나 어쩌다 믿게 된 경우가 많습니다. 이렇듯 바울이 다메섹 도상에서 예수님을 만날 때처럼 내키지 않는 마음으로 교회에 나온 사람이 적지 않을 것입니다.

그러나 계속해서 억지 춘향으로 믿어서는 안 됩니다. 다음 단계에 들어서야 합니다. 바울처럼 말씀을 통해 예수 그리스도가 나의 하나님이요 구원자 되심을 철저히 확인하고 감격하는 자리로 나아가야 합니다. 그래서 자신을 송두리째 예수의 종으로 내어놓을 수 있어야 합니다. 이것이 예수 그리스도께서 우리에게 바라시는 믿음의 수준입니다. 로마서를 통해 흘러넘치는 은혜의 생수를 마시기 시작하면 우리는 기꺼이 예수의 종이 되겠다고 자청하게 될 것입니다.

우리는 '예수 그리스도의 것'

> 너희도 그들 중에서 예수 그리스도의 것으로 부르심을 받은 자니라 (6절).

여기서 말하는 "너희"는 로마서의 수신자인 로마교회 성도들로, 그들은 우리와 똑같은 평신도입니다. 바울은 이렇게 말하고 있습니다. "로마에 있는 성도 여러분! 여러분들도 나와 똑같이 예수 그리스도의 것으로 부르심을 받았다는 사실을 기억하십시오."

우리는 여기서 "예수 그리스도의 것"이라는 말에 주목해야 합니다. 이 말은 우리가 예수님의 소유가 되었음을 가리킵니다. 즉, 노예가 되었다는 뜻입니다. 우리 자신은 없어지고 주인 되신 예수님의 종으로 남게 된 것입니다. 사도 바울은 자기만 예수 그리스도의 종이라고 말하지 않습니다. 사도도 아니요 선교사도 아닌 로마교회의 성도들 역시 자신처럼 그리스도의 노예라고 서슴없이 말합니다. 만약 이 사실을 부인한다면 로마서를 덮어버리고 일어나야 합니다. 더 이상 읽을 필요가 없습니다. 그 안에는 온통 예수님을 믿고 그분의 종이 된 사람들의 이야기만 나오기 때문입니다. 자기를 그리스도의 종으로 내놓기 싫어하는 사람이 그것을 읽을 필요가 있겠습니까?

우리는 모두 그리스도의 종입니다. 그분의 소유가 아닌 그리스도인은 존재할 수 없습니다. 뜨거운 가슴으로 우리의 달라진 신분을 받아들여야 합니다. 그렇게 하기 위해서는 적어도 세 가지를 부정할 수 있어야 합니다.

> 또 무리에게 이르시되 아무든지 나를 따라오려거든 자기를 부인하고 날마다 제 십자가를 지고 나를 따를 것이니라(눅 9:23).

우선 "나는 주인이 아니다"라고 말해야 합니다. 우리는 자신의 주인도 아니요, 자기 생의 주인도 아니라는 말입니다. 다시 말해 주인 의식을 송두리째 포기하는 것입니다. 그다음은 "내 것은 아무것도 없다. 나에게 있는 것은 전부 내 것이 아니다"라고 고백해야 합니다. 이는 소유권을 포기하는 것입니다. 마지막으로 "나는 내 마음대로 살 수 없다"라고 선언해야 합니다. 이는 생존권의 포기라고 할 수 있습니다. 왜 주인 의식, 소유권, 생존권을 부정해야 합니까? 답은 간단합니다. 우리는 예수의 것, 예수의 종이 되었기 때문입니다.

교회에 다니는 사람들 중 상당수가 자신을 예수의 종으로 인정하지 못하는 것 같습니다. 어떤 목사님이 길을 가다가 대문에 교패가 붙어 있는 것을 보고는 벨을 눌렀습니다. 새파란 새댁이 생글생글하며 얼굴을 내밀었습니다. 목사님이 인사를 했습니다. "안녕하세요? 이 댁에 주님이 계신가요?" 젊은 부인은 깜짝 놀랐습니다. 처음에는 무슨 말인지 알아듣지 못해서 한참을 생각하다가 이윽고 자기는 모 교회에 다닌다고 답했습니다. 그 말을 들은 목사님은 그 댁에 주님이 계시냐고 재차 물었습니다. 조금 화가 난 부인은 입을 꾹 다문 채 문을 닫고 들어가버렸습니다. 나중에 알고 봤더니 그 새댁은 목사의 딸이요, 남편은 장로의 아들이었습니다. 교회에서는 둘 다 집사로, 찬양대원으로 봉사하고 있었습니다.

그 목사님의 질문에는 큰 의미가 담겨 있었습니다. 주님이 계시냐는 말은 예수님이 그 가정의 주인으로 대접받고 계신가를 묻는 것이었습니다. 바꾸어 말하면 예수의 종으로 충성하고 있느냐는 말입니다. 아마도 목사님은 교패를 버젓이 붙여놓고 사는 집이니 그 정도의 인사를 해도 실례가 아니라고 생각한 모양입니다. 이 이야기에 등장하는 부인처럼 자기가 예수의 종임을 모르고 교회를 드나드는 사람들이 얼마나 많은지 모릅니다. 성경은 우리가 주님의 것이라고 강조합니다.

> … 너희는 너희 자신의 것이 아니라 값으로 산 것이 되었으니 그런즉 너희 몸으로 하나님께 영광을 돌리라(고전 6:19-20).

> 우리 중에 누구든지 자기를 위하여 사는 자가 없고 자기를 위하여 죽는 자도 없도다 우리가 살아도 주를 위하여 살고 죽어도 주를 위하여 죽나니 그러므로 사나 죽으나 우리가 주의 것이로다(롬 14:7-8).

얼마나 철저한 종의 선서입니까? 여기서 말하는 "우리"는 누구입니까? 저와 여러분입니다. 예수님을 믿는다면 한 사람도 예외일 수 없습니다. 우리 모두는 예수 그리스도의 종입니다.

예수의 종으로 사는 삶

누구든지 억지로 종이 되어서는 안 됩니다. 무엇보다 주님이 그것을 원치 않으십니다. 주님은 우리를 위하여 자기 생명을 기꺼이 던져주셨습니다. 그러므로 우리도 기꺼이 모든 것을 바치는 종이 되기를 원하십니다. 그렇게 되려면 가슴속에서부터 주님을 향한 뜨거운 사랑이 솟구쳐야 합니다. 이런 감격이 없다면 바울처럼 성경을 안고 아라비아 사막으로 들어가야 합니다. 거기서 말씀을 통해 십자가의 주님을 만나야 합니다. 그럴 때 자원하는 종이 될 수 있습니다. 당신의 아라비아 사막은 어디입니까?

예수님을 믿는 사람이라면 세상 사람과 달라야 합니다. 가끔 우리는 구원받았다는 것이 세상 사람과 다른 점이라고 생각하며 만족합니다. 옳은 말이긴 하지만 그것이 전부는 아닙니다. 한번 생각해 봅시다. 우리가 구원받았다는 사실이 세상 사람들의 눈에 특별하게 보일까요? 믿는 사람들과 믿지 않는 사람들이 나란히 서 있을 때, 무엇을 보고 그 둘을 구분할 수 있습니까? 겉으로는 구원받은 사람이나 그렇지 않은 사람이나 달라 보이지 않습니다. 우리는 삶으로 그들과 구별되어야 합니다. 세상을 사는 방식에서 믿지 않는 사람과 다른 점이 있어야 합니다.

그러면 우리가 취해야 할 삶의 방식은 무엇입니까? 내가 주인으로 사는 것이 아니라 예수님의 종으로 사는 것입니다. 내가 주인처럼 산다면 그것은 세상 사람들의 삶과 다를 바 없습니다. 내가 주인 행세를 하며 사는 삶과 나는 주인이 아니라는 의식을 가지고 사는 삶은 분명한 차이가 있습니다. 모든 것을 내 소유로 착각하고 사는 사람과 내게는 아무것도 없다고 믿는 사람의 삶은 분명히 다릅니다. 내 마음대로 살겠다는 사람과 그러면 안 된다고 생각하는 사람은 삶의 질에서 엄청난 차이를 보입니다.

제가 잘 아는 목사님이 북한에 다녀왔습니다. 방북 기간 중 북한의 고위 관료가 목사님의 수행원 역할을 했는데, 장시간 함께 지내다 보니 서로 친근해져서 농담도 주고받는 사이가 되었다고 합니다. 한번은 관료가 이런 이야기를 하더랍니다. "뭐, 우리 주체사상하고 남한의 기독교하고 비교하니까 다른 것 없데요. 당신들, 성부 하나님 성자 하나님 믿는다고 그러지 않아요? 우리도 그래요. 김일성 주석이 성부요 김정일 동지가 성자입니다. 우리도 세 사람씩 한 조를 이루어 제자훈련을 하고 있어요. 당신들만 제자훈련 하는 것 아닙니다."

전해 들은 이야기로는, 실제 북한의 사회 구조가 3인조로 조직되어 있다고 합니다. 이 3인조는 서로 감시하는 것이 주된 일이지만, 동시에 서로 주체사상을 가르쳐주면서 독려하는 점조직입니다. 한 사람이라도 탈선하지 못하도록 서로 돕는 것입니다. 셋 중에 한 사람이라도 사고를 일으키면 세 사람이 운명을 같이해야 합니다. 얼마나 무서운 사회입니까? 우리들이 교회에서 받는 제자훈련과는 비교도 안 된다는 생각이 듭니다. 그러니 북한 지도자들의 눈에는 남한의 기독교가 형편없어 보이는 모양입니다.

그는 또 이런 말을 했다고 합니다. "당신네 목사들, 평양의 봉수교회에 와서 예배 보는 걸 자주 보았는데, 당신들도 별거 없데요. 우리보다 나은 것도 없고, 기독교의 믿음이란 게 고작 그 정도라면 그리 대수롭지 않다고 생각했소." 목사님이 왜 그러느냐고 묻자 그는 이렇게 답했습니다. "아니, 하나님 앞에 왔으면 경건하게 예배를 드려야지…. 우리가 김일성 주석에게 하는 태도 못 보았소? 당신네 목사들, 하나님께 경건하게 예배를 드리기는커녕 기도 시간에 비디오카메라로 사람들을 찍느라 정신이 없더군요. 본국에 돌아가서 자기 선전하려고 그러는지 예배도 안 보고 야단을 부리는 것 보니 틀려먹었다, 별거 아니다, 나는 그렇게 생각했수다."

북한의 공산주의자들만 우리를 별것 아닌 존재로 생각한다고 보면 안 됩니다. 우리 주변의 많은 불신자들 역시 성경책을 들고 교회에

다니는 우리를 같은 시각으로 볼 것입니다. 무언가 그들과 달라야 매력이 있지 않겠습니까? 아무리 교회가 늘어나도 세상이 달라지지 않는 것을 보면 우리 삶의 방식이 예수의 종과는 거리가 멀다고 할 수밖에 없습니다.

예를 하나 들어봅시다. 자신이 예수의 종이요 모든 것은 주의 것이며 그분이 원하는 대로 살아야 한다고 고백하는 주부라면 사치스럽게 살 수 있겠습니까? 주인 되신 예수 그리스도가 좋아하지 않으시는 일을 함부로 하겠느냐는 말입니다. 과소비할 수 있습니까? 수십만 원짜리 반바지를 사 들고 기분 좋아하겠습니까? 아무리 쌓아 놓은 돈이 많아도 자녀들이 과소비를 하며 수입 명품으로 휘감고 다니도록 내버려둘 수는 없을 것입니다. 자기가 그렇게 함으로써 이웃이 얼마나 피해를 보며 주인 되신 예수님이 얼마나 욕을 먹는가를 안다면 그럴 수 없습니다. 이 정도는 알고 행동해야 예수 믿는 사람이라 할 수 있습니다. 그래야 믿지 않는 사람과 무언가 다른 데가 있는 예수의 종이라고 불릴 자격이 있습니다.

주님이 우리에게 근검절약을 원하신다면, 우리는 오직 그 이유 하나로 부지런히 일하며 아껴 써야 합니다. 또 주님이 원하시기 때문에 정직하게 살아야 하고, 정직하게 살려다가 남보다 가난해진다 해도 오히려 그것을 감사할 줄 알아야 합니다. 주인 되신 예수 그리스도가 기뻐하시는 일이라면 그것이 무엇이든 우리는 만족해야 합니다. 자신을 예수 그리스도의 종이라고 믿는 학생이라면 학창 시절을 어떻게 허송세월하며 어영부영 보내겠습니까? 절대 그럴 수는 없습니다. 주님이 원하시는 대로 열심히 공부하며 눈물로 씨를 뿌려야 합니다.

직장인들에게 한마디 하고 싶습니다. 자기를 예수의 종으로 아는 사람이 눈치를 보며 태만하게 일할 수 있겠습니까? 청교도들이 말한 것처럼 우리는 일터를 예배당만큼이나 거룩한 장소로 여겨야 합니다. 왜냐하면 우리의 생업 전체가 주님의 것이지 내 것이 아니기 때문입니다.

장사를 하는 분들은 물건을 사고팔 때의 일거수일투족을 주님의 일로 알고 일해야 합니다. 그래야 상투적인 거짓말을 하거나 폭리를 취하지 않고 정직하게 장사를 할 수 있습니다. 예수의 종이 된 기업가가 이익 분배를 제대로 하지 않고 돈이 들어오는 대로 제 주머니에 집어넣으면서 노동자를 직접 간접으로 착취할 수 있겠습니까? 절대 그럴 수 없습니다. 내가 싫어서 그렇게 하지 않는 것이 아니라 나의 주인 되신 주님이 좋아하시지 않기 때문에 그렇게 못 하는 것입니다.

세상 사람들은 자기의 인생을 살지만 우리는 예수님의 인생을 살아갑니다. 이것이 우리가 안 믿는 사람과 다른 점입니다. 이 차이점을 확실하게 보이지 못하면 우리는 맛을 잃은 소금이 되어 그들의 발에 짓밟히고 말 것입니다.

제가 잘 알고 있는 어느 회사 사장은 자기 집무실에 예수 그리스도의 의자를 따로 하나 두었다고 합니다. 그 회사의 회장이 예수님이라는 뜻에서 그렇게 한다는 것입니다. 회사의 소유권, 경영권을 주님께 맡기는 신앙고백적 행동이라 할 수 있습니다. 그분은 회사의 모든 일이 사장인 자신의 마음대로 되는 것이 아니라 주님의 뜻대로 되어야 한다고 믿습니다. 이것이 바로 그리스도인의 삶이요 세상 사람과 구별되는 종의 삶입니다.

쓰임받는 종이 되려면

율법에 따르면 이스라엘에서는 스스로 자원해서 종이 되기를 원하는 자에게 주인이 귀에다 구멍을 뚫고 주인의 이름이 새겨진 귀걸이를 걸어주었습니다. 우리 역시 예수 그리스도라는 이름이 새겨진 귀걸이를 걸어야 하고, 또한 이것을 자랑스럽게 여겨야 합니다. 그러나 우리의 귀걸이는 장식용이 아닙니다. 삶을 통하여 우리가 예수 그리스도의 것임을 증거하는 표식이어야 합니다.

우리는 예수의 종이 되면 무미건조하며 부담스러운 인생을 살 수밖에 없다고 생각하는 경향이 있습니다. 흔히 목사가 되면 세상 재미 보기는 틀렸다고 말하지 않습니까? 그와 비슷한 선입관을 가진 것입니다. 그러나 실상은 정반대입니다. 주님의 종으로 철저히 순종하면 마음이 얼마나 평안한지 모릅니다. 내 것은 아무것도 없으니 만사가 얼마나 자유로운지 모릅니다. 그리고 "주님 뜻대로 하시옵소서" 하니까 기적 같은 일들이 일어나는 것을 볼 수 있습니다.

지도자 잘못 만나서 비참해지는 나라들을 보면 지도자를 잘 만나는 것이 우리의 행복과 얼마나 밀접한 관계를 가지고 있는지 새삼 깨닫게 됩니다. 세상에는 주인 잘못 만나 망한 사람이 너무 많습니다. 우리 자신을 주인으로 모시고 살면 결국은 망합니다. 결국은 허무주의에 빠지고 맙니다. 예수 그리스도는 가장 위대한 지도자요 가장 안심하고 우리 생을 맡길 수 있는 주인입니다. 그분은 우리를 위해 죽으시고 다시 살아나사 죄와 사망의 권세를 이기고 전 인류에게 구원의 길을 열어주신 나의 주 나의 하나님입니다. 그분을 나의 주인으로 모시면 자유함이 있습니다. 평안함이 있습니다. 능력이 따릅니다. 그리고 삶의 보람과 기쁨을 맛볼 수 있습니다.

구소련에서 보수파 쿠데타가 일어났을 때 저는 하도 답답해서 무릎을 꿇고 기도했습니다. "하나님! 소련에 있는 성도들이 이제 겨우 2년 가까이 자유롭게 예배를 드리고 있는데 또 보수파가 일어나면 어떻게 합니까? 그곳의 성도들을 생각하옵소서. 주님, 중국은 어떻게 합니까? 북한에 있는 성도들은 어떻게 합니까? 주여, 이 부족한 종의 기도를 들으시고 소련의 정변을 바꾸어주옵소서." 이틀 동안 그렇게 기도했습니다. 그런 다음 TV 뉴스를 보지 않고 자리에 누웠습니다. 그런데 아침에 일어나서 문을 열고 나가니까 아내가 "여보, 실패했대요!" 하는 게 아니겠습니까? 그래서 마루에 떨어져 있는 조간신문을 펼쳤습니다. "쿠데타 실패"라는 대문짝만 한 활자가 눈에 들어왔습니다. 하마터면 심장마비를 일으킬 뻔했습니다.

그때 문득 웨일즈의 단편소설 《대주교의 죽음》이 떠올랐습니다. 영국의 대주교가 기도할 시간이 되어 대성전에 들어가 두 손을 들고 "오 거룩하신 하나님 아버지여!" 하며 기도를 시작했는데 갑자기 위에서 "오냐, 내가 여기 있다. 무엇을 원하느냐?" 하는 소리가 들렸습니다. 대주교는 너무 놀란 나머지 "하나님 정말 내 기도를 듣고 계셨군요" 하고는 벌렁 나자빠져서 심장마비를 일으켜 죽었다는 내용입니다. 제가 그 꼴이 될 뻔했습니다. 왜냐하면 저의 기도를 듣고 하나님이 쿠데타를 실패로 돌리실 줄은 몰랐기 때문입니다. 하나님이 그처럼 기가 막히게 들어주시리라는 기대는 하지 않고 기도했던 것입니다.

제가 왜 이 이야기를 하는지 압니까? 우리가 예수의 종답게 살면 우리를 통해 주님이 하고 싶어 하시는 일들이 공산주의 국가에 수없이 쌓여 있다는 사실을 일깨우기 위함입니다. 엄청난 기회가 기다리고 있습니다. 그러나 아무리 기회가 찾아와도 우리가 예수 그리스도의 종으로 살기를 부담스러워하거나 거부하면 아무 일도 할 수 없습니다. 그렇게 되면 우리는 주인 되신 그분에게 엄청난 손해를 입히게 될 것입니다.

하나님께서 우리 한국교회에 원하시는 것이 무엇일까요? 구름떼와 같이 많은 사람이 모이는 교회를 원하실까요? 아니면 예수 그리스도라는 이름이 새겨진 귀걸이를 달고 "주여, 나는 주님의 종입니다. 주님 기뻐하시는 삶을 살기 원합니다"라고 고백하는 진실한 종들을 원하실까요? 이미 우리는 여기에 대한 답을 알고 있습니다. 우리가 아는 그대로 사는 신앙인이 되어야 합니다.

이제 우리는 모든 그리스도인들이 다 예수 그리스도의 종이라는 것을 알았습니다. "예수 그리스도의 종 바울은"에서 '바울'이라는 이름 대신 각자 자기 이름을 써 넣도록 합시다. 저는 성경에 이렇게 써 두었습니다. "예수 그리스도의 종 옥한흠은…." 얼마나 영광스러운 일인지 모릅니다.

> 너희도 그들 중에서 예수 그리스도의 것으로 부르심을 받은 자니라 (6절).

여기서 "너희도"는 참 막연하지 않습니까? '너희도' 대신 각자 자신의 이름을 쓰든지 아니면 '나도'라고 쓰기 바랍니다. "나도 그들 중에서 예수 그리스도의 것으로 부르심을 받은 자니라." 그러면 성령께서 이 말씀을 통하여 당신의 마음속에 생명을 불어넣으실 것입니다.

이제 우리는 세상 사람들과 비슷하게 사는 것이 아니라 철저하게 구별된 사람으로 살아야 합니다. 그래서 주님의 손에 들려 이 세상을 아름답고 새로운 하나님의 나라로 바꾸는 일꾼이 되어야 합니다. 오직 예수 그리스도의 종들만이 해낼 수 있는 일을 위해 쓰임받는 영광스러운 사람이 되어야 합니다.

02

로마교회는 복음을 다시 들어야 했다 I

로마서 1장 8-17절

8 먼저 내가 예수 그리스도로 말미암아 너희 모든 사람에 관하여 내 하나님께 감사함은 너희 믿음이 온 세상에 전파됨이로다 9 내가 그의 아들의 복음 안에서 내 심령으로 섬기는 하나님이 나의 증인이 되시거니와 항상 내 기도에 쉬지 않고 너희를 말하며 10 어떻게 하든지 이제 하나님의 뜻 안에서 너희에게로 나아갈 좋은 길 얻기를 구하노라 11 내가 너희 보기를 간절히 원하는 것은 어떤 신령한 은사를 너희에게 나누어 주어 너희를 견고하게 하려 함이니 12 이는 곧 내가 너희 가운데서 너희와 나의 믿음으로 말미암아 피차 안위함을 얻으려 함이라 13 형제들아 내가 여러 번 너희에게 가고자 한 것을 너희가 모르기를 원하지 아니하노니 이는 너희 중에서도 다른 이방인 중에서와 같이 열매를 맺게 하려 함이로되 지금까지 길이 막혔도다 14 헬라인이나 야만인이나 지혜 있는 자나 어리석은 자에게 다 내가 빚진 자라 15 그러므로 나는 할 수 있는 대로 로마에 있는 너희에게도 복음 전하기를 원하노라 16 내가 복음을 부끄러워하지 아니하노니 이 복음은 모든 믿는 자에게 구원을 주시는 하나님의 능력이 됨이라 먼저는 유대인에게요 그리고 헬라인에게로다 17 복음에는 하나님의 의가 나타나서 믿음으로 믿음에 이르게 하나니 기록된 바 오직 의인은 믿음으로 말미암아 살리라 함과 같으니라

로마서의 주제를 한마디로 요약하면 1장 1절에 명시된 "하나님의 복음"이라고 할 수 있습니다. 복음이란 쉽게 말해 복된 소식, 기쁜 소식을 의미합니다.

우리가 신앙생활을 올바로 하기 위해서는 복음을 제대로 아는 것이 무엇보다 중요합니다. 하나님이 우리에게 주신 성경 말씀 전부가 복음이라고 할 수 있기 때문입니다. 그중에서도 예수 그리스도는 복음 중의 복음입니다. 산모가 한밤중에 난산을 하면서 죽어갈 때 산부인과 의사가 온다는 전갈은 낭보 중의 낭보가 되는 것처럼, 죄와 죽음의 노예가 된 우리에게 구원자 예수 그리스도가 오셨다는 사실은 가장 기쁜 소식이 아닐 수 없습니다.

신앙생활을 한 사람이라면 '예수 그리스도의 복음'이라는 말이 매우 익숙합니다. 그런데 1절의 "하나님의 복음"이라는 표현은 조금 낯설게 들립니다. 그러나 우리가 성경의 진리를 조금만 깊이 이해하기 시작한다면 하나님의 복음이라는 말은 신구약의 전체 내용을 한마디로 요약한, 차원 높은 표현임을 알 수 있습니다.

누가 예수님을 이 땅에 보낼 계획을 세웠습니까? 누가 우리를 구원할 계획을 세웠습니까? 바로 하나님입니다. 하나님께서 우리를 구원하기 위해 창세전부터 계획을 세우셨습니다. 그러므로 복음은 하나님의 영원한 계획 가운데서 나온 것입니다. 이렇게 놓고 볼 때 하나님의 복음이라는 말은 보다 광대하며 더욱 깊은 뜻을 담고 있다는 사실을 알 수 있습니다.

바울이 하나님의 복음이라는 말을 로마서 서두에서 사용한 이유가 여기에 있습니다. 로마서에 제일 많이 사용된 단어가 '하나님'입니다. 총 153회나 나옵니다. 헬라어 원문을 가지고 분석한 결과 46단어마다 한 번씩 하나님이란 이름을 사용했습니다. 이것은 성경 66권 중 로마서를 뺀 다른 성경 어디에서도 그 예를 찾아볼 수 없을 만큼 높은 빈도입니다. 복음을 체계적으로 가르치는 로마서에서 하나님의 이름이 이처럼 파격적으로 많이 사용된 이유는 우리를 구원하실 계획, 즉 복음이 하나님의 가슴에서부터 나왔다는 것을 가르쳐주려는 데 그 의도가 있다고 생각합니다.

그러므로 결국, 복음을 이해하면 이해할수록 우리 마음은 하나님을 향하게 됩니다. 우리의 눈은 하나님을 향해 열리며, 입술은 하나님께 찬양을 드리게 됩니다. 바울은 이 사실을 잘 보여줍니다.

> 깊도다 하나님의 지혜와 지식의 풍성함이여, 그의 판단은 헤아리지 못할 것이며 그의 길은 찾지 못할 것이로다(롬 11:33).

하나님의 마음을 아무리 헤아리고 헤아려도 끝이 없다는 말입니다. 왜 나 같은 것을 구원하려고 하셨는지! 왜 나 같은 죄인을 위하여 자기 아들, 예수 그리스도가 십자가에 못 박히도록 허락하셨는지! 아무리 연구하고 생각해도 하나님의 심정을 헤아릴 수 없습니다.

그리고 로마서를 마무리하는 16장 27절에서는 "지혜로우신 하나님께 예수 그리스도로 말미암아 영광이 세세 무궁하도록 있을지어다 아멘" 하며 하나님께 영광을 돌리고 있습니다. 예수 그리스도라는 복음이 하나님의 뜨거운 가슴에서 나온 은혜임을 안다면 누구나 바울처럼 하나님을 향해 두 손을 높이 들고 찬양하지 않을 수 없습니다.

바울이 로마교회에 복음을 전한 이유

로마서 1장 1-17절에만 '복음'이라는 단어가 7회나 반복되어 나옵니다. 특별히 15절은 우리의 관심을 끄는 구절입니다.

> 그러므로 나는 할 수 있는 대로 로마에 있는 너희에게도 복음 전하기를 원하노라.

참 흥미로운 사실을 발견할 수 있습니다. 복음은 본래 안 믿는 사람에게 전하는 것이 아니겠습니까? 그래서 복음을 전한다 하면 우리는 불신자들을 연상하게 됩니다. 로마서 15장 20절을 보면 바울도 같은 생각이었음을 알 수 있습니다. "또 내가 그리스도의 이름을 부르는 곳에는 복음을 전하지 않기를 힘썼노니 이는 남의 터 위에 건축하지 아니하려 함이라." 복음이란 예수님을 모르는 사람에게 전하는 것인 만큼, 거의 대부분이 믿지 않는 당시 상황에서 굳이 예수님을 아는 사람에게 복음을 또다시 전할 필요는 없다고 생각했기 때문입니다. 그런데 왜 바울은 자신의 원칙을 어기면서까지 로마의 성도들에게 복음 전하기를 그토록 간절히 원했습니까? 이는 우리의 관심을 끌기에 충분할 만큼 흥미로운 질문입니다.

먼저, 로마에 있는 성도들이 어떤 사람들인가 살펴보겠습니다. 6절을 봅시다. 앞서 우리가 검토한 것처럼 로마에 있는 '너희'는 '그리스도의 것', 즉 그리스도의 종으로 부르심을 받은 사람들입니다. 예수님을 믿고 이미 구원받은 사람들입니다. 7절을 봅시다. "하나님의 사랑하심"을 받은 자들입니다. 이미 '성도'라는 이름으로 불리고 있습니다. 그리고 그들의 믿음이 얼마나 좋은지, 8절에 보면 온 세상에 소문이 났다고 했습니다.

이처럼 믿음이 좋고 신앙생활을 잘하는 성도들에게 왜 복음을 전하고 싶다고 했는지 참 의아하지 않습니까? 바울이 얼마나 그들에게 복음을 전하고 싶어 했는지는 10절에 잘 나타나 있습니다. "어떻게 하든지 이제 하나님의 뜻 안에서 너희에게로 나아갈 좋은 길 얻기를 구하노라." 11절에서는 "내가 너희 보기를 간절히" 원한다고 했습니다. 이처럼 바울은 그들을 너무 보고 싶어 하는 심정을 전하고 있습니다. 13절의 "내가 여러 번 너희에게 가고자 한 것을 너희가 모르기를 원하지 아니하노니"라는 구절에서 그가 한 번만 노력한 것이 아니라 기회만 있으면 로마교회에 가서 복음을 전하려고 애를 썼다는 사실을 알 수 있습니다. 15절에서도 "할 수 있는 대로", 다시 말해 '무슨 수를 써서라도' 로마에 있는 성도들에게로 달려가 복음을 전하고 싶다는 자신의 심경을 피력하고 있습니다.

참으로 이상한 이야기입니다. 그래서 로마서를 연구하는 학자들은 '바울이 왜 그토록 로마의 성도들에게 복음을 전하려고 애를 썼을까?' 하는 난제를 놓고 여러 가지 견해를 내놓았습니다. 그들이 내놓은 학설은 모두 12가지나 됩니다. 그중 하나는 바울이 예방적인 의도에서 그랬다는 것입니다. 로마서가 기록될 당시만 해도 로마 성도들은 복음을 바로 듣고 은혜 안에 서 있었습니다. 그러나 언젠가는 당시 대부분의 초대교회가 겪었던 것처럼 교회 안에 침투한 이단의 영향으로 탈선할 위험이 있었습니다. 그래서 그들이 그릇된 복음에 빠지지 않게 예방하려고 다시 한 번 복음 전하기를 원했다는 것입니다.

유언을 남기려는 의도에서 복음을 전하고자 했다는 견해도 있습니다. 유언이란 사람이 죽기 전에 마지막으로 남기는 말이 아닙니까? 바울은 로마서를 기록한 다음에 부득이 예루살렘으로 가야만 했습니다. 우리가 사도행전을 통해서 아는 바와 같이 그 당시 바울이 예루살렘에 간다는 것은 사지로 들어가는 것이나 마찬가지였습니다. 많은 사람이 그가 가지 못하도록 막았습니다. 성령께서 거기에 가면 결박되고 죽음을 당하게 될지도 모른다고 가르쳐주셨습니다. 그는 만일 그곳에 가서 다시 돌아오지 못한다면 로마에 갈 기회는 영영 사라질지도 모른다고 우려했을 것입니다. 그래서 그는 유언하는 심정으로 이 로마서를 기록하여 복음을 전했다는 것입니다.

전략적인 의도로 그랬다는 견해도 있습니다. 당시 로마는 세계에서 제일가는 도시였습니다. 로마를 복음으로 정복하지 않고서는 땅끝까지 복음을 전할 수 없다는 것이 너무나 명백한 사실이었습니다. 그러므로 바울에게 있어 로마는 중요한 전략 목표였다는 것입니다. 그래서 자신이 로마에 가기 앞서 미리 로마서를 통해 그들에게 복음을 전하면 훗날 로마에 갔을 때 선교하기가 훨씬 더 유리할 것이라는 판단 아래 준비 작업으로 이 서신을 썼다는 것입니다.

이런 견해들 중 어떤 것이 맞다고 혹은 틀렸다고 말하기는 어려울 것입니다. 알다시피 저는 목회자입니다. 오랫동안 목회를 하면서 얻은 경험을 바탕으로 바울이 왜 로마교회에 복음 전하기를 간절히 소원했는지를 이해하게 되었습니다. 목회적인 의도에서 로마서를 기록했다고 보는 것입니다. 저는 바울이 로마의 성도들에게 의도적으로 복음을 한 번 더 전하려 했다고 생각합니다. 로마교회가 언제 시작되었는지는 아무도 모릅니다. 그러나 바울이 이 편지를 쓸 당시에는 적어도 20년 가까운 전통을 가진 교회였다고 추측됩니다. 그러므로 벌써 로마교회 안에는 첫 믿음의 순수성과 열정을 잃어버린 사람들이 꽤 많았을 것이며, 이렇게 가정하는 것은 절대로 지나치다고 할 수 없습니다.

로마서 13장 13-14절에 보면 바울이 아주 엄격하게 경고하는 말씀이 나옵니다. "낮에와 같이 단정히 행하고 방탕하거나 술 취하지 말며 음란하거나 호색하지 말며 다투거나 시기하지 말고 오직 주 예수 그리스도로 옷 입고 정욕을 위하여 육신의 일을 도모하지 말라." 얼마나 무서운 충고입니까? 예수님을 믿고 교회에 드나들고는 있지만 무엇인가 잘못된 사람들이 꽤 있었던 것입니다. 그런 사람들은 복음을 다시 듣고 은혜를 받아야 할 필요가 있었습니다. 저는 바울이 영적으로 힘을 잃어가는 그들에게 로마서를 통해서 다시 한 번 복음을 생생하게 전하려는 간절한 소원을 가졌다고 생각합니다.

복음을 상실한 교회

우리 모두는 오래된 교회일수록 복음이 죽어 있기 쉽다는 사실을 잘 알고 있습니다. 역사가 50~60년 되었다고 하는 교회들에 한번 가보세요. 예수님의 사랑이 식어버린 지 오래라는 것을 금방 느낄 수 있는 교회가 많습니다. 십자가의 피가 말라버린 것처럼 보입니다. 겉보기에 화려한 교회일수록 복음의 메시지가 힘을 잃고 있습니다. 뿐만 아니라 교회 안에서 "왜 저렇게 영적으로 흐리멍덩할까? 왜 저렇게 답답할까?" 하고 염려가 되는 사람들을 유의해서 보면 공통점이 하나 있는데, 그것은 한결같이 예수님을 믿은 지 오래되었다는 것입니다. 교회 안에서 영적으로 심각한 병을 안고 있는 사람들 역시 조사해보면 대부분 예수님을 믿은 지 오래된 사람이었습니다.

그러므로 우리는 이렇게 이야기할 수 있습니다. "복음, 즉 예수 그리스도를 정말 필요로 하는 사람은 교회 밖보다 교회 안에 많다." 십자가 앞에서 다시 한 번 깨어져야 할 사람이 교회 안에 있습니다. 하나님의 사랑 앞에 그 굳고 교만한 마음이 녹아져야 할 사람, 예수님의 이름 앞에서 자기 자신이 죽고 다시 태어나는 은혜를 받아야 할 사람이 바로 교회 안에 있습니다. 그들은 로마교회 안에 있었고, 또한 한국교회 안에 있습니다.

교회를 다녀도 복음에 무지한 사람들이 있습니다. 오랫동안 예수님을 믿었어도 십자가에 대해 무지하고, 예수 그리스도의 공로에 대해 무지하며, 영생을 얻는 문제에 대해서도 무지합니다. 그런 사람이 바로 복음을 다시 들어야 할 로마교회 성도들인 것입니다.

교회 안을 둘러보십시오. 복음에 대해서 이상하리만치 거부반응을 일으키는 사람이 많습니다. 예수님이 처녀의 몸에서 태어났다고 하면 얼굴이 금세 굳어져버립니다. 십자가에 못 박혀 돌아가신 지 사흘 만에 부활하셨다고 하면 눈을 반짝이며 설교자에게 집중하던 사람이 눈을 감아버립니다. 거부반응이 심한 것입니다. 그들이야말로 복음을 다시 들어야 할 사람들입니다. 복음에 대해 의심하는 사람이 얼마나 많습니까? 곡해를 하는 사람은 또 얼마나 많습니까?

더욱 한심한 사실은 복음 이야기만 하면 교만한 태도를 드러내는 사람들이 있다는 것입니다. 십자가 설교만 하면 "다 안다", 죄를 용서받아야 된다는 말만 하면 "다 안다", 언제나 이런 식입니다. 그러고는 마음을 굳게 닫고 자기 생각에 빠져버립니다. 큰 문제입니다. 이런 사람들이 교회 안에 있기 때문에 복음은 매일 새롭게 전파되어야 합니다.

복음에 대해 불감증을 가진 사람들도 있습니다. 이런 사람들은 "저거 언젠가 들었던 설교인데 또 하는구나" 하며 시큰둥하게 반응합니다. 예를 들자면 끝이 없습니다. 교회 안에는 복음을 다시 듣고 고질적인 병을 고쳐야 할 사람들이 예상 외로 많습니다. 이는 부인할 수 없는 현실입니다. 그러므로 목회적인 차원에서 볼 때 왜 바울이 로마에 있는 성도들에게 복음을 전하려고 그렇게 애를 썼는지 이해하게 됩니다. 로마교회에만 복음이 필요합니까? 아닙니다. 복음은 우리 모두에게도 똑같이 필요합니다.

구원의 감격을 회복시키는 복음

우리가 복음을 다시 들으면 어떤 일이 일어나는지 아닙니까? 로마서 1장에서 우리가 발견할 수 있는 중요한 세 가지 사실이 있습니다. 그중 하나는 복음을 다시 들으면 구원의 감격을 회복하고 지속하게 된다는 것입니다. 그렇게만 되면 지금까지 예를 들었던 모든 영적 질병이 다 고침을 받습니다.

그러면 구원의 감격이란 무엇입니까? 구원의 감격이란 구원을 주신 하나님께 대한 감사요, 구원받은 자로서의 기쁨입니다. 하나님께 대한 감사, 구원받은 자로서의 기쁨, 이 감사와 기쁨을 한데 묶어서 우리는 '구원의 감격'이라고 부릅니다. 이것은 예수님을 몰랐던 사람들이 처음으로 은혜를 체험했을 때 느끼는 신선한 감정과 흡사합니다. 중생받지 못한 채 신앙생활을 하다가 하나님의 은혜를 받고 새사람으로 태어났을 때 갑자기 가슴속에 밀물처럼 밀려오는 벅찬 기쁨일 수 있습니다. 오랫동안 교회에 다녔으나 은혜가 메말라 병들어 있던 사람의 영혼이 하늘에서 쏟아지는 단비를 맞고 회생하는 환희일 수 있습니다.

조지 휫필드는 자기가 20대 초반에 복음을 다시 듣고 체험한 구원의 감격에 대해서 이렇게 시적으로 표현했습니다. "오! 죄의 무게가 사라지고, 수심에 잠긴 내 영혼에 하나님의 사랑에 대한 의식이 자리 잡게 되었을 때 내 영혼이 얼마나 큰 기쁨으로 가득 찼던가! 그것은 말로 설명할 수 없는 기쁨이었고 영광으로 가득 찬 기쁨이었다. 그날은 영원히 기억에 남을 날이었음에 분명하다. 내 기쁨은 마치 홍수처럼 강둑을 넘어 범람했다." 조금 특별한 체험인지라 거리감을 느낄지도 모르지만 구원의 감격이 어떤 것인가를 설명하는 데 무척 적절한 예가 아닌가 합니다.

우리 중에는 비슷한 구원의 감격을 경험한 분들이 꽤 많을 것입니다. 반드시 휫필드와 같은 경험을 할 필요는 없습니다. 감격의 정도는 사람마다 차이가 있습니다. 어떤 사람은 강하게, 어떤 사람은 참 좋다 할 정도로 체험합니다. 정도의 차이는 있을지언정 구원받은 감격, 즉 하나님께 대한 감사와 기쁨은 복음을 다시 듣고 또 들을 때 우리 영혼의 샘에서 끊임없이 솟아오르는 생수가 됩니다.

어떤 사람은 처음 예수 믿으면서 맛본 감격을 죽을 때까지 잃어버리지 않고 항상 유지하는 것을 봅니다. 기가 막히게 복이 많은 사람입니다. 반면에 우리 중 십중팔구는 그 감격을 오래 지속하지 못합니다. 한 2, 3년 기뻐하고 좋아하다가, 어떤 사람은 겨우 한두 달 그렇게 감격해서 좋아하다가 맥없이 식어버립니다. 구원의 감격을 지속하기가 생각보다 어렵기 때문입니다.

우리가 다 육신을 입고 있기 때문에 구원의 감격에 대해 경험적으로 잘 아는 사실이 있습니다. 일종의 불가피한 영적 원리라고 할 수 있는 것들입니다. 구원의 감격은 첫째로 복음을 깨닫지 못하면 알 수 없고, 둘째로 오래가면 식기 쉽고, 셋째로 죄를 범하든지 영적으로 병들면 사라진다는 것입니다. 여러분은 이 세 가지 중 어느 상황에 해당된다고 생각합니까? 그러나 걱정할 필요는 없습니다. 우리가 겸손하게 마음을 열고 복음을 진지하게 반복해서 들으면 깨닫지 못하거나 식거나 깡그리 없어지는 병폐를 예방할 수 있습니다.

날마다 새로운 복음

우리 모두가 복음을 다시 들어야 한다고 하는 말을 듣고도 아직 그것이 무엇을 의미하는지 이해되지 않아 어리둥절해하는 사람이 있을 것입니다. 복음을 듣는다는 말은 예수 그리스도에 대한 메시지를 계속 듣는다는 말도 되고, 배운다는 말도 되고, 깨닫는다는 말도 되고, 묵상한다는 말도 되지만, 또 그 메시지가 주는 은혜 안에 거한다는 말도 됩니다.

다양한 방법을 통해서 예수 그리스도를 항상 가까이 모시고 그분이 나를 위해 무엇을 해주셨는지 잊어버리지 않으며 마음속에 깊이 담아 묵상하는 삶을 사는 사람 그리고 언제든지 예수님, 십자가, 구원, 죄 사함, 영생, 하나님 나라와 같은 기본적인 메시지를 들을 때마다 귀가 번쩍번쩍 열리는 사람이 되는 것을 일컬어 복음을 다시 듣는다고 말합니다. 당신은 지금 어떤 상황에 놓여 있습니까? 복음을 자주 듣고 있습니까? 아니면 '다 아는 것', '또 그 말' 하며 귀를 닫고 있습니까?

> 내가 너희 보기를 간절히 원하는 것은 어떤 신령한 은사를 너희에게 나누어 주어 너희를 견고하게 하려 함이니(11절).

한 번 읽어서는 무슨 뜻인지 잘 이해가 가지 않는 말씀입니다. '무슨 은사 집회를 하려는 것인가?'라고 착각할 수도 있습니다. 그러나 15절과 비교해보면, 바울이 로마 성도들과 특별히 함께 나누기를 원했던 신령한 은사는 한마디로 복음이었다는 것을 알 수 있습니다. 그들에게 가서 기가 막히고 신령한 은혜인 복음을 나누고 싶어 했다는 말입니다. 바울은 그렇게 함으로써 로마 성도들의 믿음이 다시 한 번 견고해지기를 소원했던 것입니다.

믿음이 든든해지면 이어서 구원의 감격이 옵니다. 의심하던 사람의 믿음이 확고히 서면 그에게 구원받은 기쁨이 찾아옵니다. 진리를 깨닫지 못하던 사람이 진리를 깨닫고 믿음이 강해지면 그에게 기쁨이 찾아옵니다. 구원받은 감격이 마음속에서 솟아오릅니다.

> 이는 곧 내가 너희 가운데서 너희와 나의 믿음으로 말미암아 피차 안위함을 얻으려 함이라(12절).

무슨 뜻입니까? 복음을 다시 듣고 은혜를 받으면 믿음이 강하게 세워진다는 말입니다. 심령이 환하게 열린다는 말입니다. 그렇게 되면 자연스레 구원받은 기쁨으로 가득하게 될 것이고, 그다음에는 서로 쳐다보기만 해도 좋아집니다. 내가 저 형제를 보면 기쁘고, 저 형제는 나를 보면 기쁘고, 목사는 성도들을 보면 감사하고, 성도들은 목사를 보면 감사하게 됩니다. 형제가 은혜 가운데서 감격하는 모습을 보는 것만큼 신선한 위로가 또 있습니까? 바울은 로마교회에서 이러한 위안을 주고받고 싶었던 것입니다.

바울은 그가 3년 동안 목회했던 에베소교회의 성도들도 복음을 좀 더 깊이 알기를 소원했습니다.

> 우리 주 예수 그리스도의 하나님, 영광의 아버지께서 지혜와 계시의 영을 너희에게 주사 하나님을 알게 하시고(엡 1:17).

그는 진지하게 중보적 기도를 했습니다. 이미 하나님을 알고 있는 성도들인데, 새삼스럽게 그들이 하나님을 알게 해달라고 기도하는 이유는 무엇입니까? 이어지는 구절에 해답이 있습니다.

> 너희 마음의 눈을 밝히사 그의 부르심의 소망이 무엇이며 성도 안에서 그 기업의 영광의 풍성함이 무엇이며 그의 힘의 위력으로 역사하심을 따라 믿는 우리에게 베푸신 능력의 지극히 크심이 어떠한 것을 너희로 알게 하시기를 구하노라(엡 1:18-19).

이 말씀에는 목회자로서의 소원이 들어 있습니다. 바울은 예수님을 믿은 지 3년 된 에베소 성도들이 계속해서 구원의 감격 속에 거할 수 있도록 복음을 매일 새롭게 깨닫기를 원했던 것입니다. "복음을 들어라. 복음을 묵상해라. 복음 속에 잠겨서 예수 그리스도를 마음속에 모시고 살아라. 하나님이 너를 얼마나 사랑하는가를 한시도 잊지 말아라. 너희 눈이 밝아져서 날마다 예수님을 다시 보길 바란다." 3년 동안 예수님을 믿은 사람도 이와 같은 은혜가 필요했다는 말입니다.

바울은 자신이 1년 반 동안 목회했던 고린도교회에 대해서도 같은 말을 하고 있습니다.

> 내가 너희 중에서 예수 그리스도와 그가 십자가에 못 박히신 것 외에는 아무것도 알지 아니하기로 작정하였음이라(고전 2:2).

1년 반 동안 있으면서 바울이 말했던 것은 예수, 십자가, 부활이며 그 외에 다른 이야기는 하지 않았다는 뜻입니다. 왜 그렇습니까? 비록 그들이 예수님을 믿었지만 그들에게는 복음이 계속 필요했기 때문입니다.

예수보다 더 좋은 것 없고, 구원받은 것보다 더 기쁜 것 없다!

저는 교회 안에 있는 성도들 가운데서도 다시 복음으로 태어나야 할 분들이 많다고 봅니다. '다 안다'는 악한 교만을 뿌리치십시오. '또 그 말 한다'고 하는 마귀의 속삭임을 뿌리치십시오. 누구든지 이와 같은 선입관을 가지고 있다면 그는 이미 구원의 감격이 식어 있는 사람입니다. 죄를 범해서 송두리째 잊어버렸는지, 예수님을 믿은 지 너무 오래되어서 다 식어버렸는지는 모르지만 우리 모두가 구원의 감격을 다시 한 번 절실히 회복해야 할 때가 되었다고 생각합니다.

사랑의교회에는 새가족을 위한 프로그램이 있는데, 새로 등록하신 분은 예수님을 수십 년 믿은 분이나 갓 믿은 분이나 구별하지 않고 무조건 새가족 모임에 들어가라고 권유합니다. 대부분 잘 참석합니다. 그러나 고의로 그 모임에 참석하지 않는 분들도 있다고 합니다. 주로 예수님을 믿은 지 오래되었고 이전 교회에서 상당한 인정을 받았던 분들입니다. 새삼스럽게 새가족반 같은 데 들어가서 유치하게 예수님이 누구인지를 처음부터 배울 필요가 있겠냐고 생각하는 모양입니다.

어느 여집사님의 이야기입니다. 서울 시내 큰 교회를 수십 년 다녔고 십 년 이상 주일학교 교사로 봉사했으며, 또 담임 목사님으로부터 상당히 신임을 받던 분입니다. 그가 강남으로 이사를 오게 되어 부득이 교회를 옮기게 되었나 봅니다. 어떻게 해서 사랑의교회에 등록했는데 처음부터 들은 말이 새가족 모임에 나오라는 것이었습니다. 안 가려고 하니 미안하고 가려고 하니 마음이 찜찜했다고 합니다. 결국은 할 수 없이 참석했습니다. 공부를 하면서도 마음이 계속 언짢았습니다. 왜 자기가 이런 데 와서 앉아 있나 생각하니 자존심이 상해 견딜 수 없었습니다. 자기를 인정해주지 않는다는 것 때문에 기분이 몹시 상했습니다. 하여튼 고슴도치처럼 잔뜩 웅크리고 앉아 있는데 귀는 열려 있으니까 말은 들리지 않겠습니까? 그런데 예수 그리스도가 누구신가에 대해 차근차근 가르쳐주는 대로 듣고 있던 어느 순간 자기도 모르게 눈에서 눈물이 흘러내렸습니다. 그 눈물이 첫 시간으로 끝날 줄 알았는데 두 번째 시간에도 흘러내리고 그다음 시간에도 매한가지였습니다. 이렇게 5주를 빠짐없이 참석하면서 시간마다 감격하고 흐느꼈습니다.

새가족 모임을 수료하는 시간에는 몇 사람이 간증을 하는 순서가 있었는데, 전도사님이 그를 불러냈습니다. 다음은 간증의 한 부분입니다. "사실 나같이 오래 예수 믿고 교회에서 인정받았던 사람이 새가족 모임에 들어가라는 말을 들으니 처음에는 무척 자존심이 상했습니다. 그래서 좀 거만한 마음으로 앉아 있는데 예수 그리스도에 대해서, 십자가에 대해서, 부활에 대해서 다시 듣는 동안 나도 모르게 '내가 크게 잘못 생각했구나!' 하고 느꼈습니다. 나는 예수님에 대해서 다 아는 것 같았는데 듣고 보니 너무나 몰랐고, 십자가의 진리를 이미 터득한 줄 알았는데 듣고 보니 그 은혜에서 멀리 떨어져 있었습니다. 나는 이미 은혜 충만한 사람인 줄 알았는데 나도 모르는 사이 구원의 감격이 식어버렸다는 사실을 깨닫게 되었습니다. 이 새가족 모임을 통해서 예수님을 다시 만난 것에 감사합니다. 내가 다시 중생받았음을 감사합니다. 새로 등록하는 분들에게 왜 새가족 모임에 들어가라고 권유하는지 이제야 알았습니다."

사랑하는 형제자매 여러분, 로마교회가 복음을 다시 들어야 했던 것처럼 우리도 다시 복음을 들어야 합니다. 다시 태어나야 하고, 다시 감격해야 하며, 잃어버린 구원의 감격을 회복해야만 합니다. 이제 15절을 다시 봅시다. 주님이 오늘 우리 모두에게 말씀하십니다.

> 그러므로 나는 할 수 있는 대로 로마에 있는 너희에게도 복음 전하기를 원하노라.

펜을 들고 "너희에게도" 옆에 자신의 이름을 쓰세요. "나는 할 수 있는 대로 ○○교회에 있는 ○○○에게 복음 전하기를 원하노라." 바로 이 말씀이 이 시간 우리를 향하신 주님의 음성임을 알아야 합니다. "너는 예수 믿는다는 이름은 가지고 있지만 구원의 기쁨이 없지 않니? 구원받은 감격을 어디다 쏟아버렸느냐?" 주님이 우리에게 묻고 계십니다.

항상 예수님을 생각하십시오. 그것이 복음을 듣는 것입니다. 자나 깨나 예수님을 생각하십시오. 갑바도기아 성도들처럼 말할 수 없는 영광스러운 즐거움이 우리의 가슴속에 차오를 것입니다. 날마다 예수님의 말씀과 행하신 일을 연구하십시오. 이것이 복음을 듣는 것입니다. 그분이 나를 얼마나 사랑하시는가를 쉬지 말고 묵상하십시오. 나를 위해 죽으신 예수님의 십자가를 걸으면서도 묵상하고, 바빠서 정신 없을 때도 묵상하고, 피곤하여 세상 살맛이 없을 때도 묵상하고, 남 모르는 고통을 안고 잠 못 이루는 밤을 만났을 때도 묵상하십시오. 그것이 복음을 다시 듣는 방법입니다.

그러면 죄 용서함을 받은 놀라운 평안이 우리 안에 조용히 스며들어 마침내 마음을 가득 채울 것입니다. 하나님의 자녀가 되었다는 특권 의식을 결코 잊지 마십시오. 그러면 어떤 상황에서도 우리 자신이 결코 초라하게 보이지 않을 것입니다. 할 수 있는 대로 자주 눈을 들어 예수님이 열어놓으신 천국의 문을 바라보십시오. 그러면 세상의 값비싼 것들이 별로 부러워 보이지 않을 것입니다. 말로 표현할 수 없는 소망이 가슴속에 계속 꽃필 것입니다. 그것이 복음을 다시 듣는 것입니다.

복음을 듣고 구원의 감격을 안고 살아가던 믿음의 선조들이 입버릇처럼 하던 말이 있습니다. "예수보다 더 좋은 것 없고, 구원받은 것보다 더 기쁜 것 없다." 이 말 한마디에 구원의 감격이 다 들어 있습니다. "예수보다 더 좋은 것 없고 구원받은 것보다 더 기쁜 것 없다!" 이 말이 남의 것이 아닌 내 말이라고 생각된다면 그는 복음 안에 사는 사람입니다. 구원의 감격을 가지고 세상을 사는 사람입니다. 얼마나 행복한 사람입니까?

03

로마교회는 복음을 다시 들어야 했다 II

로마서 1장 8-17절

8 먼저 내가 예수 그리스도로 말미암아 너희 모든 사람에 관하여 내 하나님께 감사함은 너희 믿음이 온 세상에 전파됨이로다 9 내가 그의 아들의 복음 안에서 내 심령으로 섬기는 하나님이 나의 증인이 되시거니와 항상 내 기도에 쉬지 않고 너희를 말하며 10 어떻게 하든지 이제 하나님의 뜻 안에서 너희에게로 나아갈 좋은 길 얻기를 구하노라 11 내가 너희 보기를 간절히 원하는 것은 어떤 신령한 은사를 너희에게 나누어 주어 너희를 견고하게 하려 함이니 12 이는 곧 내가 너희 가운데서 너희와 나의 믿음으로 말미암아 피차 안위함을 얻으려 함이라 13 형제들아 내가 여러 번 너희에게 가고자 한 것을 너희가 모르기를 원하지 아니하노니 이는 너희 중에서도 다른 이방인 중에서와 같이 열매를 맺게 하려 함이로되 지금까지 길이 막혔도다 14 헬라인이나 야만인이나 지혜 있는 자나 어리석은 자에게 다 내가 빚진 자라 15 그러므로 나는 할 수 있는 대로 로마에 있는 너희에게도 복음 전하기를 원하노라 16 내가 복음을 부끄러워하지 아니하노니 이 복음은 모든 믿는 자에게 구원을 주시는 하나님의 능력이 됨이라 먼저는 유대인에게요 그리고 헬라인에게로다 17 복음에는 하나님의 의가 나타나서 믿음으로 믿음에 이르게 하나니 기록된 바 오직 의인은 믿음으로 말미암아 살리라 함과 같으니라

15절, "로마에 있는 너희에게도 복음 전하기를 원하노라"에서 "너희"는 믿음이 좋다고 소문난 사람들이었고, 전통 있는 교회에 소속된 성도들이었습니다. 그럼에도 바울은 왜 그들에게 복음을 전하려 했을까요? 복음을 들어야 될 사람들이 교회 밖에도 많았지만 교회 안에도 많았기 때문이었습니다. 그리고 교회 안의 성도들이 복음을 들어야 할 첫째 이유가 잃어버린 구원의 감격을 회복하는 것임을 앞서 이야기했습니다. 그러면 왜 로마교회가 다시 복음을 들어야 했는지 그 두 번째 이유에 대해 생각해보겠습니다.

> 내가 복음을 부끄러워하지 아니하노니 이 복음은 모든 믿는 자에게 구원을 주시는 하나님의 능력이 됨이라 먼저는 유대인에게요 그리고 헬라인에게로다 복음에는 하나님의 의가 나타나서 믿음으로 믿음에 이르게 하나니 기록된 바 오직 의인은 믿음으로 말미암아 살리라 함과 같으니라(16-17절).

이 두 구절을 흔히 로마서의 주제라고 부릅니다. 로마서를 이해하는 데 결정적인 열쇠가 되는 말씀이기 때문입니다. 바울은 15절에서 복음에 대한 자신의 강한 확신을 피력하고 있습니다. 복음은 그것을 믿는 자는 누구든지 구원시키는 하나님의 능력입니다. 우리는 여기서 그가 로마교회에 복음 전하기를 애타게 원한 또 하나의 이유를 찾아낼 수 있습니다. 그것은 로마교회가 꺼져가는 복음의 능력을 회복하길 원했기 때문입니다.

구원이란 무엇인가?

"당신은 구원받으셨습니까?" 이렇게 물으면 대개는 받았다고 대답합니다. 그런 사람들을 보고 "구원이 뭐죠?"라고 재차 질문하면, 보통 이렇게 대답합니다. "죽어서 천국 가는 것을 말합니다." 물론 틀린 답은 아닙니다. 그러나 다시 한 번 질문해볼 필요가 있습니다.

구원이 무엇입니까? 17절을 주의해서 보면 구원과 똑같은 의미로 사용되는 말이 나옵니다. "복음에는 하나님의 의가 나타나서." 여기서 '하나님의 의'와 '구원'은 같은 개념입니다. 이 구절을 '복음에는 구원이 나타나서'로 대치해도 큰 문제가 없습니다. 따라서 구원이 무엇이냐를 설명할 때는 하나님의 의에 대해서도 다루어야 합니다. 하나님의 의는 로마서 3장에서 자세히 이야기하고 있으니, 지금은 한두 마디로 정리하고 넘어가도록 하겠습니다.

하나님의 의는 율법의 선한 행위를 가지고 의롭다는 인정을 받는 것과 대조됩니다. 오직 예수 그리스도를 믿음으로 인정받는 특별한 의를 말합니다. 이것이 하나님이 내어놓으신 새로운 의입니다. 선한 행위가 있어야 하나님께 의롭다는 인정을 받을 수 있다고 생각하는 자들에게 "아니야, 예수만 믿으면 내가 그것을 너의 의로 인정하기로 했어" 하고 하나님이 말씀하시는 것을 뜻합니다. 믿음만 가지면 전혀 의롭지 않은 자를 하나님께서 의롭다고 하시는 것이니. 사람의 지혜로는 이해하기 어려울 수밖에 없습니다.

그러므로 구원이 무엇이냐고 묻는다면 이렇게 대답해야 합니다. "예수님을 믿어서 그 믿음으로 하나님께 의인이라고 인정받는 것을 말합니다." 한문으로 '이신칭의'(以信稱義)라고 합니다. 믿음으로 얻는 이 의 때문에 비로소 우리는 하나님과 화목할 수 있습니다. 죄와 죽음 그리고 사탄의 세력에서 자유를 얻습니다. 그리고 예수님 안에 있는 새 생명을 받아 누리는 영원한 나라로 들어가게 됩니다. 로마서는 이렇게 기막힌 구원의 은혜를 우리가 다시 알고 확신하며 풍성하게 누리도록 하기 위해 기록된 것입니다. 이 모든 것이 하나님의 의가 주는 선물이요, 복입니다. 그래서 구원과 하나님의 의를 같은 의미로 보아도 좋은 것입니다.

그리고 구원을 다룰 때 한 가지 더 생각해야 할 것이 있습니다. 우리가 예수님을 믿고 하나님의 의를 얻었다고 하지만 그것이 당장 눈에 보이거나 손에 잡히는 것은 아니지 않습니까? 자칫하면 구원을 지나치게 형이상학적인 영역으로 묶어버리기 쉽습니다. 구원에는 영적인 요소와 육적인 요소가 함께 있다는 것을 알아야 합니다. 내세적인 복뿐만 아니라 현세적인 복도 포함된다는 것을 인정해야 합니다. 우리가 받은 구원에는 세상에 살면서 정신적으로, 육체적으로 맛볼 수 있는 복의 요소가 많기 때문입니다.

우리가 잘 알다시피 죄가 세상에 들어오면서 영혼이 부패하게 되었고, 이에 따라 사람은 정신적인 혼란과 육체적인 질병으로 고통받기 시작했습니다. 그러나 복음을 듣고 구원의 능력을 체험하면 그것이 우리의 정신세계는 물론 육체에까지 큰 영향을 미치게 됩니다.

불안해하던 사람이 평안을 누리게 되고, 고독해하던 사람이 주님과 동행함으로써 고독을 잊게 되는 것입니다. 불평, 불만, 원한에 사무쳐 있던 사람은 모든 것을 용서하기 때문에 그의 마음에 신비스러운 자유가 찾아옵니다. 영원한 하나님 나라를 소망하며 살기 때문에 세상에서 마음 상하는 일들이 겪어도 그것으로 병이 든다거나 거꾸러지는 일이 거의 일어나지 않습니다. 한마디로 말해서 영혼의 구원이 정신적인 건강을 가져다준 것입니다. 그리고 정신적 건강은 육체의 고통을 치료하기까지 합니다. 그뿐입니까? 술을 마시고 도박을 하던 사람이 그 악한 죄를 끊어버리고 성실하게 일하니까 가정이 행복해집니다.

제 말의 핵심은 이렇습니다. 구원의 의미는 우리 영혼이 의롭다 함을 얻고 천국에 들어가는 것만이 아닌, 우리의 정신세계와 육체적인 영역에 미치는 결과까지 다 포함합니다. 하나님 나라에 들어가서 행복하게 사는 것만이 아니고 이 세상에서 행복하게 사는 현세의 복까지 다 아우릅니다. 그러니까 전인격적인 구원이요, 현세과 내세의 구원을 망라하는 포괄적인 구원이라는 말입니다. 이러한 구원을 주시는 복음이니 그 능력이 얼마나 크겠습니까?

복음은 하나님의 능력이다

지금부터 우리는 바울이 로마교회에 가서 복음을 전하여 다시 불을 붙이고 싶어 했던 하나님의 능력이 무엇인지 구체적으로 살펴보겠습니다. 본문에서 우리가 금세 알 수 있는 사실은 복음과 능력이 같다는 것입니다. 즉, 복음이 곧 능력입니다. 복음은 예수 그리스도의 이름을 의미합니다. 그러므로 예수님의 이름이 곧 하나님의 능력이라고 할 수 있습니다.

복음이 처음으로 예루살렘을 요란하게 하던 당시, 베드로가 앉은 뱅이를 향하여 큰 소리로 한 말을 떠올려보기 바랍니다.

> 베드로가 이르되 은과 금은 내게 없거니와 내게 있는 이것을 네게 주노니 나사렛 예수 그리스도의 이름으로 일어나 걸으라 하고(행 3:6).

이 말을 듣자 앉은뱅이가 일어섰습니다. 바로 이런 능력입니다. 예수 그리스도의 이름! 그 이름 하나가 굉장한 능력을 가지고 있기에 그 이름 앞에서는 귀신이 떠나가고 마귀가 쫓겨갑니다. 그 이름 앞에서는 병마가 도망가고 그 이름 앞에서는 죄가 달아납니다.

그리고 복음은 예수 그리스도의 십자가를 의미합니다. 바울은 고린도에서 선교할 때, 예수 그리스도와 그분이 십자가에 못 박히신 것만 알고 전하기로 결심했다는 말을 했습니다(고전 2:2). 예수님의 십자가가 하나님의 능력이 되기 때문입니다. 예수님의 부활도 마찬가지입니다. 베드로가 예수님이 부활하셨다는 메시지를 전하자 예루살렘에서 당장 3,000명이 회개하는 대역사가 일어났습니다. 이것은 부활의 메시지 자체에 하나님의 능력이 있기 때문입니다. 이런 의미에서 예수 그리스도의 이름, 십자가, 부활이라고 하는 복음 자체가 구원을 주시는 하나님의 능력이 되는 것입니다.

하나님의 능력이라는 말에는 다른 중요한 요소가 있다는 사실을 알고 넘어가는 것이 좋겠습니다.

> 오직 성령이 너희에게 임하시면 너희가 권능을 받고 예루살렘과 온 유대와 사마리아와 땅 끝까지 이르러 내 증인이 되리라 하시니라 (행 1:8).

주님께서는 복음을 전하는 자에게 성령의 권능을 약속하셨습니다. 복음을 이 악한 세상에 전하기 위해서는 막강하고 초자연적인 힘이 필요하기 때문입니다. 하나님의 아들이신 예수님까지도 복음을 전하기 위해서는 먼저 성령 충만을 받아야 했습니다. 그분에게 적용된 영적 원리가 증인들에게도 고스란히 해당되는 것입니다.

한 가지 질문해보겠습니다. 우리가 복음을 직접으로나 간접으로나 전하는 행동은 사탄의 공격을 방어하는 것이 됩니까, 아니면 사탄을 공격하는 것이 됩니까? 말할 것도 없이 공격 행위입니다. 사회생활을 하면서 '나는 예수 믿는다'고 자신을 소개하고 불신자를 보면 예수 믿으라고 권하는 것, 믿는 사람들끼리 모이면 성경 공부를 하고 기도도 하는 것, 주일에는 교회에 가는 것 등은 사탄을 공격하는 행위입니다. 우리는 방어자가 아닙니다. 왜 그렇습니까? 예수 그리스도가 이 세상을 이기셨기 때문입니다. 그러므로 우리는 공격하는 사람들입니다. 오히려 사탄은 항상 방어하는 입장입니다.

그렇다면 어느 쪽이 더 강해야 합니까? 제가 군사학에는 문외한이긴 하지만 전문가의 말을 들으니까 어떤 나라가 다른 나라를 침공할 때, 공격하는 군대는 수비하는 군대보다 화력이 3배 더 강해야 승산이 있다고 합니다. 화력이 비슷하거나 약하면 공격하는 쪽이 당연히 불리합니다. 세상의 군사학에서 통하는 힘의 법칙이 영적 전투에도 통합니다. 복음 증거자는 사탄보다 3배 이상 강해야 이길 수 있습니다. 어디서 이 능력을 얻을 수 있습니까? 성령의 권능을 받아야 합니다. 사탄의 세력을 전복할 수 있도록 부어주시는 성령의 권능을 일컬어 '구원을 주시는 하나님의 능력'이라고 말합니다.

지금까지 검토한 복음의 능력이 얼마나 대단한가를 입증할 수 있는 중요한 말씀이 16절 안에 있습니다. "모든 믿는 자"입니다. 이는 얼마나 능력이 큰지 믿기만 하면 한 사람도 빼놓지 않고 구원할 수 있다는 뜻입니다. 복음의 능력이 약해서 구원하지 못하고 놓쳐버리는 사람은 하나도 없다는 것입니다. 이 사실을 "먼저는 유대인에게요 그리고 헬라인에게로다"라는 말로 부언해서 증거하고 있습니다. 유대인만 구원하는 것이 아니요, 헬라인까지 구원한다는 말은 믿는 사람이면 차별하지 않고 누구나 다 구원할 수 있다는 말입니다.

한 가지 더 주목할 점이 있습니다. 예수 그리스도의 복음이 가지고 있는 능력이 얼마나 강한지, 구원의 조건이 많을 필요가 없고 단지 한 가지만 요구하고 있다는 사실입니다. 전혀 복잡하지 않습니다. 유일한 조건은 믿음입니다. 이것저것 요구하지 않는 이유는 그만큼 복음의 능력이 대단하기 때문입니다.

> 복음에는 하나님의 의가 나타나서 믿음으로 믿음에 이르게 하나니…
> (17절).

이 말씀의 의미를 정확히 이해하기란 쉽지 않을 것입니다. 다음과 같이 풀어서 다시 정리하면 이해가 조금 수월할지 모르겠습니다. "복음이신 예수 그리스도 안에 구원의 길이 열려 있는데 그 길에 들어가기 위해 필요한 것은 믿음으로 믿음에 이르는 것이다."

믿음으로 믿음에 이르게 한다는 말씀이 무슨 뜻이라고 생각합니까? 신학자들은 이 구절을 여러 가지로 해석하고 있습니다. 혹자는 구약 성도들의 믿음으로부터 시작해서 신약 성도들의 믿음에 이르기까지 모든 믿음을 다 통틀어서 말한다고 합니다. 다른 사람은 첫 단계의 믿음으로부터 마지막 단계의 믿음까지를 의미한다고 주장하기도 합니다.

제가 보기에 본문의 의미를 가장 잘 보여주는 해석은 '오직 믿음으로!'입니다. 시작도 믿음이요 마지막도 믿음이라는 말을 '믿음으로 믿음에 이른다'고 표현했기 때문입니다. 오직 믿음으로! 이는 조건이 단순하다는 말입니다. 다른 조건이 필요 없습니다. 오직 믿기만 하면 구원을 주십니다. 이것이 바로 복음의 능력이요, 하나님의 능력입니다.

복음의 능력을
상실한 현대 교회

구원을 주시는 하나님의 능력에 대해 제가 두 가지로 말씀드렸습니다. 첫째는 복음 그 자체가 가지고 있는 능력이라고 했습니다. 둘째는 예수 믿는 사람에게 부어주시는 성령의 권능이라고 했습니다. 교회는 이러한 하나님의 능력을 가지고 있어야 합니다. 항상 이 능력에 사로잡혀 있어야 합니다. 사람들의 눈에는 잘 보이지 않겠지만 예수 믿는 사람은 어린아이로부터 어른까지 항상 이 능력으로 무장하고 있어야 마귀를 대적하고 세상을 이길 수 있습니다.

하지만 이렇게 놀라운 능력임에도 문제가 하나 있다는 것을 알아야 합니다. 복음의 능력이 그 자체로는 엄청나지만 그 능력을 수용하는 사람의 약점에 의해 제재를 받는다는 사실입니다. 육신의 연약함은 경우에 따라 성령과 복음의 능력에 막대한 장애가 될 수 있습니다. 우리가 기도를 게을리하면 이 능력은 힘을 잃어버립니다. 복음을 듣지 않거나 잘 모르면 이 능력을 체험하지 못합니다. 우리가 범죄하여 성령을 근심하게 하면 이 능력이 식거나 떠나버립니다. 아무리 믿음 좋은 사람이라도 계속 사모하고 항상 조심하지 않으면 시종일관 유지하기 어려운 것이 이 능력입니다. 믿는 자는 누구든지 이 능력을 잃지 않기 위해서 최선을 다해야 합니다. 교회가 교회답기 위해서는 이 능력의 불꽃이 꺼지지 않도록 정성을 쏟아야 합니다. 그리고 그에 대한 실천으로 복음을 자주 선포하는 교회, 자주 듣고 확신하는 교회가 되어야 할 것입니다.

저는 현대 교회가 이 능력을 어느 정도 유지하고 있는지 의심스럽습니다. 너무도 답답한 일들이 많기 때문입니다. 교회 안에서 왜 그렇게 싸움이 많습니까? 왜 그렇게 중생을 받지 못한 신자들이 많이 드나듭니까? 왜 구원의 감격이 식어버렸습니까? 왜 서로 용서하지 못합니까? 왜 성격이 바뀌지 않습니까? 왜 교회 밖에만 나가면 안 믿는 사람과 똑같아집니까? 왜 죄를 범합니까? 왜 회개할 줄 모릅니까? 왜 변명만 늘어놓습니까? 왜 복음을 부끄러워합니까?

이런 사람들이 교회 안에 많은 것을 보면 교회가 복음의 능력, 성령의 능력을 잃어가고 있음이 분명합니다. 참으로 답답합니다. 예수 이름, 우리가 얼마나 입이 아플 만큼 침이 마를 만큼 자주 들먹입니까? 그런데도 그 예수 이름에 능력이 없는 것 같습니다. 십자가는 사방에 얼마나 많습니까? 우리 중에는 목걸이로, 넥타이핀으로, 심지어 귀걸이로 십자가를 매달고 다니는 사람들이 많습니다. 우리나라처럼 건물 옥상에 십자가를 마음대로 세울 수 있는 나라도 드물 것입니다. 제가 친구 목사를 통해서 들으니까 미국만 해도 건축법상 옥상에 십자가를 절대로 설치할 수 없다고 합니다. 그들은 십자가를 교회의 벽에다 답니다. 그러나 우리는 달았다 하면 제일 높은 꼭대기만 골라서 달지 않습니까? 밤만 되면 울긋불긋 얼마나 대단합니까? 이 나라 전부가 금세 복음화될 것만 같은 착각을 일으킬 정도입니다. 십자가가 많은 만큼, 높이 다는 것만큼 거기에 걸맞은 능력이 나타나야 하는데 현실은 그렇지 않다는 것이 우리의 고민이요 수치입니다. 차라리 십자가를 달지 말고 다시 출발했으면 좋겠다는 생각이 자주 듭니다.

벤디에르가 쓴 책《요새의 함락》에는 저자의 경험담이 기록되어 있습니다. 저자는 제2차 세계대전 당시 B-17기를 타고 독일의 카셀이라는 도시를 폭격하게 되었습니다. 나치 군대가 전투기를 향해 대공포를 쏘아댔고, 그중에 여러 발이 연료 탱크에 맞았습니다. 그런데 이상하게도 전투기가 폭발하지 않았습니다. 마음을 졸이며 기지로 돌아와 확인해보니, 총 열한 발의 탄환이 연료 탱크에 박혀 있었습니다. 그런데도 폭발하지 않았으니 얼마나 놀라운 기적입니까? 그 글을 읽으면서 느낀 점은, 비행기를 향해 쏘아댄 불발탄이 요사이 우리가 떠들기 잘하는 예수니 십자가니 하는 말과 흡사하지 않나 하는 것이었습니다. 뭔가 폭발이 되어야 할 텐데 능력이 없으니까 터지지를 않습니다. 주일이면 예배를 드리러 오는 신자들로 골목이 터져라 하는데, 정작 이 사회가 지금 돌아가는 꼴을 보십시오. 정치계에서 활동하는 그리스도인이 어디 한둘입니까? 기업마다 신우회다 조찬기도회다 하면서 믿는 형제자매들이 열심히 뛰고 있습니다. 그러나 거기에 얼마만큼의 능력이 나타나고 있는지는 잘 모르겠습니다. 성직자는 성직자대로 겉모양만 거룩해 보이지 경건의 능력, 복음의 능력을 잃어가고 있지 않나 몹시 염려스럽습니다.

이와 같은 답답한 현실 속에서 우리가 다시 살기 위해서는 복음을 들어야 합니다. 성령의 능력이 활활 타오르는 복음을 받아야 합니다. 복음을 듣고 풍성한 은혜의 세계에 깊이 빠져야만 구원의 감격이 다시 회복될 수 있거니와 그 놀라운 능력을 우리의 것으로 삼을 수 있습니다.

예수 그리스도의 이름을 입버릇처럼 함부로 올리지 마십시오. 그 이름은 능력입니다. 성령의 역사, 성령의 불, 함부로 떠들지 마십시오. 성령은 능력입니다. 그 능력을 내 것으로 만들기 위해서는 예수 그리스도를 날마다 가슴에 모시고 그분을 생각해야 합니다. 그분이 왜 나를 위해 죽으셨는지 묵상 좀 하자는 말입니다. 성경을 펴서 예수님과 그분이 우리를 위해 행하신 일들을 놓고 열심히 공부 좀 하자 그 말입니다. 그분의 십자가 앞에 나아가 무릎 꿇고 피 묻은 발을 끌어안는 시간을 자주 가져야 합니다. 부활의 영광이 온 누리에 찬란하게 뻗치던 그 동산에 올라가서, 나를 죄에서 자유케 하신 예수 그리스도를 바라보며 가슴 터져라 소리치고 싶은 그 경지로 한번 찾아 들어가보자는 말입니다.

그것이 복음을 듣는 것입니다. 이와 같이 복음을 들을 때 우리는 잃어버린 구원의 능력, 복음의 능력, 성령의 능력을 다시 회복할 수 있습니다.

복음의 열매-전도

마지막으로 로마교회가 복음을 들어야 했던 세 번째 이유를 말씀드리겠습니다. 그들은 하나님이 기뻐하시는 열매를 맺기 위해서 복음을 다시 들어야 했습니다.

> 형제들아 내가 여러 번 너희에게 가고자 한 것을 너희가 모르기를 원하지 아니하노니 이는 너희 중에서도 다른 이방인 중에서와 같이 열매를 맺게 하려 함이로되 지금까지 길이 막혔도다(13절).

여기서 열매란 전도의 열매를 말합니다. 로마교회가 복음을 다시 듣고 구원의 감격과 하나님의 능력을 되찾으면 그 순간부터 폭발이 일어나지 않겠습니까? 먼저 믿은 성도들이 다시 한 번 깨어나면 가는 곳마다 사람들을 붙잡고 열심히 전도할 것이며 그 결과 당연히 전도의 열매를 풍성히 거두는 새로운 전기를 맞게 될 것입니다. 세계를 복음화하기 위해서는 무엇보다 로마가 그리스도께로 돌아와야 했습니다. 이것이 바울의 확신이었습니다.

세계사를 살펴보면 바울의 꿈이 이루어진 것을 알 수 있습니다. 우리가 잘 아는 바와 같이 로마서를 써 보낸 3~4년 후 바울은 죄인의 신분으로 로마에 도착했습니다. 그때가 주후 61년 초 무렵입니다. 그 후 그는 감옥에서 지내기도 하고 풀려나기도 하면서 로마에 3년 가까이 머물렀고, 계속 복음을 전했습니다. 물론 바울 혼자만 그렇게 한 것은 아닙니다. 베드로도 그곳에 있었습니다. 그런데 참으로 놀라운 것은 당시 로마교회가 거둔 전도의 열매였습니다. 네로 황제의 칼날에 바울이 순교를 하던 64년경, 그러니까 그가 로마에 간 지 3~4년 지나자 로마 시내에는 예수님을 믿는 사람이 참으로 많아졌습니다.

어떤 역사가의 기록을 보면 네로 황제가 핍박을 시작해서 바울을 칼로 죽이고 베드로를 십자가에 거꾸로 매달고 그리스도인을 처참하게 죽일 때 로마시에 예수님을 믿는 사람은 유대인만 2만 명이 넘었다고 합니다. 유대인이 아닌 민족 중에 예수님을 믿은 사람은 또 얼마나 많았겠습니까? 정확한 기록은 없지만 역사가들이 그들의 기록에 사용한 "거대한 군중"이라는 표현을 참고하면 그 수가 대단했던 것이 틀림없습니다.

우리가 아는 바로는 예수님을 믿는다고 경기장에 끌려 나간 성도들은 미친개의 밥이 되고, 십자가에 못 박혀 죽음을 당하고, 짐승 가

죽에 돌돌 말려 톱으로 잘리기까지 했습니다. 심지어 네로는 궁전 뜰에 예수 믿는 사람들을 끌어다 소나무 막대기에 못을 박아 세워 놓고는 기름을 잔뜩 부어 횃불로 사용하기도 했습니다. 네로는 마차를 몰고 돌아다니면서 자신이 만든 예술 작품을 보라고 떠들며 발광을 했던 것입니다. 그렇기에 당시 순교자의 수가 몇 명인지는 역사가들도 모를 정도입니다.

들어가 본 분들은 알겠지만, 당시 로마 성도들이 숨어 살던 카타콤은 그 규모가 엄청납니다. 어떤 학자는 그곳에 숨을 수 있는 사람의 수가 백만 명이 넘는다고 주장하기까지 했습니다. 그만큼 예수님을 믿는 사람들이 많아졌다는 말입니다. 그것이 바로 바울이 로마교회에서 거두고 싶었던 열매였습니다.

어떻게 로마교회가 그와 같이 넘치는 열매를 거둘 수 있었습니까? 그들이 그처럼 향기로운 순교의 제사를 하나님 앞에 드릴 수 있었던 이유가 무엇입니까? 그것은 복음을 다시 듣고 구원의 감격과 능력을 회복했기 때문입니다.

복음의 능력에 사로잡힌 자

오늘 우리도 그렇게 되어야 하지 않겠습니까? 하나님은 한국교회가 구원의 열매를 많이 맺길 원하십니다. 우리만 예수 믿고 천국에 오기를 기뻐하지 않으십니다. 하나님께서는 모든 사람이 구원을 받으며 진리를 아는 데 이르기를 바란다고 하셨습니다. 하나님은 아무리 악한 자들이라 할지라도 멸망하는 것을 원치 않는다고 분명히 말씀하셨습니다. 그렇다면 우리는 어떻게 해야 합니까? 무엇보다 먼저 복음을 다시 듣고 구원의 감격, 복음의 능력을 하루속히 회복해야 합니다. 다윗이 간구한 것처럼 구원의 즐거움을 회복해야 합니다(시 51:12).

저는 교회 증축 공사를 하고 있는 현장에 자주 가보는데, 그곳에 가면 노동자들이 하루 종일 일하는 모습을 볼 수 있습니다. 그들이야말로 우리나라의 보배입니다. 저는 그들을 볼 때마다 "저분들이 예수님을 믿어야 할 텐데 어떻게 하면 전도할 수 있을까?" 하고 고심합니다. 현장 소장을 보고 예수 좀 믿으라고 한마디 했더니 "우리 집사람도 교회에 다니고 있어요. 그런데 목사님, 저같이 건축 현장에 나와서 일하는 사람은 예수 못 믿어요. 공사 현장에는 주일날도 없어요. 어떻게 예수 믿어요?"라는 것이었습니다. 막노동 현장에서 제가 양복 입고 서서 "여러분, 주 예수 그리스도를 믿으십시오" 한다고 해서 그들이 들을 것도 아니고 식당으로 초대해서 어마어마하게 먹여놓고는 "예수 믿으시오" 한다고 해서 들을 사람도 없습니다.

그들을 구원하려면 믿음 좋은 사람들이 저런 막노동판에 들어가서 함께 일하고 생활할 수 있어야 합니다. 예수 믿는 사람들이 다들 대학 나와서 높은 자리에만 앉아 있으면 안 됩니다. 우리는 사회 전반으로 골고루 진출해야 합니다. 각계각층의 사람들에게 파고들어가 복음을 들고 하나님의 구원의 능력을 입증할 수 있는 자들이 되어야 합니다. 함께 막노동을 하면서 전도할 수 있는 사람이 나와야 된다는 말입니다.

우리가 구원의 능력에 사로잡혀 하나님이 기뻐하시는 열매를 드리길 원하는 뜨거운 가슴을 안고 있다면 전도하지 않고는 못 배깁니다. 어떤 초등학생이 있었습니다. 얼마나 예수님을 잘 믿는지 모릅니다. 초등학생이라고 깔보면 안 됩니다. 그들도 은혜를 받으면 놀랍습니다. 이 학생이 은혜를 크게 받았습니다. 그런데 그 아이의 아버지는 믿지 않았습니다. 아이는 예수님을 믿고 구원의 감격을 가슴 벅차게 느꼈기 때문에 '이 예수님을 나만 믿어서는 안 돼. 아빠도 믿어야 되고 엄마도 믿어야 돼!' 하는 견딜 수 없는 충동에 사로잡혀 고민하고 있었습니다. 그래서 아버지를 보고 날마다 예수 믿자고 졸라댔습니다. 아버지는 그렇게 하는 아들이 그저 귀엽기만 했습니다. "그래그래. 너부터 먼저 믿어. 틈이 나는 대로 믿을게. 아빠를 너무 괴롭히면 오히려 부담스럽지 않겠니?" 이렇게 해서 적당히 달래고 넘어가곤 했습니다.

그러던 어느 날 가슴 아프게도 교통사고가 나서 그 아이가 죽고 말았습니다. 부모의 슬픔을 무엇으로도 달랠 수 없었습니다. 아버지는 죽은 아들의 방에 들어가 아이의 유품을 하나하나 쓰다듬었습니다. 옷도 만져보고 읽던 책도 만져보다가 노트 하나를 발견하게 되었습니다. 일기장이었습니다. 그 일기장을 펴 본 아빠는 기절할 것 같이 놀라고 말았습니다. 죽기 며칠 전에 쓴 일기에 이런 기도문이 적혀 있었던 것입니다. "하나님! 우리 아빠 꼭 예수 믿게 해주세요. 하나님! 아빠가 예수 믿기 위해서 내가 죽어야 한다면 나는 죽어도 좋아요. 내가 죽어서라도 아빠가 예수 믿게 해주세요."

그가 그 글을 읽으며 받은 충격과 후회와 감동은 이루 헤아릴 수 없었습니다. "예수를 믿는 것이 이렇게 중요한 것인가? 생명을 내어놓고 믿어야 할 일이었던가?" 드디어 그는 그 자리에서 하나님 앞에 회개하고 예수님을 구주로 영접했습니다. 아들의 생명과 자기 구원을 바꾼 셈이 되었습니다. 그가 누군지 압니까? 지난 반세기 동안 세계 도처에서 수백만의 젊은이들을 그리스도 앞으로 인도하는 데 큰 몫을 담당했던 대학생선교회(C.C.C.)의 국제 본부 부총재입니다.

우리가 구원의 감격, 복음의 능력을 회복하면 하나님께 열매를 드리고 싶은 마음이 가슴속에서부터 치솟아 올라 견디지 못합니다.

안 믿는 가족을 보면 못 견디고 안 믿는 이웃을 보면 못 견딥니다. 우리 모두가 그런 사람이 되어야 합니다. 그러기 위해 우리 자신을 돌아보아야 합니다. '나는 복음의 능력이 식어 있지 않은가? 왜 그럴까? 복음을 들은 지 너무 오래되었어. 다 아는 것이요 귀가 아프게 들은 것 같지만 실은 예수님의 이름, 예수님의 십자가가 가진 복음의 능력, 성령의 능력을 잃어버리고 있었어. 내가 마음을 열고 복음을 귀담아들으며 감격한 일이 지난 수년 동안 한 번도 없었어. 이것이 나를 무력하게 만들고 전도의 열매를 주님께 드리지 못하는 부끄러운 생활을 하게 만든 원인이었어. 그래, 복음을 다시 듣자. 그리고 그 능력을 회복하자.'

사랑하는 형제자매 여러분! 이제 어린아이 같은 심정으로 복음 앞에 나오지 않으시렵니까?

04

하나님의 진노

로마서 1장 18절

18 하나님의 진노가 불의로 진리를 막는 사람들의 모든 경건하지 않음과 불의에 대하여 하늘로부터 나타나나니

본문 18절 말씀부터 로마서의 본론이 시작됩니다. 그런데 그 첫마디가 "하나님의 진노"라는, 듣기에 별로 좋지 않은 말씀으로 시작되는 것을 봅니다. 모든 믿는 자에게 구원을 주시는 하나님의 복음을 선포하는 서두의 말씀이 왜 하필이면 하나님의 진노인가 하고 언짢게 생각할지 모릅니다.

하지만 여기에는 우리가 놓치지 말아야 할 중요한 원리가 담겨 있습니다. 사람이 복음을 받으려면 그 전에 자기의 처지가 어떠한가를 먼저 알아야 할 필요가 있다는 것입니다. 우리의 처지는 어떻습니까? 하나님의 진노 아래 놓여 있습니다. 18절의 처음과 끝을 이으면, '하나님의 진노가 하늘로부터 나타난다'라고 할 수 있습니다. 하나님은 하늘에서 진노하시고 그 진노가 이 땅에 사는 모든 사람에게 계속 임하고 있다는 말입니다.

우리는 '구원을 주시는 하나님' 하면 항상 사랑의 하나님을 연상합니다. "하나님은 사랑이시다"라는 말씀을 우리는 즐겨 고백하고 찬양합니다. 자연히 우리는 진노하시는 하나님, 즉 '화를 내고 계시는 하나님' 하면 본능적으로 거부감이 생겨 가까이하기를 싫어합니다. 그렇기 때문에 현대 신학자들 중에서 하나님이 진노하신다는 개념을 처음부터 부정해버리는 사람들이 적지 않다는 것은 결코 이상한 일이 아닙니다. 그들의 주장은 사랑의 하나님과 진노의 하나님이 모순된다는 것입니다. 사랑이면 사랑이고, 진노면 진노지 어떻게 사랑하면서 진노할 수 있느냐고 반문합니다. 특히 하나님을 진노하는 존재로 보는 것을 신성모독이라고 생각합니다. 그래서 아예 진노를 인정하지 않습니다. 더 나아가 죄인을 심판하려고 준비한 지옥까지 부정해버립니다. 성경에서 무엇이라고 말씀하든 간에 진노, 지옥 같은 말은 사람을 경고하기 위한 엄포에 지나지 않는다는 것입니다. 설혹 지옥이 있다손 치더라도 그것은 며칠 동안 가두어서 정신 차리게 한 다음 풀어주는 곳이지 영원히 벌주는 곳은 아니라고 주장합니다. 굉장히 듣기 좋은 말 아닙니까? 여러분 생각에도 그랬으면 좋겠지요?

'진노'라는 말을 사전에서 찾아보면 손해를 당하거나 모욕을 당할 때 생기는 불쾌하고 강한 적대 감정이라고 정의되어 있습니다. 이런 의미대로라면 진노가 하나님께 어울리지 않는다는 말은 사실입니다. 하나님이 무슨 손해를 보셨나요? 모욕을 당하신 일이 있나요? 하나님은 영이시고 완전하신 분인데 감정을 이기지 못하여 화를 내는 분으로 보기는 어렵습니다.

그러나 우리는 성경이 어디까지나 인간의 입장에서 하나님을 표현한다는 것을 기억할 필요가 있습니다. 인간의 언어는 불완전합니다. 하나님에게는 사랑 아닌 다른 일면이 있는데 그것을 무엇으로 표현할까요? 우리가 사용하는 용어를 쓸 수밖에 없지 않습니까? 그래서 '진노'라는 말이 사용된 것입니다. 비록 그 말이 하나님의 본성을 설명하기에는 형편없이 초라해 보이지만 우리의 이해를 돕기 위해서는 어쩔 수가 없습니다.

진노의 본성 I – 거룩하심

하나님의 진노는 첫째로, 죄를 조금도 용납하지 못하시는 거룩한 품성 때문에 나타나는 죄에 대한 반응입니다. 더 간단하게 말하면 그분의 거룩하심이 죄에 대해 나타내는 반응이라 할 수 있습니다. 우리가 잘 아는 바와 같이 하나님은 거룩하십니다. 그분은 거룩하시기에 죄를 조금도 용납하지 못하십니다. 죄는 절대로 그분과 가까이하지 못합니다.

> 또 여호와에게 가까이하는 제사장들에게 그 몸을 성결히 하게 하라 나 여호와가 그들을 칠까 하노라(출 19:22).

엄격히 말해서 하나님의 거룩하심 앞에 가까이 다가갈 자는 아무도 없습니다. 그러므로 죄가 가까이한다든지 죄인이 눈에 보이면 자연적으로 그 거룩하심이 반응을 일으킵니다. 그 반응이 하나님의 진노입니다. 하나님이 거룩하지 아니하시다면 진노라는 말은 필요가 없을 것입니다. 하박국 1장 13절은 "주께서는 눈이 정결하시므로 악을 차마 보지 못하시며"라고 했습니다. 하나님은 패역을 차마 보지 못하십니다. 따라서 그분의 진노를 거룩한 본성의 또 다른 표현으로 보아도 큰 문제가 없다고 생각합니다.

진노의 본성 II – 사랑하심

둘째로, 하나님의 진노는 자기 자녀를 징계하시는 사랑의 일면입니다. 사랑하면 화냅니다. 사랑하면 징계합니다. 구약에 보면 하나님의 진노를 제일 많이 받은 백성이 있습니다. 누구입니까? 바벨론 백성인가요? 앗수르 족속인가요? 우상숭배를 많이 한 블레셋 족속인가요? 놀랍게도 하나님의 택함을 받은 이스라엘 백성이었습니다. 하나님의 무궁한 사랑을 독차지했던 그들은 하나님이 참으로 사랑하는 자녀라 죄를 범하면 가차없이 징계를 받았습니다. 이 경우에는 징계가 바로 하나님의 진노였던 것입니다.

> 대저 여호와께서 그 사랑하시는 자를 징계하시기를 마치 아비가 그 기뻐하는 아들을 징계함같이 하시느니라(잠 3:12).

이것이 바로 하나님의 진노입니다. 사랑의 다른 일면이라 할 수 있습니다. 신학자 칼 브라이트는 "하나님의 사랑이 그의 진노 속에서 구체화된다"라는 유명한 말을 남겼습니다. 에밀 브루너는 더 멋있는 말을 했습니다. "하나님께 등을 돌린 사람을 향한 하나님의 진노가 곧 사랑이다." 하나님의 진노는 그분의 거룩한 일면이요, 사랑의 일면이라는 표현입니다.

그러므로 하나님이 하나님 되기 위해서는 거룩하신 것 못지않게 진노하시는 분이어야 하고, 사랑하시는 것 못지않게 진노하시는 분이어야 합니다. 사람이 자기 앞에서 아무리 악한 짓을 해도 무감각하고 반응이 없는 분을 하나님이라고 부를 수 있습니까? 죄인을 심판하실 생각도 안 하고 먼 산만 쳐다보시는 분을 하나님으로 경배할 수 있겠습니까? 그러므로 하나님의 진노는 그분이 하나님이 되기 위해서, 하나님으로 영광을 받으시기 위해서 절대로 빼놓을 수 없는 품성의 일면이라 할 수 있습니다.

하나님의 진노를 초래하는
두 가지 죄

다시 한 번 18절 말씀으로 돌아갑시다.

하나님의 진노가 불의로 진리를 막는 사람들의 모든 경건하지 않음과 불의에 대하여 하늘로부터 나타나나니.

우선 왜 하나님이 진노하시는지 그 이유를 밝히고 있습니다. 불의로 진리를 막는 사람들 때문입니다. 여기서 '불의'라는 말은 원문상 다소 복잡한 의미를 가지고 있습니다. 그러나 간단하게 '죄'라는 말로 대치를 해도 크게 문제 될 것은 없습니다. 죄를 범함으로 진리를 고의적으로 거부하고 반항하며 대적하는 사람들이 세상에 오죽 많습니까? 이 사람들 때문에 하나님이 진노하지 아니할 수가 없다는 것입니다.

주변을 한번 둘러보십시오. 예수 그리스도를 고의적으로 반대하고 핍박하는 자가 어디 한두 명입니까? 하나님이 "이래라" 하면 저리 하고, "저래라" 하면 이리 하는 사람들이 얼마나 많습니까? 성경 말씀을 통해서 하나님이 진리를 보여주셨는데 그 진리를 발로 밟고 하늘을 향해 주먹을 휘두르는 자들이 여기저기에 얼마나 많은지 모릅니다. 한때는 우리 모두가 그런 사람이었습니다. 이런 사람들 때문에 하나님의 진노가 임하는 것입니다.

좀 더 구체적으로 무엇에 대해서 진노하시는지를 살펴봅시다. 첫째는 "사람들의 모든 경건하지 않음"이고 둘째는 "불의"입니다. 이 두 가지에 대해서 하나님은 진노하신다고 했습니다. 경건하지 않음은 19절부터 25절 사이에 열거되어 있는 종교적인 죄를 가리킨다고 할 수 있습니다. 하나님을 공공연히 대적하는 행위입니다. 이는 죄 중의 죄입니다. 불의는 26절에서 32절까지의 죄목들을 가리키는 것으로서 사람, 즉 이웃을 공격하는 죄들입니다. 다른 말로 도덕적인 죄를 말합니다. 자기중심의 갖가지 더러운 생각에서부터 이웃을 해치는 악한 행위까지 다 포함하고 있습니다. 우리 하나님은 이런 두 가지 죄에 대해 특별히 진노하고 계십니다.

  18절에서 또 하나 우리가 생각할 것이 있습니다. '언제 하나님이 진노하시는가?' 하는 문제입니다. "하늘로부터 나타나나니." 이 말의 시제는 현재진행형입니다. 그러니까 계속 진노하고 계신다는 말입니다. 따라서 "언제 진노하시느냐" 하고 묻는다면 "날마다 진노하신다, 지금 진노하신다, 계속 진노하신다"라고 할 수 있습니다. 시편은 이 사실을 아주 잘 그려줍니다.

> 하나님은 의로우신 재판장이심이여 매일 분노하시는 하나님이시로다 (시 7:11).

  우리는 18절을 이렇게 세 가지 측면에서 검토하면서 다시 한 번 하나님이 얼마나 죄를 미워하시며 죄를 거부하시는 거룩한 분인가를 깊이 새겨야 할 것입니다. 우리는 하나님의 진노를 대수롭지 않게 여기는 버릇이 있습니다. 예수님을 믿고 나서 이 버릇이 더 심해졌습니다. 하나님의 진노를 가볍게 넘기는 것은 결코 옳은 태도라 할 수 없습니다.

  우리가 비록 예수님을 믿고 하나님의 사랑을 받는 자녀가 되었으나 우리 마음속에서 쉴 새 없이 일어나는 나쁜 생각 하나하나에 대해 하나님이 진노하고 계신다는 사실을 잊으면 안 됩니다. 그분이 거룩하신 이상, 그분이 사랑이신 이상 그분의 진노는 계속될 것입니다. 그리고 그분의 진노가 멎는 날이면 세상은 더 이상 존재하지 않을 것입니다.

우리는 예수님이 경고하신 말씀을 기억해야 합니다.

> 마땅히 두려워할 자를 내가 너희에게 보이리니 곧 죽인 후에 또한 지옥에 던져 넣는…(눅 12:5).

왜 던져 넣습니까? 진노하시는 분이니까 던져 넣는 것입니다.

> … 던져 넣는 권세 있는 그를 두려워하라 내가 참으로 너희에게 이르노니 그를 두려워하라(눅 12:5).

이 말씀대로 우리는 하나님을 두려워해야 합니다. 철모르는 손자가 귀여워해주는 할아버지의 수염을 잡고 늘어지듯이, 우리는 하나님을 버릇없이 섬기기 쉽습니다. 그러면 큰일 난다는 것을 잊지 않도록 합시다.

그렇다면 악한 자의 형통은?

한편 우리의 마음 한구석에는 석연치 않은 의문이 하나 남아 있습니다. 하나님이 정말 날마다 불의와 경건하지 않은 죄를 향해 진노하고 계신다면 이 사회의 악한 사람들이 어떻게 저다지도 형통할 수 있을까 하는 것입니다. 우리의 현실을 보면 하나님께서 진노하신다는 증거가 별로 보이지 않습니다. 악한 사람이 벌을 받기보다 오히려 선하게 살려고 하는 사람들이 진노의 대상이 된 것처럼 너무나 모순된 일들이 현실에서 많이 일어나기 때문입니다.

그러니 '정말 하나님이 진노하고 계시는가?'라는 문제를 놓고 저는 가끔 씨름을 합니다. '하나님의 진노가 하늘로부터 임하고 있다면 절대로 무사할 수 없는 자들이 왜 저렇게 건재한가? 수십만, 수백만의 무고한 피를 흘리게 한 독재자들이 다른 나라에 돈을 싸 짊어지고 가서 팔십이 넘도록 장수하며 생을 즐길 수 있는 이유가 어디에 있을까? 이단 교리를 가르치면서 수많은 영혼을 사냥하는 자들이 저렇게 형통한 이유가 어디에 있을까?' 이처럼 하나님의 진노의 실체에 대해 의문스러운 점이 한두 가지가 아닌 것 같습니다.

지난 수년간 우리 주변에는 천재지변이 많이 일어났습니다. 지진이라든지 홍수라든지 기근이라든지 가뭄이라든지 깜짝 놀랄 만한 재난이 심심찮게 발생했습니다. 그런데 이상하게도 한번 혼이 났으면 좋겠다고 생각되는 나라는 무사하고, 정말 보기에도 안된 나라에는 지긋지긋한 재해가 너무 많이 발생합니다. 하나님이 진노의 대상을 잘못 보셨나 하는 착각이 들 정도입니다.

예를 들어 아프리카의 사하라사막 아래쪽에 사는 사람들 중 약 40퍼센트가 예수님을 믿습니다. 그런데 그들이 지난 20여 년 동안 무슨 일을 겪었습니까? 혹독한 가뭄과 무서운 굶주림이었습니다. 한 해에도 수백만의 어린이들이 죽어가고 있습니다. '하나님이 과연 불의를 향해 진노하시는가?' 하는 한 가닥의 회의가 무의식 중에 일어나는 것을 봅니다. 성경을 보면 하나님께서 어떤 악을 범한 사람이나 나라를 사정없이 심판하시는 예가 가끔 있습니다. 구약에서 가장 대표적인 곳이 어디입니까? 소돔과 고모라입니다.

그런데 오늘날 소돔보다 더 악한 도시에 진노의 심판이 내려진 예가 있습니까? 없다는 대답이 옳을 것 같습니다. 개인도 마찬가지입니다. 헤롯 왕을 기억합니까? 스스로 하나님인 척 자기를 높이면서 거드름을 피우다 하루를 못 넘기고 벌레에게 먹혀 죽었습니다. 주의 사자가 그를 쳤기 때문입니다. 요즈음은 어떻습니까? 가끔은 그런 일이 있는 것 같습니다. 다음 이야기가 하나의 사례가 될지도 모르겠습니다. 어떤 책에 나오는 이야기입니다.

어느 부부가 25년 동안 결혼생활을 하면서 행복하게 살았습니다. "이상적인 결혼생활은 아니지만 참 행복했다"라고 말하는 것을 보면 부부 사이가 무난했던 모양입니다. 자녀 셋이 잘 자라고 있었고 경제적으로도 유복해서 이제는 여생을 좀 더 편안히 보내기 위해 새 집을 사기로 했습니다.

부부는 호숫가에 그림처럼 자리를 잡은 멋진 집을 찾아다녔습니다. 마침 한 곳을 찾았습니다. 마음에 꼭 드는 집이었습니다. 집주인과 거래가 시작되었는데, 그는 부인이 세상을 떠났는지 아니면 이혼해서 나가버렸는지 현재 홀아비로 살고 있었습니다. 드디어 그 집을 사기로 계약하고 필요한 일들을 처리하기 위해서 몇 달 동안 부인이 그곳을 드나들었습니다. 그런데 두 달가량 지난 어느 날, 느닷없이 부인이 남편에게 이혼을 하자고 했습니다. 남편은 자다가 날벼락을 맞은 기분이었습니다. 왜 갑자기 이혼하자고 달려드는지 알 수 없어 말을 잃었습니다. 부인은 이유를 설명하지 않은 채 집을 떠나겠다고 했으며, 아이들마저 데리고 가지 않겠다고 했습니다. 그날 밤을 뜬눈으로 지샌 남편이 커피 한 잔을 손에 들고 나오니 부인은 벌써 손가방 몇 개를 들고 나가면서 잘 있으라는 인사를 하는 것이었습니다.

나중에 알고 보니 이 여자는 호숫가에 있는 그 집 주인한테로 갔습니다. 그 홀아비하고 눈이 맞아서 같이 살기로 한 것입니다. 미국 같은 곳에서는 예사로 생기는 일입니다. 그런데 둘이 새살림을 꾸리고 호숫가에서 그야말로 꿈같은 나날을 보낸 지 2주가량 지났을 때, 갑자기 남자가 심장마비를 일으켜 세상을 떠났습니다.

누가 진노한 걸까요? 하나님이십니다. 이런 경우는 즉각적으로 심판하신 사례라고 할 수 있습니다. 가끔 보면 잘못을 범했을 때 여유를 주지 않고 하나님께서 즉시 심판하시는 경우가 있습니다. 그러나 이런 일은 아주 드물게 일어나며, 우리가 쉽게 경험할 수 없습니다.

교회 안에서도 마찬가지입니다. 아나니아와 삽비라는 헌금을 잘못했다가 어떻게 되었나요? 교회에 들어와 헌금을 내놓다가 그 자리에서 죽었습니다. 오늘날에도 이런 일이 있습니까? 벤스 헤브너라는 미국의 나이 많은 목사님이 이런 말을 했습니다. "만약 하나님께서 요즘도 교회 안에서 아나니아와 삽비라같이 잘못한 사람들을 계속 심판하신다면 교회마다 지하에 영안실을 만들어두어야 될 것이다." 맞는 말입니다. 계속 죽어 내려갈 테니까요. 잘못하면 목사도 내려갈 수 있습니다.

언젠가 들은 이야기입니다. 미국 교포 교회에서 회계 집사가 주일 헌금을 계수한 뒤 들고 나가다가 고스톱 판에 뛰어들었나 봅니다. 나중에 판돈이 모자라니까 성도들이 헌금한 돈까지 걸고 노름을 하다가 그 자리에서 심장마비로 죽었습니다. 현대판 아나니아와 삽비라의 심판이 아닌가 합니다. 그러나 사실 이런 심판은 매우 드물게 일어납니다. 사람들이 악을 행하고도 너무 담대하고 맹랑하니까, 못된 심리인지는 모르지만 우리는 하나님이 좀 더 분명하게, 실감 나게 진노하시는 것을 보고 싶어 하는 경우가 있습니다. 그렇게 되면 회개하고 돌아오는 사람도 많고 세상도 훨씬 밝아질 것 같은데 말입니다.

하나님이 우리 생각대로 하지 않으시는 것을 보면, 어느 신학자의 주장처럼 '진노란 괜히 겁주기 위해서 성경에 기록한 공갈에 지나지 않는 것이 아닌가?' 하는 엉뚱한 생각에 빠질 때가 있습니다. 그러나 이런 생각은 크게 잘못된 것임을 알기 바랍니다. 우리의 오해나 불평은 근본적으로 하나님을 잘못 알고 있는 데서 나온 것입니다. 다시 말해 하나님의 진노가 갖고 있는 성격을 이해하지 못하는 데서 생긴 것이라는 말입니다. 이 점을 세 가지로 나누어 검토해 보고자 합니다.

하나님의 진노의 세 가지 의미

내버려두심

첫째, 하나님의 진노는 하고 싶은 대로 내버려두는 것을 의미합니다.

> 그러므로 하나님께서 그들을 마음의 정욕대로 더러움에 내버려두사…(24절).

> 이 때문에 하나님께서 그들을 부끄러운 욕심에 내버려두셨으니…(26절).

> 또한 그들이 마음에 하나님 두기를 싫어하매 하나님께서 그들을 그 상실한 마음대로 내버려두사…(28절).

이렇게 세 번이나 반복해서 말씀하시는 요지는, 사람이 욕심나는 대로 무슨 짓이든지 할 수 있게 허용된 그 상태가 바로 하나님의 진노 아래 있는 확실한 증거라는 것입니다. 우리가 마음대로 즐기고 원하는 대로 살며 수단과 방법을 가리지 않고 하는 일마다 다 잘된다고 가정해봅시다. 무슨 짓을 해도 브레이크가 걸리지 않습니다. 도덕성은 우리의 행동에 아무런 영향을 주지 못합니다. 악을 행해도 거기에 대한 제재가 없는 것입니다. 사람들은 이것을 자유니 형통이니 합니다. 그러나 얼마나 무서운 일인지요. 내버려두는 것, 바로 그것이 하나님의 진노인 줄 모르고 있으니 말입니다.

입시를 몇 달 앞둔 고3 아들이 공부가 지겨워서 집을 나가 탈선을 했다고 합시다. 부모는 간절하게 설득을 합니다. 안 되면 호통을 쳐봅니다. 그러나 어떤 수단을 다 동원해도 아들이 말을 안 들으면 아버지는 "네 마음대로 해!" 하며 막말을 해버립니다. 마음대로 하라는 것은 내버려둔다는 뜻입니다. 이것은 부모의 화가 극도로 치밀어 올랐을 때 하는 말이라 할 수 있습니다. 내버려두시는 하나님의 진노도 비슷하다는 것입니다. 당장 이 사람 때리고 저 사람 죽이고 하는 것만이 하나님의 진노가 아닙니다.

어떤 점에서 방치는 징계보다 더 무섭습니다. 그런데 사람들은 거꾸로 생각하고 있지 않습니까? 이렇게 전도(顚倒)된 인식이 화를 불러들이는 비극의 씨라는 사실을 잘 모릅니다. 우리는 오히려 실패하고 고통을 당하는 일이 생길 때 안심할 수 있을지도 모릅니다. 하나님이 가만히 내버려두지 않으시는 증거일 수 있기 때문입니다. 마음대로 하게 내버려두지 않았기 때문에 예수님의 품으로 돌아오는 자들이 많은 것을 보면, 진노의 표라 할 수 있는 간섭과 제재를 당하는 편이 도리어 복이라 할 수 있을 것입니다.

계속 쌓아놓으심

둘째로 하나님의 진노는 계속 쌓아놓으시는 것을 의미합니다. 그때마다 즉시 심판을 하지 않고 계속 쌓아놓고 모아놓는 것을 말합니다.

> 다만 네 고집과 회개하지 아니한 마음을 따라 진노의 날 곧 하나님의 의로우신 심판이 나타나는 그날에 임할 진노를 네게 쌓는도다(롬 2:5).

진노를 어느 시점까지 모아놓는다는 말씀입니다. 마치 댐 속의 물이 가득 찰 때까지 기다리는 것과 같습니다. 물이 가득 찬 다음 수문을 열면 굉장히 무서운 힘으로 쏟아집니다.

하나님께서 죄인들을 향하여 그가 정한 진노의 날까지 벌을 유보한 채 쌓아두면 그 심판은 우리가 상상할 수 없는 공포가 될 것입니다. 군대에서 쓰는 말로 하면, 사정거리 안으로 들어올 때까지 기다리는 것과 같습니다. 만일 하나님이 악을 범하는 자를 향해 그때마다 즉시 눈에 보이게 진노하신다면 그것은 사랑일 수 있습니다. 표를 내지 않고 쌓아두시기만 하는 것에 비하면 잘못했을 때마다 맞는 편이 훨씬 복이라 할 수 있습니다.

제가 어릴 때 아버지께서 하시는 말씀 가운데 가장 겁나는 것이 "어디 두고 보자"였습니다. '두고 보자'고 하는 것은 어린애들에게 굉장히 무서운 말입니다. 아빠 엄마가 당장 "왜 잘못했어?" 하고 회초리로 때리고 끝내면 마음 편안하게 지낼 수 있는데 때리지 않고 "두고 보자" 하면 잠마저 잘 자지 못합니다. 그러니까 언제까지 두고 볼지 모르지만 항상 불안하다는 말입니다. 하나님의 진노에도 이와 같은 무서운 성격이 있음을 기억해두도록 합시다. 지혜자는 두려워할 것이요, 미련한 자는 잘됐다 하고 방종할 것입니다. 우리는 어리석은 자가 되어서는 안 됩니다.

가만히 덮어두심

셋째는 폭로하지 않고 가만히 덮어두는 것을 의미합니다. 비밀을 지켜주는 것입니다. 2장 16절을 보세요. "곧 나의 복음에 이른 바와 같이 하나님이 예수 그리스도로 말미암아 사람들의 은밀한 것을 심판하시는 그날이라." 왜 은밀한 것을 심판하시는 날이 있습니까? 하나님께서 그것을 폭로하지 않고 계속 숨겨놓으셨기 때문입니다.

사람들은 탄로가 나지 않는 것을 좋아합니다. 예수님이 말씀하신 대로 이 세상 사람들은 자기들의 악한 행위가 드러날까 겁이 나서 빛 앞으로 오지 않습니다. 그들은 끝까지 드러나지 않기를 원합니다. 그 비밀이 영원하기를 바라고 시간 속에 묻혀 완전히 망각되기를 바랍니다. 그러나 그 자체가 하나님의 진노라는 사실을 사람들은 잘 모릅니다. 사람에게 가리워진다고 해서 하나님이 모르실 리가 만무한데 그 점을 알지 못하는 것 같습니다. 하나님께서 알고 계시는 이상 그냥 무사히 넘어갈 수가 없지 않습니까? 심판 날이 기다리고 있기 때문입니다.

그러므로 모르는 체하고 가만히 있는 것이 오히려 더 무서운 법입니다. 그 자체가 하나님께서 진노하고 계심을 말하기 때문입니다. 끝까지 가만히 두면 그 사람은 영원한 멸망을 받을 것이 뻔하니까요. 그러나 나쁜 짓을 했을 때 그것이 드러나서 수치와 고통을 당하고 잘못을 뉘우치게 되었다면, 그것은 진노가 아니라 사랑의 채찍입니다. 우리는 보통 매 맞는 것은 화요, 무사한 것은 복이라고 말하며 거꾸로 판단합니다. 그러나 하나님의 진노에는 그와 반대되는 성격이 들어 있음을 알아두는 것이 좋습니다.

하나님의 진노를 어떻게 피할까?

지금까지 우리는 하나님의 진노가 무엇이며 그것이 지닌 세 가지 의미를 정리해보았습니다. 하나님은 지금도 진노하고 계십니다. 하나님의 진노는 지금도 맹렬하게 하늘로부터 모든 경건하지 않음과 불의에 대해 임하고 있습니다. 그러나 그 성격상 우리 눈에 잘 보이지 않을 때가 많을 뿐입니다. 그러므로 예수 없이 잘되는 사람들, 예수 없이 마냥 행복하기만 한 사람들, 남 몰래 나쁜 짓을 범해도 그것이 바다에 가라앉은 돌처럼 드러나지 아니하여 안도의 숨을 쉬고 좋아하는 사람들은 벌써 눈에 보이지 않는 무서운 진노를 받고 있다는 사실을 알아두어야 합니다.

하나님의 진노는 너무나 무섭습니다. 그렇기 때문에 하나님께서는 우리가 진노를 피할 수 있도록 길을 열어주셨습니다. 오직 하나의 길만 열어놓으셨습니다. 그것이 무엇입니까?

> 그러면 이제 우리가 그의 피로 말미암아 의롭다 하심을 받았으니 더욱 그로 말미암아 진노하심에서 구원을 받을 것이니(롬 5:9).

하나님이 열어놓으신 길은 예수 그리스도가 죽으신 십자가의 길입니다. 하나님은 우리에게 쏟을 진노를 예수님에게 쏟으셨고 예수님은 그 진노를 다 받으셨습니다. 그 일이 이루어진 곳이 바로 갈보리 언덕의 십자가입니다. 그러므로 하나님의 진노를 피하고 싶다면 예수님을 믿고 십자가 앞으로 나와야 합니다.

사랑하는 형제자매들이여! 오늘 이 자리에 앉아 예배를 드리는 우리는 마음으로 정말 감사해야 합니다. "주님 제가 과거에 예수님을 모르고 살 때 가만히 내버려두지 아니하신 것 감사합니다. 끝까지 기다리지 아니하신 것도 감사하고 끝까지 덮어주지 아니하신 것도 감사합니다. 실패를 통해서, 병을 통해서, 가난을 통해서 나를 빨리 회개하게 하시고 십자가 밑으로 피하게 하신 것 감사합니다."

이와 같은 감사의 기도가 우리 마음속에서 나와야 합니다. 우리가 잘못하면 매를 맞을 수도 있지만 그것은 어디까지나 사랑의 징계일 뿐 하나님의 진노는 아닙니다. 우리가 받을 진노는 예수님이 받으셨습니다. 하나님의 진노는 멀리 옮겨졌습니다. 얼마나 감격스러운 일인지 입이 만 개라도 다 감사할 수 없다고 생각합니다.

가장 불쌍한 사람

아직도 가정에 예수님을 믿지 않는 가족이 있습니까? 남편일 수도 있습니다. 부인일 수도 있습니다. 자녀일 수도 있습니다. 형제일 수도 있습니다. 그가 예수님을 안 믿는데도 너무 건강하고 하는 일마다 형통하고 무엇 하나 아쉬운 것이 없어 보입니까? 그렇다면 그 사람은 굉장히 위험한 자리에 놓여 있음을 알아야 합니다. 그는 누구의 진노 아래 있습니까? 하나님의 진노 아래 있는 것입니다. 내버려두셨는지도 모르고, 어디 두고 보자 하며 기다리시는지도 모릅니다.

그러므로 그런 가족을 위해서 비록 하기 힘든 기도지만 이렇게 간구해야 합니다. "하나님 아버지, 제발 내버려두지 마옵소서. 기다리지 마옵소서. 언제까지입니까? 하나님 덮어두지 마옵소서." 어떻습니까? 이 기도 할 수 있습니까? 이것은 세상 말로 하면 때려눕혀 달라는 말이나 마찬가지입니다. 사랑하는 가족의 영혼을 구원하기 위해서, 그들을 십자가 밑으로 피신시키기 위해서 이 두려운 기도를 할 수 있어야 우리가 하나님의 진노를 바로 아는 사람이라 할 수 있을 것입니다.

어떤 집에 가면 마음이 무거울 때가 있습니다. 예수님을 믿지 않는데도 사업이 너무 잘되어서 집이 으리으리하고 번쩍번쩍합니다. 가족이 다 건강해서 피부에 기름이 흐릅니다. 부인이 목사를 붙들고 하는 말이 "하나님께서 우리 가정에 얼마나 복을 주셨는지 모릅니다. 자녀들도 잘 자라고요. 남편도 건강하고요. 사업도 잘되고요. 너무 감사한 일이 많습니다." 목사의 눈에는 오히려 두려워해야 할 일인데 도리어 복이라고 착각을 하니 기가 막힌다는 말입니다.

여러분, 예수님을 믿는다고 하면서 남편이 지금 서 있는 자리가 어디인지 바로 파악하지 못하는 부인을 어떻게 봐야 할까요? 가족만이 아닙니다. 우리 주변에 하나님 없이 살면서 잘난 척하는 사람들이 많습니다. 그들은 아쉬운 것 없는 사람들입니다. 하지만 그들이 끝까지 그런 식으로 산다면 그들만큼 불쌍한 사람이 없습니다. 하나님의 진노가 임한 자녀들이기 때문입니다. 그들을 향해서 지금 잘되는 것이 성공이 아니고 지금 형통한 것이 행복이 아니라는 사실을 일깨워줄 수 있어야 합니다. 그들이 하나님의 진노를 피하여 십자가 밑으로 달려가게 만들어야 할 것입니다. 이것이 먼저 믿은 우리의 사명입니다.

그러므로 우리는 세상을 보는 인식을 바꾸어야 합니다. 행복한 자를 보는 인식을 바꾸십시오. 형통한 사람, 성공하는 사람들을 보는 시각을 바꾸세요. 성경이 그들을 향해 무엇이라고 말하는가를 정확하게 판단하세요. 그들의 실체를 바로 볼 줄 알아야 합니다. 누구든지 예수 없이 살면 성공할수록 하나님의 진노를 더 쌓는 일임을 알아야 합니다.

하나님의 진노를 가볍게 여기지 맙시다. 예수님을 믿는 우리가 그 진노를 두려워하지 않기 때문에 사람들이 더 담대하고 교만해지고 있습니다. 우리가 먼저 떨어야 그들이 떨 것입니다. 우리가 날마다 하나님의 진노를 눈으로 보듯이 이야기할 수 있어야 오늘의 소돔, 고모라가 더 악해지지 않을 것입니다.

05

하나님께 경건하지 못한 죄

로마서 1장 19-25절

19 이는 하나님을 알 만한 것이 그들 속에 보임이라 하나님께서 이를 그들에게 보이셨느니라 20 창세로부터 그의 보이지 아니하는 것들 곧 그의 영원하신 능력과 신성이 그가 만드신 만물에 분명히 보여 알려졌나니 그러므로 그들이 핑계하지 못할지니라 21 하나님을 알되 하나님을 영화롭게도 아니하며 감사하지도 아니하고 오히려 그 생각이 허망하여지며 미련한 마음이 어두워졌나니 22 스스로 지혜 있다 하나 어리석게 되어 23 썩어지지 아니하는 하나님의 영광을 썩어질 사람과 새와 짐승과 기어다니는 동물 모양의 우상으로 바꾸었느니라 24 그러므로 하나님께서 그들을 마음의 정욕대로 더러움에 내버려두사 그들의 몸을 서로 욕되게 하게 하셨으니 25 이는 그들이 하나님의 진리를 거짓 것으로 바꾸어 피조물을 조물주보다 더 경배하고 섬김이라 주는 곧 영원히 찬송할 이시로다 아멘

로마서를 처음부터 끝까지 유의해서 읽어보면 그 내용이 매우 논리적으로 전개되었다는 것을 알 수 있습니다. 로마서의 내용 흐름을 이해하기 쉽게 요약하면 다음과 같습니다. 처음에는 하나님이 우리를 벌거벗기십니다. 두 번째는 우리에게 의의 옷을 입혀주십니다. 이어서 우리를 성령의 사람으로 만드십니다. 마지막에는 우리를 그분의 제단 위에 올려진 거룩한 산 제물이 되게 하십니다. 로마서의 내용이 이와 같은 네 단계로 발전하고 있다는 것을 알면 이해하기가 훨씬 수월할 것입니다.

벌거벗은 인간

로마서 1장 18절은 모든 인간이 하나님의 진노 아래 놓여 있다고 선언합니다. 하나님의 진노를 산다는 것은 그 자체가 저주요, 죽음을 뜻합니다. 하나님께서 왜 인간에게 이토록 진노하실까요? 도대체 인간이 무엇을 어떻게 했길래 그러시는 것일까요? 우리가 펴놓은 본문 말씀에는 이 질문에 대한 답이 소상하게 기록되어 있습니다. 그것은 마치 우리를 벌거벗기는 것처럼 보입니다. "얼마나 악하면 내가 진노하겠는가? 똑똑히 보여주지"라고 하시면서 몸에 걸친 것을 사정없이 벗겨놓는 것 같습니다.

병원에 가면 몹시 들어가기 싫어하는 방이 하나 있습니다. 엑스레이 촬영실입니다. 몸에 고약한 질병이 생겼을지도 모른다는 일종의 불안감 때문에 그 방에 들어가기가 꺼려집니다. 경우에 따라 다르기는 하지만, 어떤 때는 엑스레이 촬영 기사로부터 "속옷까지 다 벗으세요"라는 거북한 소리를 듣습니다. 그래도 아무 말 못하고 지시대로 따를 수밖에 없습니다. 몸에 이상이 있나 없나 세밀히 찾아내야 병을 치료할 수 있기 때문입니다. 우리 몸에 숨어 있는 병을 찾아내기 위해 옷을 벗어야 하는 것처럼, 하나님께서도 우리의 죄악이 드러나게 하는 방법으로 우리를 벌거벗기십니다. 다시 말하면 우리의 적나라한 모습을 보게 하시는 것입니다.

오늘 본문도 하나님이 우리를 벌거벗기시는 내용이라고 할 수 있습니다. 우리 가운데는 "내가 이제 예수 믿고 하나님의 자녀가 되었는데 여기에 나오는 내용이 나랑 무슨 상관이 있어?" 하고 태연스레 생각하는 분들이 있을지 모릅니다. 그러나 예수 믿고 안 믿고를 떠나서 자연인의 자리로 되돌아가 인간 본래의 모습을 직시하는 것은 대단히 중요합니다.

우리가 하나님 앞에서는 입버릇처럼 죄인이라고 고백하지만 사실 자신이 얼마나 더러운 죄인이었는가를 아는 사람은 별로 많지 않습니다. 자신의 죄를 현미경으로 들여다보듯이 환하게 알고 있는 사람이 몇이나 될까요?

자기 자신에 대해 정확한 지식을 갖는다는 것은 대단히 중요합니다. 그것은 우리가 그리스도 앞으로 더욱 바짝 다가가게 하는 동기가 되기 때문입니다.

하나님을 경외하지 않는 죄

하나님의 진노를 피할 수 없는 죄 중에 가장 먼저 나오는 것은 "모든 경건하지 않음"입니다. 경건은 하나님을 경외하고 사랑하는 마음을 뜻합니다. 따라서 경건하지 않다는 것은 하나님을 사랑하지 않는 것이요, 하나님을 경외하는 마음이 전혀 없는 상태를 말합니다.

불경건을 영어로 'Godlessness'라고 합니다. 참 묘한 단어입니다. 하나님을 뜻하는 'God'에, 없다는 의미의 'less'와 명사형 접미사인 'ness'를 붙여놓은 것입니다. 그래서 이 단어를 글자 그대로 해석한다면 '하나님이 없는 것'이 됩니다. 시편 53편 1절에 이런 말씀이 있습니다. "어리석은 자는 그의 마음에 이르기를 하나님이 없다 하도다." 이 구절이 뜻하는 바가 바로 불경건과 같은 것입니다. 불경건의 죄가 구체적으로 어떤 것인지는 다음 말씀이 명료하게 지적하고 있습니다.

> 하나님을 알되 하나님을 영화롭게도 아니하며 감사하지도 아니하고 오히려 그 생각이 허망하여지며 미련한 마음이 어두워졌나니(21절).

하나님을 영화롭게 해야 할 사람이 하나님의 이름을 높이지 않으며, 하나님께 감사해야 할 사람이 감사하지 않고 도리어 등을 돌리는 것, 이것이 바로 불경건입니다. 불경건이란 이처럼 하나님을 우습게 생각하는 태도입니다. 이 죄가 특별히 고약한 까닭이 있습니다. 21절 앞부분에서 지적하는 것처럼 하나님을 알면서도 모른 척하기 때문입니다.

모르고 저지른 죄는 비교적 추궁하기가 어렵습니다. 반면에 나쁜 일인 줄 알면서도 잘못을 저지르면 그것은 고약한 죄가 됩니다. 그러므로 모르고 짓는 죄는 알고 짓는 죄에 비해서 죗값이 가볍다고 할 수 있습니다. 예수님도 이것을 인정하셨습니다.

> 주인의 뜻을 알고도 준비하지 아니하고 그 뜻대로 행하지 아니한 종은 많이 맞을 것이요 알지 못하고 맞을 일을 행한 종은 적게 맞으리라…(눅 12:47-48).

알고 짓는 죄와 모르고 짓는 죄 사이에는 분명히 차이가 있음을 알 수 있습니다. 한 가지 예를 들어보겠습니다. 호적의 기록이 잘못되어 재판을 청구한 청년이 있었습니다. 그는 열심히 뛰어다니며 애쓴 결과 원하는 대로 호적을 고칠 수 있었습니다. 그런데 그 사람이 자기의 재판 기록을 슬쩍 들여다보니 "이 사람은 원래 무식한 까닭에 이런 실수를 저질렀다"라고 적혀 있더랍니다. 그는 대학원까지 졸업한 지식인으로 결코 무식한 사람이 아니었습니다. 그럼에도 그가 무식자 행세를 했던 까닭이 무엇입니까? 모르고 저지른 실수라고 해야 정상참작이 되기 때문입니다. 알면서도 그렇게 했다면 공문서 위조범으로 몰려도 변명의 여지가 없는 것입니다.

무신론은 있을 수 없다

우리가 차라리 하나님을 잘 몰라서 그분을 영화롭게 하지 않았다면, 하나님이 오히려 우리를 불쌍히 여기실지 모릅니다. 그런데 알면서도 하나님을 모른 체하니까 그것이 하나님을 더욱 진노케 하는 것입니다. 그렇다면 여기서 중요한 질문 하나를 던지게 됩니다. "사람은 정말 하나님을 알고 있는가?" 이 주제를 놓고 오랜 기간 동안 많은 신학자들이 불꽃 튀는 논쟁을 벌였습니다. 특히 칼 바르트와 에밀 브루너의 논쟁이 유명합니다.

바르트는, 인간은 워낙 그 마음이 타락하고 썩었기 때문에 하나님을 알려고 해도 알 수가 없다고 아예 부정해버렸습니다. 반면에 브루너는 인간이 아무리 부패했다 할지라도 하나님을 아는 지식이 그 마음에 있다고 주장했습니다. 우리가 이런 신학자들의 말에 귀를 기울이는 것은 유익합니다. 그러나 무엇보다 중요한 것은 하나님의 말씀입니다. 성령이 우리에게 무엇이라고 말씀하시는지를 주목해야 합니다.

우리를 만드시고 우리의 속을 꿰뚫어 보시는 그분이 우리를 향해 무엇이라고 말씀하십니까? 19절에서 분명한 대답을 하고 있습니다.

> 이는 하나님을 알 만한 것이 그들 속에 보임이라 하나님께서 이를 그들에게 보이셨느니라(19절).

이 말씀을 간단히 설명하자면, 인간에게는 본능적으로 하나님을 아는 지식이 있다는 말입니다. 하나님께서 사람을 만드실 때 그 위엄을 깨달을 수 있는 이해력을 심어주셨기 때문입니다.

칼빈은 아주 아름다운 표현으로 이것을 설명했습니다. "하나님에 대한 이 지식을 늘 새롭게 하기 위해 하나님은 계속해서 신선한 물방울을 우리 마음에 떨어뜨려주신다." 우리는 본능적으로 하나님이 계신다는 것을 알 수 있도록 지음받은 존재입니다.

어떤 의미에서 볼 때 하나님이 계신 것을 알지 못하는 미개인은 존재하지 않는다고 할 수 있습니다. 문명의 혜택을 전혀 받지 못한 사람이라 할지라도 신을 찾는 종교의 씨앗은 다 가지고 있습니다.

그래서 이 지구상에는 역사가 시작된 날부터 지금에 이르기까지 종교가 없는 부족이나 도시 및 국가가 없는 것입니다.

칼빈은 또 "하나님이 계심을 아는 의식은 인간의 골수에까지 깊이 박혀 있어서 그것을 지워버리는 것은 불가능하며 차라리 천성을 바꾸는 편이 더 쉬울지 모른다"라고 했습니다. 당연한 지적입니다. 어린아이가 세상에 태어나면 얼마 지나지 않아 본능적으로 자기의 아빠 엄마를 찾습니다. 마찬가지로 하나님의 자녀도 본능적으로 하나님을 아는 지식을 그 속에 가지고 있는 것입니다.

> 창세로부터 그의 보이지 아니하는 것들 곧 그의 영원하신 능력과 신성이 그가 만드신 만물에 분명히 보여 알려졌나니 그러므로 그들이 핑계하지 못할지니라(20절).

하나님께서 모든 창조물 위에 자기의 영광을 보여줄 명백한 표적을 새겨놓으셨다는 말입니다. 그 사실이 너무나 뚜렷하고 확실하기 때문에 아무리 무식하고 둔한 사람이라도 못 보았다거나 모른다는 구실을 내세울 수 없습니다.

시편 104편의 저자는 2절에서 "주께서 옷을 입음 같이 빛을 입으시며"라는 매우 문학적인 표현을 했습니다. 이 우주에는 하나님이 만드신 빛이 가득하고 그 빛이 있는 곳에서 우리는 하나님을 볼 수 있다는 뜻입니다. 마치 하나님께서 이 우주에 가득한 빛으로 화려한 복장을 만들어 입으시고 우리 앞에 서 계시는 것 같은 모습을 연상할 수 있습니다. 온 우주 안에 하나님의 빛이 충분합니다. 그러므로 우리는 하나님을 거부하려야 거부할 수가 없습니다. 하나님을 모른다고 고개를 돌리려야 돌릴 곳이 없는 것입니다.

이 우주 만물은 하나님이 계시는 궁전입니다. 우리는 그 궁전을 거니는 사람과 같습니다. 궁전 안에 사는 사람이 궁전에 계시는 왕을 모른다고 한다면 말이 되겠습니까? 이와 같이 우리가 삼라만상을 바라보면 하나님이 계심을 자연히 알게 됩니다. 삼라만상뿐만 아니라 우리 몸이 지닌 신비스러움도 창조자 하나님을 부인할 수 없을 만큼 큰 증거가 됩니다.

칼빈의 말을 다시 한 번 인용하겠습니다. "절묘한 하나님의 솜씨는 입과 눈에서부터 시작해서 발톱에 이르기까지 어디서나 찾을 수 있을 만큼 우리 몸에 가득하다. 인간은 자기 안에 하나님의 무수한 솜씨로 아름답게 꾸며진 공장을 가지고 있다. 동시에 측량할 수 없는 부요함이 넘쳐 흐르는 창고를 가지고 있다." 참 멋있는 표현입니다. 우리의 사지백체를 보아도 하나님이 계신 것을 부인할 수 없다는 말입니다. 그러므로 자연 만물을 보나 우리 자신의 몸을 보나 이 모든 것을 만드신 하나님이 계시다는 사실을 얼마든지 인정할 수 있습니다.

하나님을 그 원인으로 하지 않고 존재하는 것은 하나도 없습니다. 하나님은 삼라만상을 창조하셨으므로 그것을 무한하신 권능으로 유지하고 지혜로 다스리시며 선으로 보존하고 계십니다. 무더운 여름이 지나가고 가을날 길가에서 애교스럽게 인사하는 코스모스를 보면 우리는 하나님의 지혜를 배울 수 있습니다. 하찮은 미물을 통해서도 하나님의 살아 계심을 마음속으로 다시 한 번 깨우치게 되는 것입니다.

지금까지 살펴본 19-20절에서 우리는 한 가지 교훈을 발견할 수 있습니다. 무신론이란 있을 수 없다는 것입니다. 어느 목사님은 "존재하는 것이 있다면 불신론(不信論)이 있을 뿐"이라는 의미 깊은 말을 했습니다. 인간의 본능에는 하나님을 아는 지식이 있고 삼라만상은 하나님을 가르쳐주는 교과서와 같습니다. 그렇기 때문에 하나님을 몰라서 그분을 영화롭게 하지 못했다는 논리는 결코 성립되지 않습니다. 사람들이 하나님을 알고도 섬기지 않을 뿐입니다. 자기들의 생각을 합리화하기 위해서 하나님이 없다고 말하는 것뿐입니다.

불경죄를 범하는 이유

그러면 왜 사람들은 하나님이 계시는 줄 알면서도 고의로 하나님을 영화롭게 하지 않는 불경죄를 범할까요?

> 하나님을 알되 하나님을 영화롭게도 아니하며 감사하지도 아니하고 오히려 그 생각이 허망하여지며 미련한 마음이 어두워졌나니(21절).

첫째 이유는, 인간의 마음이 죄로 인해 어두워졌기 때문입니다. 부패한 마음속에서는 하나님에 대한 바른 지식이 뿌리를 내리지 못합니다. 욕망의 잡초가 마음을 온통 뒤덮고 있기 때문에 하나님을 알기는 알지만 그분을 영화롭게 할 만한 능력을 갖지 못하는 것입니다.

그리고 또 다른 이유는 인간이 스스로를 지혜롭다고 착각하기 때문입니다. 22절에 "스스로 지혜 있다 하나"라는 말씀이 나옵니다. 지혜가 무엇입니까? 하나님을 두려워하고 순종하는 것입니다. 그러므로 사람이 자칭 지혜롭다고 할 때 그 지혜라 하는 것은 실상 거짓 지혜를 말합니다. 인간의 지혜는 하나님을 두려워하지 않습니다. 그리고 순종하는 것보다 순종하지 않는 길을 택하려고 합니다. 어떻게 하면 하나님을 멀리 떠날까? 어떻게 하면 그의 간섭을 덜 받을까?

어떻게 하면 마음대로 살 수 있을까? 이것을 궁리하는 것이 인간의 지혜입니다.

이렇게 자칭 지혜롭다고 하는 자가 찾는 것이 있습니다. 바로 우상입니다. 23절부터 25절은 우상을 숭배하는 죄에 대해 지적하고 있습니다. 스스로를 지혜롭다고 여기는 사람의 눈에는 우상을 숭배하는 것이 하나님을 섬기는 것보다 훨씬 더 자유롭고 편해 보이는 법입니다. 그러므로 그들이 우상숭배를 좋아할 수밖에 없습니다.

> 썩어지지 아니하는 하나님의 영광을 썩어질 사람과 새와 짐승과 기어다니는 동물 모양의 우상으로 바꾸었느니라(23절).

하나님을 두려워하고 순종하는 참된 지혜를 거부한 채 자기의 지혜대로 살겠다고 택한 길이 우상숭배입니다. 우상숭배에는 본질상 두 가지의 특징이 있습니다.

첫째는 섬기기에 편한 신을 만듭니다. 자기의 마음에 편한 방향으로 우상을 만드는 것입니다. 스스로 지혜롭다고 여기는 자에게 창조자 하나님은 부담스러운 존재일 수밖에 없습니다. 하나님은 인격적인 분이기 때문에 진정한 예배를 요구하십니다. 하나님은 우리에게 선한 생활을 가르치시며 순종하라고 명령하십니다. 하나님은 우리가 잘못했을 때 회개하도록 엄하게 요구하십니다. 이와 같은 하나님의 요구는 부패한 이기심에 사로잡혀 있는 인간에게 대단히 거추장스러운 짐이 아닐 수 없습니다. "어떻게 할까? 이 부담스러운 하나님이 안 보이는 곳으로 도망칠 수 있는 길이 없을까?" 결국 도피처로 찾게 된 것이 우상숭배입니다.

하나님은 인격적인 신인데 비해 우상은 비인격적인 존재입니다.

그러므로 우상은 하나님이 우리에게 요구하시는 것을 전혀 요구하지 않습니다. 불상 앞에 서서 회개하고 통곡하는 사람을 본 적 있습니까? 없을 것입니다. 그러니 사람들이 우상을 좋아하는 것은 조금도 이상한 일이 아닙니다. 인간의 본성은 천성으로 하나님을 부담스럽게 여기고 멀리하기를 원합니다. 부담스러운 하나님 대신 편리한 신을 찾아다니다 얻은 것이 우상입니다. 이런 의미에서 우상은 인간의 허망한 생각과 공상의 산물이라고 할 수 있습니다.

성경에 기록된 것처럼 고대인들은 형상을 가진 우상을 선호했습니다. 그들은 짐승이나 일월성신이나 사람의 형상을 만들어 섬겼습니다. 반면에 오늘날의 우상은 형상 없는 것이 특징입니다. 현대인들은 상당히 수준이 높아서 뭘 만들어놓고 절하는 것보다 보이지 않는 우상 섬기기를 좋아하는 것 같습니다. 그러나 분명한 것은 자기가 섬기기에 편리한 신을 만든다는 것입니다.

우상숭배 안에 감추어진 본질상의 특징 두 번째는 우상이 마음의 정욕을 충족시키기 위한 방편이라는 것입니다.

> 그러므로 하나님께서 그들을 마음의 정욕대로 더러움에 내버려두사 그들의 몸을 서로 욕되게 하게 하셨으니(24절).

정욕은 쾌락을 추구하게 만듭니다. 정욕은 특히 금지된 쾌락을 좋아합니다. 그것은 하나님이 하라는 것은 악착같이 싫어하고, 하나님이 하지 말라는 것은 기어이 하고 싶어 하는 부패한 마음 때문입니다. 잠언에도 "몰래 먹는 떡이 맛이 있다"(잠 9:17)라고 했습니다. 인간에게는 하나님이 하지 말라고 하는 것을 할 때 더욱 쾌감을 느끼는 못된 근성이 있습니다. 배우자가 멀쩡히 있는데도 외도를 즐기는 사람이 있지 않습니까? 그런 사람의 마음 밑바닥에는 금지된 쾌락을 추구하는 더러운 욕심이 가득 차 있는 것입니다.

24절을 보면 "그들의 몸을 서로 욕되게 하게 하셨으니"라는 말씀이 나옵니다. 왜 하나님께서 우상숭배를 성적 타락과 결부시켜 말씀하고 있을까요? 예나 지금이나 성적 타락은 우상숭배와 밀접한 연관이 있습니다. 고대 로마나 고린도는 우상의 도시로 유명했지만 동시에 성적으로 매우 문란한 도시로 악명이 높았습니다. 겉으로는 신을 섬긴다는 명분을 내세웠지만, 그 이면에는 쾌락을 즐기기 위해 무서운 죄를 범하는 남녀가 득시글거렸던 것입니다. 오늘날도 마찬가지입니다. 우상숭배를 하면 할수록 현대인들은 자기의 쾌락을 추구하는 함정에 빠집니다. 우상숭배 안에 자기의 욕망을 충족시키려는 본질이 있기 때문입니다.

미국을 중심으로 빠르게 확산되어가는 운동이 있습니다. 바로 '뉴에이지 운동'입니다. 20세기에 접어들어 기독교 문명이 쇠퇴해가면서, 주로 동양에서 미국으로 이민을 간 사람들에 의해 시작된 운동이라고 합니다. 힌두교를 위시해서 불교, 도교, 유교 등 모든 동양 종교가 혼합된 것입니다. 이 운동의 가장 큰 특징으로 범신론을 들 수 있습니다. '사람은 신이요, 신은 곧 사람이다. 그리고 우주 만물은 모두 신이다'라는 사상이 중심입니다. 따라서 우주 만물에 편재해 있는 신의 수가 무려 3,300만이 넘는다고 주장합니다. 이는 역사상 가장 지독한 우상숭배의 형태라고 말할 수 있을 것입니다.

'나 자신이라는 우상'

뉴에이지 운동을 추종하는 사람들이 섬기는 우상은 무엇입니까? 자기 자신입니다. 인간을 신으로 생각하는 것입니다. 인간을 신으로 보기 때문에 하나님이 아니라 자기에게 관심을 집중합니다.

인간을 신이라고 생각할 때 자연스럽게 인간이 신처럼 무한한 잠재력을 가지고 있다는 망상을 하게 됩니다. 이 잠재력만 개발하면 누구나 무척 행복해질 것이라는 공상에 빠집니다. 그래서 뉴에이지 운동의 내용 중에는 자기를 신으로 착각하도록 만들기 위해 고안해낸 여러 가지 방법이 있습니다. 예를 들면 최면술, 마인드컨트롤, 강령술, 예언, 점성술, 요가 등입니다. 갈수록 이 운동이 얼마나 무서운 속도로 번지고 있는지 모릅니다. 소위 지성인이라고 자처하는 사람들도 급속하게 빠져들고 있습니다.

뉴에이지 운동이 우리에게 가르쳐주는 교훈은 무엇입니까? 하나님을 섬기고 그분을 영화롭게 하기를 싫어하는 자는 자신의 욕망을 충족시키기 위해 우상숭배를 하려고 한다는 것입니다. 우상숭배 안에는 자기 자신을 하나님의 자리에 앉히려고 하는 교만이 숨어 있습니다. 그러므로 우상숭배란 얼마나 무서운 죄입니까? 얼마나 하나님을 모독하는 행위입니까? 당연히 하나님의 진노를 끌어들일 수밖에 없는 죄입니다.

> 썩어지지 아니하는 하나님의 영광을 썩어질 사람과 새와 짐승과 기어다니는 동물 모양의 우상으로 바꾸었느니라(23절).

여기에서 '바꾸었다'는 말을 주목해야 합니다. 하나님의 영광을 다른 것과 바꾸었다고 했습니다. 그것이 무엇입니까? 하나님을 피조물로 바꿔치기한 것입니다. 이것이 우상숭배입니다.

> 이는 그들이 하나님의 진리를 거짓 것으로 바꾸어…(25절).

이 말씀처럼 이들은 하나님의 진리를 거짓 것으로 바꾸었습니다. 이와 같이 자기 자신을 하나님보다 더 경배하고 섬기는 것을 우상숭배라고 합니다. 이는 가장 무서운 죄입니다. 하나님을 인정하지 않는 일이기 때문에 이것만큼 무서운 죄가 없습니다.

이런 이유 때문에 믿음의 선배들은 우상숭배 문제를 놓고 생명을 다해 싸웠습니다. 다니엘서를 보면 사드락과 메삭과 아벳느고가 등장합니다. 이 삼총사는 우상 앞에 절하라는 왕의 명령을 거부했습니다. 느부갓네살 왕 앞에서 "이 일에 대하여 왕에게 대답할 필요가 없나이다. 우리가 풀무불에 들어가서 타 죽는 한이 있더라도 왕의 신들을 섬기지도 아니하고 신상에 절하지도 아니할 줄 아옵소서"라고 하면서 결사 각오로 대항한 것을 볼 수 있습니다.

그리고 1930년대에 주기철 목사님은 일본이 천황을 신으로 섬기라고 강요하자 강단에서 피 맺힌 절규를 했습니다. "못 합니다. 못 합니다. 그리스도의 신부는 다른 신에게 정절을 깨뜨릴 수 없습니다. 그리스도의 신부는 일본 신사에 절하지 못합니다. 드리리이다. 드리리이다. 이 목숨이나마 주님께 드리리이다." 그는 정절을 깨뜨릴 수 없다고 끝까지 저항하다가 감옥에 끌려가서 6년 동안 갖가지 잔인한 고문을 당하며 고초를 겪던 중에 순교하고 말았습니다.

사랑하는 형제자매 여러분, 오늘 이 말씀 앞에서 예수님을 믿기 전 우리의 본래 모습이 어떠했는지가 적나라하게 드러납니다. 만일 우리가 지금까지 예수님을 모르고 살았다면 어떤 사람이 되어 있을까요? 우리 마음에 하나님 두기를 좋아할까요? 하나님께 감사하는 사람이 되어 있을까요? 천만에요. 하나님을 안다고 해도 하나님을 영화롭게 하고 그분께 감사드리는 것을 굉장히 부담스럽게 여기고 있을 것이 뻔합니다. 좀 더 내 욕심대로 살 수 있는 길이 없을까, 내가 하나님처럼 대접받을 수 있는 길이 없을까 하며 살아왔을 것이 틀림없습니다. 따라서 우리 자신을 하나님 자리에 앉혀놓고 자기만을 위해 사는 우상숭배자가 되어 있을 것이라고 단언해도 과하지 않을 것입니다.

어떤 책을 보니까 비참한 인생을 사는 비결이 기록되어 있었습니다. 바로 이런 것입니다. "나 자신에 관해서만 생각하라. 나 자신에 관해서만 이야기하라. 가능한 한 '나'라는 말만 사용하라. 칭찬받기를 기대하라. 지나치도록 자신을 사랑하라. 철저히 이기적인 사람이 되라."

여러분, 우리가 만약 예수님을 믿지 않았다면 이런 사람이 되지 않았겠습니까? 오늘날 우리 주변에는 이와 같이 자기 자신만을 아는 사람들이 많습니다. 하나님을 알면서 영화롭게 하지 않는 사람들이 허다합니다. 우리는 그들을 그리스도 앞으로 인도해야 합니다. 그리고 지금 교회를 다니고 있지만 아직도 '나'라는 우상을 버리지 못한 사람이 많습니다. 입으로는 하나님을 섬기지만 실상은 그분의 영광과 존귀를 전부 자기가 받으려고 하는 '나' 중심의 신앙생활을 하고 있는 사람들이 적지 않습니다. 자기 자신을 돌아보기 바랍니다. 만약 당신이 그런 사람이라면 그 우상을 하루빨리 깨뜨려버려야 합니다. 그것을 그대로 두고 예수님을 믿는다면 헛믿는 것이나 다름없습니다. 하나님은 그런 사람을 절대 용납하지 않습니다. 당신의 마음속에 황금만능주의라는 우상이 자리를 잡고 있습니까? 하루빨리 깨뜨려야 합니다.

진정한 행복을 찾는 비결

우리 중에 많은 분들은 이미 마음속 깊은 곳에서부터 쉴 사이 없이 하나님의 음성을 듣고 있습니다. 주님이 주신 영안을 가지고 있습니다. 삼라만상을 돌아보며 하나님을 보는 눈을 가지고 있습니다. 그분의 지혜, 그분의 전능하심을 작은 꽃 한 송이를 바라보거나 저 하늘에서 반짝이는 별들을 헤면서 항상 감탄하고 찬송할 수 있는 거룩한 마음을 가지고 있습니다.

제가 시무하는 교회의 신문에 게재된 기사 중에서 인상적이었던 내용을 소개합니다. 하 자매라는 성도가 어떻게 해서 우리 교회에 나오게 되었는지를 알려주는 기사입니다. 하 자매는 유치원에 다니는 자기 아이 덕분에 정 모 집사를 알게 되었는데, 우연히 어느 날 두 사람이 함께 길을 걸어간 적이 있었습니다. 그런데 길을 걷던 정 집사가 하늘을 쳐다보면서 "하나님이 만드신 하늘은 언제 보아도 가슴이 떨려요"라는 말을 했다고 합니다.

이 말에 하 자매는 충격을 받았습니다. '내가 볼 때는 그저 무미건조한 하늘일 뿐, 그렇게 가슴 떨릴 만큼 감동스러운 장면이 아닌데 어떻게 그럴 수 있을까? 예수 믿으면 무언가 다른 데가 있구나!' 하고 깨닫게 되었습니다. 이것이 하 자매가 교회에 나오게 된 직접적인 동기입니다. 이처럼 우리는 얼마나 행복한 사람들입니까? 하늘을 보아도 하나님을 알게 되고 땅을 보아도 하나님과 만날 수 있으니 말입니다.

여러분, 우리의 행복이 어디에 있을까요? 하나님을 아는 것이요, 그분을 영화롭게 하며 감사하는 데 있습니다. 하나님만을 기쁘시게 하고 하나님의 이름만을 높이려고 하는 것, 이것이 우리가 느낄 수 있는 행복의 절정입니다.

마지막으로 본문 25절 끝부분을 봅시다. 사도 바울이 소리 높여 무엇이라고 찬송하고 있습니까?

… 주는 곧 영원히 찬송할 이시로다 아멘.

그렇습니다. 바울의 고백이 곧 우리의 고백입니다. 예수 그리스도로 말미암아 우리는 하나님을 섬기고 경배하는 거룩한 백성이 되었습니다. 그러므로 우리 모두는 날마다 바울처럼 이런 찬양을 부를 수 있는 행복 속에 살고 있습니다. 이와 같은 복을 받은 자가 어떻게 하나님을 영화롭게 하지 않으며 하나님 앞에 감사하지 않을 수 있겠습니까?

06

불의, 불의, 불의

로마서 1장 26-32절

26 이 때문에 하나님께서 그들을 부끄러운 욕심에 내버려두셨으니 곧 그들의 여자들도 순리대로 쓸 것을 바꾸어 역리로 쓰며 27 그와 같이 남자들도 순리대로 여자 쓰기를 버리고 서로 향하여 음욕이 불 일 듯하매 남자가 남자와 더불어 부끄러운 일을 행하여 그들의 그릇됨에 상당한 보응을 그들 자신이 받았느니라 28 또한 그들이 마음에 하나님 두기를 싫어하매 하나님께서 그들을 그 상실한 마음대로 내버려두사 합당하지 못한 일을 하게 하셨으니 29 곧 모든 불의, 추악, 탐욕, 악의가 가득한 자요 시기, 살인, 분쟁, 사기, 악독이 가득한 자요 수군수군하는 자요 30 비방하는 자요 하나님께서 미워하시는 자요 능욕하는 자요 교만한 자요 자랑하는 자요 악을 도모하는 자요 부모를 거역하는 자요 31 우매한 자요 배약하는 자요 무정한 자요 무자비한 자라 32 그들이 이같은 일을 행하는 자는 사형에 해당한다고 하나님께서 정하심을 알고도 자기들만 행할 뿐 아니라 또한 그런 일을 행하는 자들을 옳다 하느니라

지금 우리가 펴놓은 말씀은 로마서 가운데서 가장 읽기 어려운 내용이라고 할 수 있습니다. 그 안에는 우리 마음을 기쁘게 하는 구절이 하나도 없습니다. 처음부터 마지막까지 입에 담기조차 곤란한 죄목이 줄줄이 이어 나오는 것을 볼 수 있습니다. 이것은 복잡다단한 세상을 살면서 정신적으로 몹시 시달리는 요즈음 사람들에게는 분명히 피하고 싶어 할 만한 내용임에 틀림없습니다.

에릭슨이라는 신학자는 현대인들에게 죄를 논하기 어려운 이유를 이렇게 말했습니다. "죄는 죽음과 다를 바 없이 유쾌하거나 즐거운 주제가 아니기 때문에 사람들이 들으면 마음에 거부감을 일으킨다. 또 많은 사람이 '죄'의 개념조차 제대로 이해하지 못하고 있기 때문에 자연히 죄에 대해서 무관심하거나 죄의식을 잘 느끼지 않는다." 이처럼 대화의 접촉점을 찾기 어려운 사람들 앞에서 죄 이야기를 하는 것은 쇠귀에 경 읽기나 다름없을지도 모릅니다.

에릭슨의 말에는 분명히 일리가 있습니다. 오늘 우리 사회에서 일어나는 범죄는 날이 갈수록 그 양상이 극악해지고 있습니다. 거의 매일 새로운 유형의 범죄가 커다란 쟁점으로 떠오르고 있지만 사람들은 마치 남의 나라 이야기를 듣는 것처럼 놀라지 않습니다. 도리어 명백히 옳지 않은 일도 세상을 살아가기 위해 어쩔 수 없이 범해야 하는 필요악이라며 변명을 늘어놓습니다. 이런 세상에서 죄 이야기가 먹혀들기란 매우 어렵다는 것은 부인할 수 없는 현실입니다.

그럼에도 우리가 죄에 대한 교리를 진지하게 다루지 않으면 안 되는 이유가 있습니다. 아무리 불편해도 먼저 우리가 안고 있는 죄를 올바로 파악해야만 그다음에 우리의 참모습이 어떠한가를 이야기할 수 있기 때문입니다. 죄의 실체를 정확하게 알지 못하면 우리의 참된 실존을 알 수 없습니다. 성경이 말씀하는 죄는 우리의 잘못된 행동이나 생각만을 일컫는 것이 아닙니다. 우리로 하여금 죄를 짓게 만드는 선천적인 본성, 즉 내적인 성질까지도 포함하고 있습니다. 그러므로 우리의 근본 자아를 적나라하게 알기 위해서는 반드시 죄의 문제를 파헤쳐볼 필요가 있습니다.

부패한 마음

우리가 본문을 보면서 놀라움을 금할 수 없는 사실이 하나 있습니다. 선한 것이 하나도 언급되어 있지 않다는 점입니다. 인간이 이토록 악합니까? 어찌하여 선한 구석이 한 군데도 없다는 말입니까? 정말 탄식하지 않을 수 없습니다. 인간이 이토록 악하다면 대체 그 이유가 무엇입니까? 이 질문에 대한 자세한 설명이 26절 초두의 '이 때문에'라는 말로부터 시작됩니다. 이 말은 앞에 있는 내용을 전부 받는 것으로 볼 수도 있지만, 꼭 집어서 말하면 25절 내용을 되받는 것으로 보는 것이 더 좋습니다. 사람들이 피조물을 조물주보다 경배하기 시작하면서 말로 다할 수 없을 정도로 악한 존재가 되어버렸다는 것입니다. 그리고 28절은 인간이 왜 조물

주를 섬기려 하지 않았는지 한마디로 설명하고 있습니다.

… 그들이 마음에 하나님 두기를 싫어하매….

이 말씀은 사람들이 하나님에 대해 아는 것을 기피한다는 뜻입니다. 또한 어떻게 하면 하나님의 눈을 피해 제멋대로 살 수 있을까 하는 인간의 못된 심리를 지적합니다. 이렇게 사람이 하나님에 대해 아는 것을 싫어하고 기피했기 때문에 자연히 더 악해질 수밖에 없었다는 말입니다. 이것보다 더 확실하게 죄의 뿌리를 진단하는 말씀이 또 어디 있겠습니까?

우리가 세상을 사노라면 이런저런 모임에 참석할 때가 있습니다. 어떤 모임에 가면 세상 돌아가는 이야기로 시끌벅적 정신이 없습니다. 그런데 누군가 하나님에 대한 말을 꺼내면 참석한 손님들의 인상이 금방 달라지는 것을 볼 수 있습니다. 하필이면 이 자리에서 그따위 말을 하느냐는 식으로 은근히 거부감을 표시하는 것을 봅니다. 이는 사람들이 하나님에 대해 아는 것을 노골적으로 싫어한다는 것을 보여주는 사례라 할 수 있습니다.

인간은 마음에서 하나님을 추방시켰습니다. 그리고 그 자리를 자기가 차지하고 올라앉았습니다. 하나님의 간섭을 받지 않고 마음껏 자유를 누리려고 했기 때문입니다. 사람이 이렇게 악한 행동을 하자 하나님께서 어떻게 하셨습니까? 제 마음대로 하도록 내버려두셨다고 합니다. 28절에 있는 말씀입니다.

… 하나님께서 그들을 그 상실한 마음대로 내버려두사….

그러자 우리에게는 비참한 결과가 찾아올 수밖에 없었습니다. '상실한 마음'이 된 것입니다. 이 구절은 자기도 모르게 마음이 부패했다는 뜻입니다. 부패했다는 말의 원뜻은 동전이 규격에 맞지 않아서 쓸모없게 된 것을 가리킵니다. 따라서 하나님을 거부하는 인간의 마음은 규격에 맞지 않아 아무런 가치가 없는 동전 한 닢이나 다름없다는 말입니다. 마음만 부패한 것이 아닙니다. 그들의 행동도 달라졌습니다. 하나님이 미워하시는 못된 짓만 골라서 하는 사람이 된 것입니다. 결국 인간에게는 근본적으로 선한 것이 존재할 수 없게 되어버렸습니다.

바울은 부패한 마음을 가진 인간이 무엇이나 제 마음대로 할 수 있게 되자 하나님 앞에서 얼마나 합당치 못한 일을 많이 행하였는지 사례를 들면서 고발하고 있습니다. 그 범죄 내용을 하나하나 열거하는 것이 바로 26절 이하의 말씀입니다. 마치 죄라는 상품을 진열한 쇼윈도같이 보입니다. 그러나 여기에 기록되어 있는 죄목들이 세상에 존재하는 죄를 전부 망라한 것으로 보아서는 안 됩니다. 당시 로마 사회를 풍미했던 죄악상 가운데서 큰 줄기만 뽑아놓았다고 보는 것이 옳을 듯합니다.

학자들의 견해에 따르면 본문 내용은 당시 로마제국에 만연했던 죄악의 양상을 잘 나타냈다고 합니다. 역사가인 버질은 당시 사회상을 놓고 "옳고 그른 것이 혼동되어버린 사회였다. 유래 없는 사치 시대로서 사람들이 어떤 물건을 놓고 그것이 무엇인가 묻는 것이 아니라 얼마냐고 묻는 시대였다"라고 말했습니다. 무엇이나 돈으로 가치가 결정되었다는 말입니다. 심지어 사람까지도 돈으로 평가되었습니다. 따라서 값이 비싸면 내용에 상관없이 좋은 것으로 보았기 때문에 자연히 건전한 가치관이 몰락할 수밖에 없었습니다. 오늘날

과소비가 성행하는 우리 사회도 로마 시대와 비슷한 데가 많은 것 같습니다.

이처럼 정신이 비뚤어진 사회 속에서 살던 로마 사람들은 평범한 것에는 곧 권태를 느꼈다고 합니다. 그래서 날마다 새로운 쾌락을 추구하지 않으면 못 견뎠습니다. 즐길 수 있는 일이라면 선악을 가릴 것 없이 서슴지 않고 저질렀습니다 그러나 우리가 분명히 알아야 할 점은 로마 사람만 그런 것이 아니라는 사실입니다. 21세기를 살아가는 사람들 역시 별 차이가 없습니다. 로마 사람의 죄악상은 바로 우리 모두에게 해당됩니다. 그렇지 않다면 하나님이 본문 말씀을 왜 우리에게 주셨겠습니까?

성범죄(性犯罪)

이제 우리는 말씀을 통해서 인간이 저지른 죄악들을 구체적으로 하나하나 살펴보겠습니다. 먼저 26-27절을 보기 바랍니다.

> … 그들의 여자들도 순리대로 쓸 것을 바꾸어 역리로 쓰며 그와 같이 남자들도 순리대로 여자 쓰기를 버리고 서로 향하여 음욕이 불 일 듯 하매 남자가 남자와 더불어 부끄러운 일을 행하여 그들의 그릇됨에 상당한 보응을 그들 자신이 받았느니라.

이것은 동성애를 지칭합니다. 하나님을 떠난 인간이 빠져든 가장 심각한 죄가 무엇인지 압니까? 성적 타락입니다. 그중에서 가장 더러운 것이 동성애였습니다. 이 죄는 이미 24절에서 잠깐 언급되었습니다. "그들의 몸을 서로 욕되게 하게 하셨으니."

성범죄는 그 사회의 타락상이 어느 정도인지를 읽을 수 있는 척도입니다. 만일 동성애가 유행하고 사람들이 그것을 당연하게 용납하는 사회가 된다면 이는 치유가 불가능한 말기 현상으로 보아도 됩니다. 성경에서는 소돔과 고모라 이야기가 가장 좋은 사례일 것입니다. 하나님이 사람에게 허락하신 성은 고귀한 목적과 엄격한 질서를 가진 복이었습니다. 처음부터 남녀가 성관계를 할 수 있도록 허락된 길은 결혼뿐입니다.

그러나 하나님을 떠난 인간은 결혼이라는 틀 속에서 만족하기를 거부했습니다. 결혼이라는 자연 질서를 벗어버리고 금지된 쾌락을 즐기려고 발버둥을 쳤습니다. 그러니 그들이 나중에는 걷잡을 수 없을 정도로 문란한 성행위를 즐기는 동물이 되어버린 것은 조금도 이상한 일이 아닙니다. 예를 들자면 무책임한 동거, 간통, 강간, 혼음, 변태 성욕, 동성애 등입니다. 하나님께서 정해놓으신 정도(正道)를 벗어났기 때문에 인간이 이처럼 추악한 죄 속으로 끌려 들어가게 된 것입니다.

로마에서는 동성애가 귀족은 물론 노예들의 세계까지 구석구석에 유행병처럼 번졌다고 합니다. 예를 들어 로마 초기의 황제 15명을 조사해봤더니 그중 14명이 동성애자였다는 충격적인 연구 자료가 있습니다. 황제라면 마음에 드는 처첩들을 수두룩하게 거느릴 수 있는 처지가 아닙니까? 그럼에도 그들이 비정상적인 성행위를 즐겼다는 기록은 당시 로마 사회가 동성애처럼 부자연스러운 성관계를 자연스럽게 인정하고 있었다는 점을 입증하는 내용입니다. 심지어는 짐승과 교합하는 일까지 대수롭지 않게 여길 정도였다고 합니다. 인간이 어느 정도까지 더러워질 수 있는가를 보여주는 기막힌 단면이라고 할 수 있습니다.

인상적인 것은 본문에서 여자끼리의 동성애가 먼저 언급되었다는 점입니다. 이것을 놓고 여자들이 동성애에 더 깊이 빠졌기 때문이라고 해석한다면 곤란합니다. 물론 왜 여자를 먼저 언급하는가에 대해서는 여러 가지 추측이 있지만 제가 보기에는 여자 쪽의 죄질이 남자 쪽보다 가볍기 때문이 아닌가 합니다. 내용을 잘 보세요. 여자들에 대해서는 '순리대로 쓸 것을 바꾸어 역리로 썼다'는 말로 끝나는 데 비해, 남자들에 대해서는 '서로 향하여 음욕이 불 일 듯하다'는 노골적인 표현을 쓰고 있는데, 이는 남자의 죄질이 여자보다 더 무거웠다는 것을 암시한다고 볼 수 있습니다.

동성애는 로마 사회에만 해당되는 이야기가 아닙니다. 오늘날 선진국이라고 부르는 나라들을 둘러보세요. 동성애가 얼마나 심각한 사회문제로 등장했는지 다음 몇 가지 사례가 증명하고 있습니다. 1989년에 덴마크에서는 함께 살길 원하는 동성애자들에게도 결혼증명서와 유사한 증명서를 발급해주어 정상적인 부부와 같은 혜택을 누릴 수 있게 했습니다. 이것은 동성애를 법적으로 인정한 것입니다. 그리고 1988년에 캐나다의 연합교회는 동성애자들도 목사 안수를 받을 수 있도록 총회에서 법안을 통과시켰습니다. 더욱 기막힌 사실은 동성애자들의 생활 방식을 하나님이 주신 은사로 고려할 수 있다는 보고서가 제출된 것입니다. 선진국에서는 이제 교회마저도 동성애자들을 정상인으로 받아들여야 한다는 의견이 증가하는 추세입니다.

왜 동성애가 무서운 죄입니까? 하나님은 우리가 이성끼리 짝을 이루어 결혼생활을 하게 하셨습니다. 결코 동성을 짝지어주지 않으셨습니다. 따라서 동성애는 하나님께서 정해주신 질서를 제멋대로 뒤집어놓은 것입니다. '순리대로 쓸 것을 바꾸어 역리로 썼다'는 말씀이 바로 그것입니다. 동성애는 하나님이 보시기에 굉장히 괘씸한 행동입니다. 이는 마치 하나님을 향해 "당신은 남자와 여자가 짝을 이루어 결혼하게 했지만 나는 당신보다 더 능력이 있어. 나는 남자를 여자로 만들 수 있고 여자를 남자로 만들 수도 있지"라고 말하는 것이나 다름없을 만큼 방자한 행동입니다. 얼마나 가증스럽고 추악한 죄입니까? 사람들이 이런 추악한 죄에 빠지게 되자 응분의 결과가 찾아왔습니다.

> … 그들의 그릇됨에 상당한 보응을 그들 자신이 받았느니라(27절).

죗값을 생전에 단단히 치렀다는 의미입니다. 건전한 사회에서는 오랜 기간 동안 동성애자들이 인격적인 대우를 받지 못했습니다. 지금도 그렇습니다. 앞서 언급한 것처럼 사회 일부에서는 그들을 받아들이려는 움직임이 있지만 대개는 따돌림을 당하고 있습니다. 이것은 그들이 받고 있는 "상당한 보응"이라 할 수 있습니다.

그리고 또 있습니다. 에이즈라는 무서운 성병이 생겼습니다. 이 병은 동성애자들에게 내린 천형으로 알려져 있습니다. 이것 역시 하나님으로부터 받는 "상당한 보응"이라 할 수 있습니다. 자료에 따르면, 미국에서 십대가 성병을 옮기는 속도는 13초에 1명꼴이라고 합니다. 워싱턴 D.C.의 한 고등학교에서 무작위로 조사한 결과 100명 중 1명이 에이즈 바이러스에 감염되어 있다는 결과가 나왔습니다. 그리고 대학생은 500명 당 1명꼴로, 그것도 도심지에 있는 대학에서는 300명 당 1명 꼴로 이미 바이러스에 감염되어 있다는 통계가 나왔습니다.

우리는 지금 얼마나 무서운 상황에 놓여 있는지 모릅니다. 결국 우리는 무의식중에 동성애자들을 너그럽게 보아준 셈이 되었고 그 결과 값비싼 대가를 톡톡히 치르고 있는 것입니다. 그리고 죄에 직접 연루된 자들은 피할 수 없는 하나님의 진노 아래 신음하게 된 것입니다.

부패한 마음의 죄악상

그다음으로 나오는 죄를 본문에서 살펴봅시다. 29절에서 "가득한 자요"라는 말에 붙어 나오는 죄가 처음에 네 가지 나옵니다. 이어서 다섯 가지가 기록되어 있습니다. 여기에서 '가득하다'라는 말은 죄짓는 데에 마음을 온통 빼앗겨버렸음을 의미합니다. 하나님께 온전히 드려야 할 마음을 죄에게 전부 빼앗겨 버렸기 때문에 사람들이 하나님 무서운 줄 모른 채 온갖 더럽고 악한 짓을 자행하는 것입니다.

불의

그러면 이 중에서 가장 먼저 나오는 '모든 불의'에 대해 살펴보겠습니다. 모든 불의란 광범위한 악을 포괄하고 있는 성경적인 용어입니다. 1장 18절을 보면 불의라는 단어가 두 군데에 걸쳐 사용되고 있습니다. 이런 관점에서 볼 때 모든 불의란 본문에 열거되지 않은 다른 죄까지도 포함하는 것으로 볼 수 있습니다.

추악과 악의

다음에 '추악'과 '악의'가 나옵니다. 추악은 악을 범하는 행동을, 악의는 그 밑에 깔린 성품을 말합니다. 어떤 사람은 이것을 거꾸로 해석하기도 합니다. 그러나 이 둘을 가지고 무리하게 구별하려는 것은 바람직하지 않습니다. 둘 다 인간이 본성과 행동 면에서 철저히 악하다는 것을 지적하는 말이기 때문입니다. 고린도전서 5장 8절에 "악하고 악의에 찬 누룩"이라는 말이 나오는데 '악하고 악의에 찬'은 원문에서 추악과 악의와 똑같은 단어입니다. 누룩이 완전히 못쓰게 되었다는 것을 지적하기 위해 의미가 비슷한 두 단어를 사용하여 이중적으로 강조하는 것입니다. 이와 마찬가지로 추악과 악의도 인간의 행동이 철저하게 악하다는 것을 이중으로 강조하는 말로 보는 것이 타당하다고 생각합니다.

탐욕

다음으로 '탐욕'에 대해 살펴보기로 하겠습니다. 탐욕은 더 많이 가지려고 하는 터무니없는 욕망을 말합니다. 이것은 철저한 자기 위주의 소유욕입니다. 아무리 가져도 만족하지 못하는 욕심입니다. 요즈음 세태를 보면 정말 놀랄 일이 많지 않습니까? 모 대학 무용과에서 입시 비리 사건이 터졌습니다. 비리를 저지른 교수의 남편도 대학 교수라고 합니다. 부부 교수면 우리나라에서는 상류층에 속합니다. 특히 예능 계통의 교수라면 봉급 외에도 수입을 얻을 수 있는 기회가 많습니다. 반드시 그런 것은 아니겠지만, 자녀에게 예능계 공부를 시키려면 작은 집 한 채는 날려야 할 정도로 엄청난 돈이 듭니다. 시간당 피아노 교습비가 10만 원이 넘고, 입시 전 반짝 30분 레슨에 100만 원이라는 사례비가 아무 거부감 없이 통용되는 세상입니다. 그런데 이러한 과외 소득을 올릴 수 있는 교수가 그것만으로

양이 차지 않아서 거액의 뇌물을 받고 성적을 조작하여 부정 입학을 시킨 것은 그야말로 탐욕의 극치를 보는 것 같습니다. 이것은 가진 자의 횡포요, 기득권층의 끝없는 욕망을 단적으로 나타내는 사례라고 할 수 있을 것입니다.

시기, 살인, 분쟁, 사기, 악독

이제 "가득한 자"의 네 가지 죄에 이어 두 번째 그룹에 해당하는 다섯 가지 죄에 대해서 살펴보겠습니다. '시기', '살인', '분쟁'은 한통속이라고 할 수 있습니다. 남을 시기하면 분쟁하게 되고, 서로 싸우다 보면 미워하게 되고, 미워하다 보면 살인까지 저지르는 경우가 허다하기 때문입니다.

그다음에 나오는 '사기'는 우리가 잘 아는 고약한 죄입니다. '사기'의 어원은 고기를 낚기 위해 낚시에 다는 미끼를 가리키는데, 아주 간교하다는 뜻을 가지고 있습니다. 사기를 치려면 머리가 보통 좋아서는 안 됩니다. 예를 들어서 청와대 비서관을 사칭하면서 몇십억 원을 끌어모은 사람은 지능지수가 보통이 아닐 것입니다. 미끼를 달아서 상대방이 눈을 멀거니 뜨고도 속아 넘어가도록 하는 사람이니까 얼마나 머리가 좋겠습니까? 그리고 '악독'은 의도적으로 행하는 나쁜 짓을 의미합니다. 그러므로 '사기'와 '악독'은 같은 고리에 달려 있는 죄라고 할 수 있습니다.

수군수군하는 자, 비방하는 자

그다음에 '수군수군하는 자', '비방하는 자'가 나옵니다. 이 둘은 비숫한 뜻을 가지고 있습니다. 엄격히 말하면 수군수군하는 것은 당자가 없는 자리에서 서로 주고받는 말이고, 비방하는 것은 당자가 있는 자리에서 하는 말로 볼 수 있습니다. 일부 학자들은 너하고 나하고만 알자는 식으로 소곤대는 것은 수군수군이고, 아예 그 사람 면전에서 욕하는 것은 비방이라고 풀이합니다. 아무튼 둘 다 상대방을 괴롭히는 말에는 틀림이 없습니다.

하나님께서 미워하시는 자

'하나님께서 미워하시는 자'는 두 가지 해석이 가능합니다. '하나님께서' 미워하시는 자로 해석할 수도 있고 '하나님을' 미워하는 자라는 뜻도 됩니다. 어느 쪽이 더 타당한지 따져본다면, 후자로 해석하는 편이 더 바람직합니다. 여기에 나오는 죄목 전부가 인간이 하나님을 향해 저지르는 나쁜 행동을 나열하고 있기 때문입니다. 하나님을 미워하는 자는 큰 죄인입니다.

자기를 과시하는 자

'능욕하는 자', '교만한 자', '자랑하는 자'는 비슷한 성격을 가지고 있습니다. 한마디로 자기를 과시하고 뻐기는 죄를 가리키는 것입니다. 능욕이라는 말은 뻐긴다는 뜻입니다. 그리고 자랑한다는 말은 '방랑자', 혹은 '방랑하다'라는 의미를 가지고 있습니다. 옛날에 돌팔이 의사나 약장수들이 이 동네 저 동네를 돌아다니면서 거짓 선전을 일삼는 예가 허다했습니다. 돌팔이 의사는 자기만이 불치병을 고친다고 큰소리쳤고 돌팔이 약장수는 자기 약이라야 병이 낫는다고 허풍을 떨었습니다. 이와 같이 자기가 남보다 우월하다는 착각 속에서 사는 자들에게 해당되는 죄목입니다.

악을 도모하는 자, 부모를 거역하는 자

'악을 도모하는 자'는 한 가지 악으로 만족하지 못하여 또 다른 악을 궁리해서 저지르는, 아주 질 나쁜 사람을 가리킵니다. '부모를 거역하는 자'는 우리가 잘 알다시피 배은망덕의 표본이라 할 수 있습니다.

우매한 자, 배약하는 자

'우매한 자'는 하나님을 멸시하는 미련한 사람을 가리킵니다. 하나님을 멸시하기 때문에 하나님 앞에서 나쁜 짓을 함부로 합니다. 그러므로 하나님에 대해 우매하다는 그 자체로 죄가 되는 것입니다. '배약하는 자'는 약속을 해놓고 쉽게 깨뜨리는 사람을 말합니다.

무정한 자, 무자비한 자

'무정한 자'와 '무자비한 자'는 비슷한 의미입니다. 한마디로 본능적인 인간의 정마저도 외면하는 사람을 가리킵니다.

로마 시대에는 갓난아이를 내다 버리는 악습이 있었습니다. 부인이 아기를 낳으면 그 아기를 남편이 누워 있는 발치에 누입니다. 아버지가 그 아기를 보고 마음에 들면 일어나 아기를 안는다고 합니다. 그러면 그 아기는 어머니가 키웁니다. 그런데 만약 아기가 마음에 안 들어 아버지가 돌아누우면 그 아기는 결국 버려지게 됩니다. 그래서 당시 로마시에서는 하루에 30~40명이나 되는 신생아들이 광장 같은 곳에 버려졌다고 합니다. 이 얼마나 무자비하고 비정한 일입니까?

네 살배기 고아 소녀를 데려다 감금하고 동물처럼 사육해서 돈벌이를 시킨 서커스 단장 이야기가 신문에 보도되었을 때, 우리가 얼마나 충격을 받았습니까? 키가 자라지 못하게 하루에 두 끼만 먹이고 잠도 몇 시간 재우지 않았다고 합니다. 이것이 정녕 인간이 할 짓입니까? 또 열 살짜리 오빠가 같이 놀아주지 않는다고 안달하는 누이동생을 칼로 찔러 죽이고, 그것을 위장하기 위해서 집에다 불을 지른 다음 허위 신고를 한 사건은 우리의 숨을 턱턱 막히게 합니다.

이 밖에도 요즘 세상이 얼마나 무자비한가를 단적으로 말해주는 사건이 많습니다. 순박해야 할 시골 청년이 잠자는 모녀를 덮쳤다가 반항을 하자 어머니를 살해한 뒤 시체를 곁에다 두고 그 딸을 성폭행한 사건은 더 이상 입을 열어 말하기도 싫은 이야기입니다. 한마디로 인간성의 상실입니다. 바늘로 찔러도 피 한 방울 나오지 않을 정도의 사회상입니다. 바로 이런 것을 두고 무자비한 자요, 무정한 자라고 말하는 것입니다.

악을 즐기는 인간성

> 그들이 이 같은 일을 행하는 자는 사형에 해당한다고 하나님께서 정하심을 알고도 자기들만 행할 뿐 아니라 또한 그런 일을 행하는 자들을 옳다 하느니라(32절).

자기가 행하는 일이 하나님 앞에 죽어 마땅한 죄라는 것을 인간은 본능적으로 알고 있습니다. '사형'은 로마서에서만 22회나 나오는 단어입니다. 그리고 그중에서 18회는 모두 죄와 관련되어 있는 것을 봅니다.

예수님을 안 믿는 사람이 어떻게 자기의 행위가 하나님 앞에서 사형에 해당하는 죄임을 알 수 있겠습니까? 그런데 우리가 생각하기에는 모를 것 같지만 그렇지 않습니다.

> 이런 이들은 그 양심이 증거가 되어…(롬 2:15).

즉, 예수님을 안 믿는 사람들이라도 그 마음속에 있는 양심으로 인하여 자기의 죄를 알 수 있다는 말입니다. 하나님의 말씀을 모른다고 해서 죄의 값이 사망이라는 사실을 모르는 것이 아닙니다. 말씀을 몰라도 양심적으로 그 정도는 알고 있다는 것이 성경의 가르침입니다. 따라서 악을 행하는 자들은 죄인 줄 알면서도 태연하게 악을 저지르는 것입니다.

> … 하나님께서 정하심을 알고도 자기들만 행할 뿐 아니라 또한 그런 일을 행하는 자를 옳다 하느니라(32절).

일반적으로 사람들은 자기 혼자 죄를 범하는 것으로 만족하지 않습니다. 다른 사람들을 죄의 소굴로 끌어들여 함께 악을 행하기를 좋아합니다. 그리고 그들이 죄를 짓는 모습을 보고 즐기며 박수갈채를 보냅니다.

뿐만 아니라 그들은 자기들의 행위가 옳다고 강변합니다. 사회

구조적으로 어쩔 수 없지 않느냐, 인간은 원래 나약한 존재인데 뭘 그러느냐, 세상이 다 그런데 별수 있느냐는 식으로 스스로를 달랩니다. 큰 목적을 위해서라면 작은 잘못은 큰 문제가 되지 않는다는 식의 공리주의적 사고방식으로 자기를 합리화하려고 합니다. 정말 추악한 사람들의 일면입니다.

지금까지 우리는 인간의 근본 성향, 생각, 행동이 얼마나 악한지를 하나님의 말씀을 통해 검토해보았습니다. 이것은 로마 시대 사람들에게만 해당되는 이야기가 아닙니다. 우리도 하나님 앞에 벌거벗겨놓으면 다를 것 하나 없습니다. 아무리 잘난 척, 의로운 척 가장을 해도 소용이 없습니다. 인간은 근본적으로 추악한 존재입니다.

물론 위에서 열거한 죄 중에는 우리와 무관한 것들이 있습니다. 이를테면 동성애 같은 것입니다. 본문에 등장하는 21가지 죄목 중에서 우리에게 저촉되는 것을 찾으라고 한다면 몇 가지나 꼽을 수 있을까요? 사람에 따라 다르겠지만 대략 다섯 가지 안팎일 것입니다. 그럼에도 여기에 나오는 죄목 전부가 우리 모두에게 해당되는 것처럼 매도한다면 몹시 못마땅하다는 생각이 들 수 있습니다.

그러나 한 가지 분명한 사실을 알아야 합니다. 동기, 기회, 명분만 주어진다면 본문에 나오는 악을 하나도 빼놓지 않고 범할 가능성을 우리 모두 가지고 있다는 것입니다. 그리고 설혹 한 가지 죄를 범했다고 할지라도 우리는 하나님 앞에서 사형에 해당하는 죄인임을 알아야 합니다.

하나님의 법은 세상의 법과 다릅니다. 예를 들어, 어떤 사람이 자기가 수군수군한 것이 마음에 걸려 법관을 찾아가 벌을 받겠다고 자청한다면, 사람들은 그를 정신병원으로 보낼 것입니다. 그런데 하나님의 법은 어떻습니까? 수군수군해도 사형에 해당합니다. 하나님은 수군수군하는 말을 듣는 것이 아니고 수군수군하는 말 뒤에 가려진 마음의 악을 보시기 때문입니다. 왜 수군수군하는지 그 뿌리를 캐고 들어가보면 분명히 그곳에 흉악한 죄가 웅크리고 있을 것입니다.

절망 속에서 누리는
세 가지 은혜

제가 한 가지 질문을 던지겠습니다. 우리가 본문에 기록된 대로 선한 데 하나 없는 죄악투성이라고 한다면, 이 모습 그대로 하나님 앞에 설 수 있겠습니까? 아마 천국문을 열어준다고 해도 들어갈 사람이 없을 것입니다. 공사장에서 험한 일을 하는 막노동자를 불러 세워놓고 "내가 당신을 예배에 초청하고 싶습니다. 꼭 오십시오" 하면 그 사람이 곧장 교회로 가려고 하겠습니까? 자신의 몰골이 그 자리에 어울리지 않으니 나중에 깨끗한 차림새로 가겠노라고 변명할 것입니다. 악한 죄를 그대로 가지고 구원받을 수 있는 길은 없습니다. 우리의 추악한 모습 그대로 천국에 들어갈 수 없습니다. 더러운 모습을 감춘다고 들어갈 수 있는 것도 아닙니다. 깨끗한 모습으로 완전히 바뀌어야 합니다.

우리를 새것으로 바꿀 수 있는 구원자는 예수 그리스도 한 분뿐입니다. 우리가 세상 사람을 볼 때 겉모양으로 판단해서는 안 됩니다. 하나님 앞에서 드러난 그 사람의 진짜 모습을 볼 줄 알아야 합니다. 그 누구라도 마음에 예수님을 모시지 않으면 망할 사람이요, 영원히 진노받을 수밖에 없는 사람입니다.

저는 본문을 읽으면서 묘한 느낌을 받았습니다. 마치 마귀가 저를 향해 손가락질하면서 26절 이하에 나오는 죄를 한 가지씩 지적해가며 하나님께 고소하는 것 같았습니다. 그러나 저는 이 처절한 절망 앞에서도 세 가지 은혜를 놓고 감사하지 않을 수 없습니다. 첫째, 하나님을 싫어하는 부패한 마음을 예수 그리스도 안에서 새 마음으로 바꾸어주신 은혜입니다. 둘째, 예수님을 믿자마자 모든 죄를 무조건 용서해주신 은혜입니다. 셋째, 예수님을 믿은 후에도 여전히 악함이 남아 있지만 성령의 감화로 악을 범하지 못하게 막아주시는 은혜입니다. 할렐루야!

인간의 마음은 언덕 위의 수레에 비유할 수 있습니다. 언덕 위에 놓여 있는 수레를 상상해봅시다. 손으로 붙잡고 있지 않으면 그것은 굴러떨어질 수밖에 없습니다. 이와 마찬가지로 우리가 예수 믿고 새사람이 되었지만 하나님의 손에 붙잡혀 있지 않으면 죄악 된 세상으로 떨어질 수밖에 없습니다. 우리는 본문에 나오는 죄악들을 얼마든지 범할 가능성을 가진 불완전한 존재입니다. 그러나 우리가 죄의 구렁텅이에 빠지지 않도록 붙잡아주시는 하나님의 은혜가 있습니다. 이 놀라운 은혜를 베풀어주신 하나님을 찬양합시다. 당신은 이 은혜의 손에 붙잡혀 있는 사람입니까?

07

그래도 남보다 선하다는 사람

로마서 2장 1-16절

1 그러므로 남을 판단하는 사람아, 누구를 막론하고 네가 핑계하지 못할 것은 남을 판단하는 것으로 네가 너를 정죄함이니 판단하는 네가 같은 일을 행함이니라 2 이런 일을 행하는 자에게 하나님의 심판이 진리대로 되는 줄 우리가 아노라 3 이런 일을 행하는 자를 판단하고도 같은 일을 행하는 사람아, 네가 하나님의 심판을 피할 줄로 생각하느냐 4 혹 네가 하나님의 인자하심이 너를 인도하여 회개하게 하심을 알지 못하여 그의 인자하심과 용납하심과 길이 참으심이 풍성함을 멸시하느냐 5 다만 네 고집과 회개하지 아니한 마음을 따라 진노의 날 곧 하나님의 의로우신 심판이 나타나는 그날에 임할 진노를 네게 쌓는도다 6 하나님께서 각 사람에게 그 행한 대로 보응하시되 7 참고 선을 행하여 영광과 존귀와 썩지 아니함을 구하는 자에게는 영생으로 하시고 8 오직 당을 지어 진리를 따르지 아니하고 불의를 따르는 자에게는 진노와 분노로 하시리라 9 악을 행하는 각 사람의 영에는 환난과 곤고가 있으리니 먼저는 유대인에게요 그리고 헬라인에게며 10 선을 행하는 각 사람에게는 영광과 존귀와 평강이 있으리니 먼저는 유대인에게요 그리고 헬라인에게라 11 이는 하나님께서 외모로 사람을 취하지 아니하심이라 12 무릇 율법 없이 범죄한 자는 또한 율법 없이 망하고 무릇 율법이 있고 범죄한 자는 율법으로 말미암아 심판을 받으리라 13 하나님 앞에서는 율법을 듣는 자가 의인이 아니요 오직 율법을 행하는 자라야 의롭다 하심을 얻으리니 14 (율법 없는 이방인이 본성으로 율법의 일을 행할 때에는 이 사람은 율법이 없어도 자기가 자기에게 율법이 되나니 15 이런 이들은 그 양심이 증거가 되어 그 생각들이 서로 혹은 고발하며 혹은 변명하여 그 마음에 새긴 율법의 행위를 나타내느니라) 16 곧 나의 복음에 이른 바와 같이 하나님이 예수 그리스도로 말미암아 사람들의 은밀한 것을 심판하시는 그날이라

법률용어로 '항소'라는 말이 있습니다. 하급법원의 결정이나 명령을 따를 수 없다고 생각할 때 상급법원에 재심을 요청하는 행위입니다. 아무리 공정하게 재판을 한다 해도 형을 받은 피고의 입장에서는 억울한 점이 있기 마련입니다. 그래서 할 수만 있으면 다시 한 번 재판을 받아서 자신이 무죄하다는 것을 인정받거나 약간이라도 감형을 받았으면 하는 것이 대부분의 피고가 느끼는 심정일 것입니다.

남보다 선하다는 사람

이처럼 재판에 관한 이야기를 서두에 언급한 이유가 있습니다. 이미 살펴보았듯이 로마서 1장에서 하나님은 사람이 얼마나 악한 죄인인가를 세밀한 죄목을 들어가며 증거하셨고, 이 죄들은 사형에 해당한다고 말씀하셨습니다. 다시 말해 유죄가 확정된 것입니다. 그럼에도 이 판결이 못마땅해서 승복할 수 없다고 항소한 자들이 우리가 읽은 2장에서 등장합니다. "내가 사형이라고요? 하나님 너무 심합니다" 하고는 하나님 앞에 변명할 거리를 들고 서 있습니다.

공의로우신 하나님, 거룩하신 하나님이 우리를 오죽이나 잘 아시 겠습니까? 우리의 마음을 손바닥 보듯이 환하게 들여다보고 계시는 그분이 오죽 답답하시면 우리더러 죄인이라고 하시겠습니까? 양심을 가진 사람이라면 "주여, 나는 죽어 마땅한 죄인입니다" 하고 깨끗이 인정하며 무릎을 꿇어야 할 것입니다. "어떻게 하면 구원을 얻겠습니까? 이 죄인에게 가르쳐주옵소서" 하고 부르짖어야 마땅할 것입니다. 불행하게도 2장에 등장하는 자들은 그렇지 않습니다.

1절 서두의 '그러므로'라는 말에 주의합시다. 여기에는 '하나님께서 모든 사람이 죽음에 해당하는 죄를 범한 죄인이라고 말씀하셨으니 더 이상 다른 말을 하지 말아라'라는 의미가 담겨 있습니다. 그렇다면 우리는 유구무언이어야 옳을 것입니다. 그러나 실은 그렇지 않습니다. '그러므로' 다음에 어떤 부류의 사람이 나오고 있는지 보십시오. 남을 판단하는 사람들입니다. 이들이 누구일까요? 1절 이하의 내용을 검토해보면, 그들은 하나님이 자신을 죄인이라고 하신 것에 불만을 품은 자들로 보입니다. 아무리 하나님께서 세상 사람들을 정죄해도 자기만은 아니라는 생각으로 무엇인가 은근히 자랑할 것을 들고 나오는 자들입니다.

어떤 성경학자는 이런 사람들이 유대인을 가리킨다고 합니다. 틀린 말은 아닐 것입니다. 유대인 가운데도 스스로 선하다고 하는 자들이 수두룩하니 말입니다. 또 헬라인을 말한다는 견해도 있습니다. 이방인 가운데서 자기가 죄인이라는 사실을 인정하지 않으려는 배짱 좋은 사람들이 얼마나 많은지 그 수를 셀 수 없습니다.

그리고 유대인과 헬라인을 다 포함해서 "남을 판단하는 사람아" 라고 불렀다는 견해도 있습니다. 1절부터 16절까지의 내용을 유대인이나 헬라인으로 선을 그어 말할 필요가 없다고 생각합니다. 왜냐하면 9절과 10절에서 "유대인에게요 그리고 헬라인에게"와 같이 양편을 다 언급하고 있기 때문입니다. 따라서 자기가 죄인임을 수긍하려 하지 않는 모든 사람을 포괄적으로 다룬다고 보는 것이 타당할 듯합니다.

사실 우리 주변에는 인간적인 눈으로 볼 때 참 선하다고 할 만한 사람이 많습니다. 이런 사람들을 향해서 무조건 죄인이라고 말하면 심기가 굉장히 불편할 것이 뻔합니다. 그런 말을 듣고도 가만히 있기란 힘들 것입니다. 가슴에서 울컥하고 무언가 치미는 것이 있겠지요. 이런 사람들은 도덕적인 면에서 통찰력이 매우 뛰어납니다. 보통 사람보다 수준이 높지요. 그리고 어떤 이상을 추구하는 경향이 많습니다. "인생은 이렇게 살아야 해" 하며 나름대로 높은 이상을 정해놓고 거기에 맞추어 살아보고자 애쓰는 독특한 면이 있습니다.

그들은 자신의 언동이 선하고 비교적 양심적임을 긍지로 여깁니다. 주변으로부터 착하다는 칭찬도 듣고 법이 없어도 살 수 있는 사람이라는 말도 자주 듣습니다. 어떤 때는 '도덕군자'라는 고상한 별명을 얻기도 합니다. 종종 보통 사람들이 감히 엄두를 못 내는 선한 일에 뛰어들어서 주변 사람들로부터 박수갈채를 받는 일도 많습니다. 이렇듯 선하게 보이는 자들을 향해 죽을 죄인이라고 말한다면 이는 사람의 인격을 모독하는 행위처럼 보일 것이 틀림없습니다. 그들은 한결같이 마음속에 "그래도 나는 남보다 선해" 하는 강한 긍지를 품고 있습니다.

자신을 선하다고 여기는 사람은 죄 이야기를 해도 별로 놀라지 않습니다. 자기에게는 해당되지 않는 이야기로 생각하기 때문입니다. 로마서 1장을 귀가 아프도록 읽어주고 설교해도 눈에 띄는 반응을 볼 수 없습니다. '이 말씀에 해당하는 자들은 따로 있겠지' 하는 막연한 생각을 갖는 것입니다. 하나님의 심판에 대해서, 지옥에 대해서 아무리 목사가 힘을 주어 말해도 불안해하는 기색이 별로 없습니다.

왜 그렇습니까? 자기 같은 사람은 그런 곳에 가지 않을 것이라고 믿는 구석이 있기 때문입니다. 우리는 차를 운전하여 고속도로를 달릴 때 종종 라디오를 통해서 교통사고 소식을 듣곤 합니다. 그럴 때 무슨 생각을 합니까? 대체로 '나는 괜찮겠지' 하는 막연한 생각입니다. 이처럼 죄 이야기가 전부 남의 말로 들리니 죄인으로 정죄하시는 하나님의 말씀 앞에 무릎을 꿇지 못하는 것입니다. 그들이 바로 남을 판단하는 사람이요 그래도 남보다 선하다는 사람들입니다.

그런데 2장 말씀을 보면 이렇게 버티고 있는 사람들을 하나님께서 다루고 계심을 알게 됩니다. 왜 하나님은 이렇게 뻔뻔스러운 자들을 포기하지 않으실까요? 사랑하시기 때문입니다. 그들이 구원받아야 하기 때문입니다. 그대로 내버려두면 창녀나 세리가 받는 하나님의 심판을 똑같이 받을 수밖에 없으니까, 기회를 한 번 더 주어 예수 그리스도의 십자가 앞으로 인도하시려는 것입니다.

비록 예배 시간에 나와 앉아 있지만, 우리 중에도 이 말씀을 꼭 들어야 할 사람이 많다고 생각합니다. 특히 남자들 가운데 많습니다. 점잖게 나와서 예배는 드리지만 마음에 하나님의 말씀이 와닿지 않아 멍하게 앉아 있다가 돌아가는 사람이 적잖을 것입니다. 먼발치에서 예배를 마치고 나가는 성도들의 표정을 본 적이 있는데, 한 시간 내내 죄 이야기만을 듣고 나가는데도 무표정한 얼굴로 나가는 형제들이 많은 것 같았습니다. 왜 그럴까요? 점잖아서요? 생각이 깊어서요? 그럴 수도 있을 것입니다.

그러나 한편으로는 '아무리 죄 이야기 떠들어봐라. 그래도 나는 선한 데가 있어' 하는 자부심 때문에 설교를 귓등으로 들은 것이 아닌가 하는 생각도 할 수 있습니다. 자신의 이야기가 아니라 남의 이야기로 받아들인 것입니다. 이런 답답한 형제들이 교회마다 참 많습니다. 만약 여러분 중에 '그래도 나는 남보다 선해' 하는 은근한 자부심을 가진 형제가 있다면 자신이 바로 로마서 2장에 등장하는 장본인이라는 것을 잊지 마시기 바랍니다.

성령이 여러분의 마음을 열어주시길 바랍니다. 우리가 진심으로 구원 얻기를 원한다면 '그래도 나는 남보다 선해!'라는 생각, '그래도' 하는 이 고집, '그래도' 하는 이 변명, '그래도' 하는 이 구실까지 뿌리가 싹 뽑혀야 합니다. 그때 비로소 십자가에서 죽으신 예수님 앞에 무릎을 꿇고 "주여 나는 죄인이로소이다" 고백하며 눈물을 흘릴 수 있습니다. 그렇지 않고 '그래도'를 가진 채 30년, 40년 예수 믿어보세요. 그 결과가 어떠할 것 같습니까?

'그래도 내가 남보다 선하다'는 은근한 자부심을 가진 사람에게는 여섯 가지 특징이 있습니다. 모두가 좋지 못한 특징들이지만 자신이 행여 선하다고 생각하는 사람이 아닌가를 확인하기 위해서는 반드시 검토해봐야 합니다. 이 여섯 가지 가운데 하나라도 자신에게 해당하는 것이 있다면, 자신이 '그래도' 하는 고집이 있는 사람이라는 것을 깨닫고 회개해야 할 것입니다.

스스로 선하다는 자의 특징

남을 비판하기를 즐김

첫째는 남을 비판하는 경향이 강하다는 것입니다. 바울은 이미 1절에서 이 사람의 별명을 "남을 판단하는 사람"이라고 붙였습니다. 왜 그럴까요? 자기가 은근히 선하다고 여기는 사람은 자기도 모르게 남을 비판하는 경향이 강하기 때문입니다. 자신의 결점은 눈에 잘 안 들어오고 남의 약점이나 잘못은 항상 크게 보이기 때문입니다.

예수님은 이런 사람을 가리켜 형제의 눈 속에 있는 작은 티는 잘 보면서 자기 눈 속에 있는 들보는 보지 못하는 기이한 사람이라고 표현하셨습니다. 왜 은근히 남을 비판합니까? 자기가 그 사람보다는 선하다는 것을 내보이기 위함입니다. 비판을 함으로 자기가 더 의로운 사람임을 과시하는 것입니다. 그 사람과 비교할 때 자기는 다른 데가 있다는 자부심의 표현입니다. 즉, 나는 그와 같지 않다는 우월감이 담겨 있습니다.

이런 점에서는 바리새인을 따라갈 사람이 없었습니다. 그들의 눈에는 예수님도 옳은 사람이 아니었습니다. 창녀, 세리 등 자기 주변에 있는 모든 사람들이 비판의 대상이었습니다. 그래서 싸잡아 비판하는 일에 익숙해 있었습니다. 그들의 기도를 들어보세요.

> 바리새인은 서서 따로 기도하여 이르되 하나님이여 나는 다른 사람들 곧 토색, 불의, 간음을 하는 자들과 같지 아니하고 이 세리와도 같지 아니함을 감사하나이다(눅 18:11).

하나님의 아들이 직접 이 세상에 오셔서 양심이 아프도록 죄를 지적해도 바리새인들이 눈 하나 깜짝하지 않은 것은 조금도 이상한 일이 아니었습니다. 예수님께서 왜 그들을 그렇게 호되게 저주하셨는가 이해할 수 있을 것 같습니다. 자신이 의롭고 선하다는 생각 자체가 하나님 앞에서는 죄가 됩니다. 비판이라는 옷, 남을 정죄하는 옷, 은근히 위선하는 옷, 교만한 옷을 가지고 겉을 요란하게 치장하고 진짜 악한 것은 드러나지 않게 속에다 감춘 사람이기 때문에 그렇습니다.

가끔 보면 같은 직장에서 일하는 상사나 동료 가운데 예수 믿는 사람이 있으면 매우 비판적인 시각으로 보는 사람들이 있습니다. 그 이유는 그들이 교회의 장로나 집사라는 사실 때문입니다. "장로가 뭐 저래?"라는 식으로 보는 것입니다. 물론 그들이 덕을 세우지 못하는 점도 있고 종종 잘못하는 경우도 있을 것입니다. 또 가끔은 억울한 욕을 먹을 때도 있을 것입니다.

제가 말하고 싶은 것은 "예수 믿는 사람도 별수 없구먼. 나는 안 믿어도 저 사람보다는 나아" 하고 자기를 추켜올리는 이는 무척 불쌍한 사람이라는 사실입니다. 그들은 자기가 더 선하다는 이유 때문에 자기보다 부족해 보이는 동료들을 탓하면서 예수 믿기를 거부하는 것입니다. 그리고 어쩌다 교회를 다니게 되어도 죄의식이 거의 없습니다. 이런 사람은 하나님의 복음을 들을 수 없어 불행하다고 아니할 수 없습니다. 사람끼리 비교하면 조금 더 선한 사람이 있을 수 있는지 모르지만 하나님 앞에서는 의인이 하나도 없다는 사실을 알아야합니다.

자기 죄에 둔감함

두 번째 특징은 자기가 범하는 죄에 대해서 둔감하다는 것입니다.

> 그러므로 남을 판단하는 사람아, 누구를 막론하고 네가 핑계하지 못할 것은 남을 판단하는 것으로 네가 너를 정죄함이니 판단하는 네가

같은 일을 행함이니라(1절).

무슨 뜻입니까? 남을 판단하는 사람에게 똑같은 죄가 있다는 말입니다. 다시 말해 남을 판단하는 사람은 그도 역시 같은 일을 행하고 있다는 것입니다. 누가 보기에 그렇다는 것입니까? 물론 하나님입니다. 그래서 이런 사람에게는 '하나님의 심판이 진리대로 된다'고 경고합니다. 3절에 똑같은 말씀이 다시 반복되고 있습니다.

> 이런 일을 행하는 자를 판단하고도 같은 일을 행하는 사람아, 네가 하나님의 심판을 피할 줄로 생각하느냐.

이처럼 말씀에 비추어 보면 남보다 선하다고 여기는 사람은 자기 죄에 대해 매우 둔감하다는 것을 알 수 있습니다. 남의 죄는 드러내어 자꾸 비판하지만 자기는 어떤 점에서 잘못되어 있는지를 올바로 보지 못합니다. 심지어 똑같은 악을 범해도 자기의 잘못에 대해서는 굉장히 관대합니다.

관용하는 이유가 무엇입니까? 둔감하기 때문입니다. 그것이 죄인지 모릅니다. 남의 죄는 드러났으나 자기 죄는 드러나지 않았으니 기고만장해서, 남을 비판하는 자기가 똑같은 죄를 범하는 죄인이라는 것을 잘 모른다는 말입니다. 예수님은 바리새인들에게 "너희는 사람 앞에서 스스로 옳다 하는 자들이나 너희 마음을 하나님께서 아시나니"(눅 16:15)라고 말씀하십니다. 하나님이 그들의 마음을 들여다보니 엉망이었다는 말입니다.

하나님 앞에 그 마음이 돈만 사랑하는 사람으로 드러났습니다. 돈만 사랑하니까 남몰래 힘 없는 과부의 재산을 삼켰습니다. 그러나 그것이 죄인 줄 몰랐습니다. 간음한 사람을 죽이라고 소리치면서 속으로는 여인을 향해 음욕을 품고, 그런 자신을 비판하지 않습니다. 형제끼리 싸운다고 욕하면서 자기에게도 미워하는 사람이 있다는 사실에 대해서는 대수롭지 않게 여깁니다. 자기 죄에 대해 그만큼 둔감했던 것입니다. 이런 사람은 교회를 만년 다녀도 예수님의 십자가가 자기 십자가로 믿어지지 않습니다. 구원받을 필요를 별로 느낄 수 없습니다. 교회만 왔다 갔다 하는 것으로 족하다고 생각합니다. 답답할 만큼 영적으로 어두운 사람들이라 아니할 수 없습니다.

자기의 선을 자랑함

세 번째 특징은 자신의 형통이나 행복이 자기가 선해서 얻은 복으로 착각하는 것입니다. 4절을 주의해서 살펴봅시다.

> 혹 네가 하나님의 인자하심이 너를 인도하여 회개하게 하심을 알지 못하여 그의 인자하심과 용납하심과 길이 참으심이 풍성함을 멸시하느냐.

무슨 뜻인지 쉽게 이해됩니까? 이 사람은 하나님의 인자하심을 듬뿍 받아왔습니다. 하나님의 용서를 받고 살았습니다. 하나님은 그를 용납해주시고, 잘못을 해도 오래 참아주셨습니다. 길이 참는다는 말은 죄를 짓는 즉시 보복하지 않는다는 뜻을 가지고 있습니다.

그래서 어떻게 되었습니까? 세상을 살면서 힘든 줄 모르고 지내왔습니다. 다른 사람은 교통사고를 당해서 장애인이 되어도 자기에게는 그런 일이 일어나지 않았습니다. 어떤 사람은 감옥을 들락거리는데 자기는 법망에 걸리지 않고 있습니다. 주위에서는 암으로 일찍 죽는 사람들이 생겨나는데 자기는 아직도 건강할 뿐만 아니라 심지어 병원에 가본 일조차 없을 정도입니다. 자녀들은 물론 다 잘 자라고 있습니다. 이렇게 형통하는 것을 보면 은근히 어떤 생각을 하는지 압니까? '사람이 죄를 짓고는 못 살지. 양심에 거리낌이 없어야지. 그래야 집안이 잘되고 하는 일이 복을 받는 거야.' 이와 같은 그의 생각에는 '그래도 나는 남보다 선하다'는 자부심이 깔려 있음을 금세 알아차릴 수 있습니다.

그러면 이 사람의 생각이 옳다고 할 수 있습니까? 4절을 다시 봅시다. 하나님께서 이 사람에게 불행한 일이 생기지 않도록 지금까지 내버려두신 이유를 발견할 수 있습니다. "하나님의 인자하심이 너를 인도하여 회개하게 하심을 알지 못하여."

그는 하나님께서 그가 회개하기를 기다리며 오래 참으셨기 때문에 형통할 수 있었습니다. 그런데 이 사람은 자기가 남보다 선해서 얻은 분복으로 알고 있으니 얼마나 기가 막힙니까? 만일 끝까지 마음을 고쳐먹지 않고 그대로 있다면 결국은 구원에서 완전히 탈락되고 말 것입니다.

우리 중에 스스로 착각에 빠진 자가 있을까 두렵습니다. 자기는 새벽 기도 한번 안 나가도 아이들이 공부를 잘하고 부부애가 유별나게 좋은데, 이웃에 사는 누구는 새벽마다 교회에 가서 눈물 콧물 짜며 기도하는데도 자녀가 계속 시험에 떨어지기만 하니 참 이해할 수 없는 일이라고 하면서, 은근히 자기 집안 잘되는 것이 남보다 선해서 그렇다는 생각에 빠져 있지는 않은지 모르겠습니다. 믿음 좋다고 해도 별 볼 일 없더라 하며 교만해지지는 않는지요? 이유가 어디에 있든 자기의 선을 자랑하고 그로 인해 만사가 잘된다는 생각은 잘못된 것임을 알아두어야 합니다. 그런 태도는 하나님을 멸시하는 죄라고 경고하는 본문의 말씀을 귀담아들어야 합니다.

자기 선의 무가치함을 알지 못함

네 번째 특징은 자기의 선이 하나님 앞에 얼마나 무가치한가를 모른다는 것입니다. '그래도 나는 남보다 선해'라고 믿는 사람은 자기의 선이 하나님 앞에서 얼마나 가치 없고 형편없는 것인지를 모르고 있습니다. 그러면 진짜 선이 무엇입니까?

> 참고 선을 행하여 영광과 존귀와 썩지 아니함을 구하는 자에게는 영생으로 하시고(7절).

최근의 권위 있는 번역서들은 이 구절을 "인내하면서 하나님의 뜻을 행하면"이라고 옮겼습니다. 그러니까 선이 무엇입니까? 하나님의 뜻을 행하는 것입니다. 즉, 하나님의 말씀에 순종하는 것을 의미합니다.

그러면 하나님의 뜻을 행하는 목적이 무엇입니까? 그 대답이 7절에 이어서 나옵니다. "영광과 존귀와 썩지 아니함"을 구하기 위해서입니다. 이 말은 하나님이 예수님을 믿는 자기 자녀에게 주겠다고 약속하신 하나님 나라의 모든 복을 가리킵니다. 이와 같은 복이 지금 우리 앞에 기다리고 있기 때문에 이것을 얻기 위해서 우리는 선을 행하는 자가 되어야 한다는 것입니다.

그렇다면 자기가 선하다고 은근히 자랑하는 사람은 그 선이 하나님의 뜻을 행하는 것인지를 검토해야 할 것입니다. 그런 선을 가진 사람은 하나도 없는 것 같습니다. 사람들이 흔히 말하는 선은 하나님의 뜻을 행하는 것이 아니라 자기의 뜻과 일치하는 어떤 것을 말합니다. 그리고 그 목적이 썩지 아니하는 존귀한 영적 복을 얻는 데 있지 않고 세상에서 편하게 살 수 있는 무엇을 얻는 데 있습니다. 이런 의미에서 스스로 선하다고 하는 사람은 선이 아닌 것을 선이라고 착각합니다. 아무런 가치도 없는 걸레 조각 같은 것을 사람들이 선이라고 칭찬하는 것입니다. 그 속에는 더 악한 것들이 숨어 있는 줄 모르고 말입니다.

1983년에 미국에서 '올해의 아버지'라는 명예를 얻은 사람이 있었습니다. 코조 도보수라는 특이한 이름을 가진 사람입니다. 그 큰 나라에서 선발될 정도라면 그 생활이 남 보기에 얼마나 선하고 의로웠겠습니까? 그는 고아 35명을 입양해서 키웠습니다. 35명이나 되는 남의 아이를 데려다 키웠으니 사람들이 칭찬하는 것은 당연합니다. 그러나 그 사람의 선은 하나님과 아무 관계가 없었습니다. 사실 그는 입양된 아이를 때리고 심지어 성적 노리개로 삼기도 했던 것입니다. 그래서 결국 체포되었습니다.

사람이 스스로 선하다 하는 것이 얼마나 가소로운지 극단적인 예를 들었습니다만, 그렇지 않은 경우라 해도 별로 다를 바가 없습니다. 칼빈은 이렇게 말했습니다. "성경에 보면 우리의 선행, 이것도 항상 불결한 것이 많다. 따라서 하나님은 당연히 우리의 선행을 보고 좋아하시지 않으며 도리어 불쾌하게 여기고 노하신다." 정곡을 찌르는 말입니다. 잠언 16장 2절은 이렇게 말하고 있습니다. "사람의 행위가 자기 보기에는 모두 깨끗하여도 여호와는 심령을 감찰하시느니라." 마음을 감찰하시는 하나님의 눈으로는 인간의 마음에서 선한 것을 찾기가 불가능하다는 말씀입니다.

우리나라 사람들의 사고방식에는 불교식 선(善) 개념이 밑바닥에 깔려 있습니다. 석가모니가 남긴 말을 모아 기록한《법구경》에는 "사람의 본성이 선한 것이 마치 물이 아래로 내려가는 것과도 같다. 사람치고 선하지 않은 자가 없고 물치고 아래로 내려가지 않는 물이 없다"라는 문장이 있습니다. 이와 같은 사상에 물이 들어 수백 년을 살았으니 자기가 악하다고 생각하겠습니까?

제가 잘 아는 목사님이 미국에 있는 큰 식당에 가서 식사를 한 적이 있었습니다. 호화로운 테이블 위에 촛불이 켜 있었는데, 촛불 위에는 분홍색의 유리잔 같은 것이 씌워져 있었습니다. 자연히 분위기가 매우 낭만적으로 느껴졌습니다. 목사님이 반농담조로 웨이터한테 물었습니다. "아니, 좀 밝은 데서 식사를 하게 하지, 왜 이렇게 어두컴컴하게 만듭니까?" 그러자 웨이터는 어깨를 으쓱하면서 "아무리 컴컴해도 음식을 코로 가져가는 사람은 없어요. 그리고 불이 어두우면 모두가 미인으로 보이지요"라고 했다는 것입니다. 그 말이 사실입니다. 컴컴한 데서는 다 미인처럼 보이듯 자기의 컴컴한 마음속에서 보면 전부 선한 것처럼 보이게 마련입니다.

그러나 빛 되신 하나님 앞에 나와서 보면 자기가 자랑하던 선이 아무것도 아니라는 사실을 알게 됩니다. 위대한 설교자 스펄전이 재미있는 말을 했습니다. "인간의 선이란 무엇이냐? 그것은 자기 몸을 쭉 뻗고 눕기에는 좁은 침대와 같고 자기 몸을 덮기에는 작은 이불과 같다." 우리 중에 자신이 그래도 선하다는 생각을 가진 사람이 있다면 제발 더 이상 속지 말고 진실 앞으로 나오길 바랍니다.

자기 양심을 속임

다섯 번째 특징은 자기 양심을 속이는 것입니다.

> 율법 없는 이방인이 본성으로 율법의 일을 행할 때에는 이 사람은 율법이 없어도 자기가 자기에게 율법이 되나니(14절).

이방인은 유대인이 가진 율법을 받지 않았기 때문에 그것이 무엇인지 잘 모릅니다. 그렇지만 이방인도 살인을 하면 마음속에 죄책감이 생겨납니다. 이런 경우 가책을 받은 자기 자신이 율법 구실을 하게 됩니다. 그 사람 안에 양심이 있기 때문입니다.

> 이런 이들은 그 양심이 증거가 되어 그 생각들이 서로 혹은 고발하며 혹은 변명하여 그 마음에 새긴 율법의 행위를 나타내느니라(15절).

우리의 양심은 죄로 부패해서 가다 말다 하는 시계와 비슷하지만 그래도 어느 정도 선과 악의 기준을 논할 수 있는 유일한 기능이라 할 수 있습니다. 따라서 율법을 모르는 자라도 죄를 지으면 마음속으로 고통을 받으며 서로 송사하고 서로 변명하는 내적 갈등이 일어납니다.

그러므로 자기를 남보다 선하다고 여기는 사람은 양심의 고소를 심각하게 여기지 않는 경향이 있습니다. 만일 그가 정말 양심적이라면 스스로 선하다는 망상을 할 수 없습니다.

유대인은 율법으로 심판을 받습니다. 반면에 성경을 모르는 사람은 자기 양심으로 심판을 받는다는 사실을 알아야 합니다. 하나님 앞에 가면 한 사람도 이 심판을 피할 수 없습니다. 유대인의 심판 기준은 율법입니다. 그들은 율법을 알고 죄를 지은 자로 취급됩니다. 이방인은 양심의 법으로 심판을 받을 것입니다. 율법이 없었다고 해서 핑계를 대지 못합니다.

죄는 법이 있으면 나타나고 없으면 나타나지 않습니다. 그러나 나타나지 않는다고 해서 죄가 아니라는 말은 성립이 안 됩니다. 세상에서는 몰라도 하나님 앞에서는 양심을 속일 수 없으므로 불가능합니다.

그러면 교회 다니는 우리는 어떻습니까? 율법도 알고 양심도 가지고 있습니다. 둘 중 어느 것을 속일 수 없는 처지에 있습니다. 그럼에도 스스로 선하다고 생각한다면, 선과 멀어도 한참 멀리 떨어진 사람으로밖에 볼 수 없습니다. 자기 양심을 고의로 속이지 않는 한 그럴 수 없을 것입니다.

심판의 무서움을 알지 못함

여섯 번째 특징은 하나님의 심판이 얼마나 준엄한가를 모르는 것입니다. 하나님의 심판이 무엇입니까?

> … 곧 하나님의 의로우신 심판이 나타나는 그날에 임할 진노를 네게 쌓는도다 하나님께서 각 사람에게 그 행한 대로 보응하시되(5-6절).

하나님의 심판이 얼마나 무서운지 압니까? 소름이 끼칠 만큼 무시무시합니다. 우리가 행한 대로 보응하시기 때문입니다. 또한 외모로 사람을 취하지 아니하시기 때문입니다(11절). 또 있습니다. 유대인과 헬라인을 구별하지 않는 심판, 즉 편애하지 않는 공정한 심판이기 때문입니다. 끝으로 그 심판은 아무리 작은 악이라도 다 드러내기 때문입니다.

> 곧 나의 복음에 이른 바와 같이 하나님이 예수 그리스도로 말미암아 사람들의 은밀한 것을 심판하시는 그날이라(16절).

그러므로 누구든지 자신이 남보다 선하다는 생각으로 교만해한다면, 이는 하나님의 심판에 대해 무지함을 드러내는 것으로 보아야 합니다.

지금까지 스스로 선하다 여기는 사람의 여섯 가지 특징을 이야기했습니다. 첫째, 비판하기를 좋아한다. 둘째, 자기 죄에 대해 둔감하다. 셋째, 자기의 형통이 선함의 대가인 줄로 착각한다. 넷째, 자기의 선이 하나님 앞에서는 아무런 가치가 없음을 모른다. 다섯째, 자기 양심을 은근히 속이고 산다. 여섯째, 하나님의 심판이 얼마나 무섭고 준엄한지를 모른다.

자신이 남보다 선하다는 교만은 구원받는 데 아주 큰 장애 요인입니다. 그런 교만을 가지고는 아무도 십자가 앞으로 가까이 가지 못합니다. 예수님이 나를 위해 죽으셨다는 복음을 아무리 들어도 메아리처럼 마음의 벽을 치고 공허하게 흩어져버립니다. 이런 상태라면 신앙생활을 수십 년 해도 그 마음이 변하지 않을 것입니다.

우리는 탕자에게도 죄가 있지만, 맏아들에게도 죄가 있다는 것을 알아야 합니다. 탕자는 나가서 못된 짓을 다 하고 돌아왔습니다. 잘못한 줄 알기 때문에 고개를 들지 못한 채 자기는 아들이 될 자격이 없다고 고백했습니다. 놀랍게도 이런 아들을 향해 아버지는 죄인이라고 하지 않았습니다. 그러나 맏아들은 어떠했습니까? 그는 평소 아버지께 순종했습니다. 자연히 그 마음속에는 "나는 아버지 말씀을 어긴 적 없어. 나는 동생하고 같지 않아"라는 은근한 교만이 있었습니다. 결국 맏아들은 아버지의 마음을 더 상하게 하는 처지가 되었습니다. 그는 아버지의 잔치에 참여하지 않았습니다. 죽은 자가 살아서 돌아온 기쁨을 나눌 수 없었습니다. 자기의 선을 내세우는 자는 그만한 대가를 기대하기 때문에 불만이 떠나지 않습니다. 그 마음에 구원의 감격이 차지할 자리가 나지 않습니다.

사랑하는 형제자매들이여, 당신의 선이 무엇입니까? 이 시간 포기하기 바랍니다. 그리고 앞으로 가도 뒤로 가도 길이 없고, 우로 보아도 좌로 보아도 절망뿐인 죄인임을 하나님께 고백하기 바랍니다. 이와 같은 진실한 고백이 중심에서 나올 때 비로소 피 묻은 예수님의 손이 우리를 끌어올리십니다. 십자가를 보게 합니다. 하나님이 약속하신 저 하늘나라의 영광을 바라보게 합니다. "그래도 나는 남보다 선해"라는 생각이 우리를 걸려 넘어지게 하는 걸림돌이 되지 않도록 기도해야 합니다. 하나님 앞에서는 아무도 선한 자가 없습니다. 이것이 진리입니다. 이 진리 앞에 "아멘" 하는 자만이 구원을 받을 수 있습니다.

08

유대인이라 칭하는 네가

로마서 2장 17절-3장 8절

17 유대인이라 불리는 네가 율법을 의지하며 하나님을 자랑하며 18 율법의 교훈을 받아 하나님의 뜻을 알고 지극히 선한 것을 분간하며 19 맹인의 길을 인도하는 자요 어둠에 있는 자의 빛이요 20 율법에 있는 지식과 진리의 모본을 가진 자로서 어리석은 자의 교사요 어린아이의 선생이라고 스스로 믿으니 21 그러면 다른 사람을 가르치는 네가 네 자신은 가르치지 아니하느냐 도둑질하지 말라 선포하는 네가 도둑질하느냐 22 간음하지 말라 말하는 네가 간음하느냐 우상을 가증히 여기는 네가 신전 물건을 도둑질하느냐 23 율법을 자랑하는 네가 율법을 범함으로 하나님을 욕되게 하느냐 24 기록된 바와 같이 하나님의 이름이 너희 때문에 이방인 중에서 모독을 받는도다 25 네가 율법을 행하면 할례가 유익하나 만일 율법을 범하면 네 할례는 무할례가 되느니라 26 그런즉 무할례자가 율법의 규례를 지키면 그 무할례를 할례와 같이 여길 것이 아니냐 27 또한 본래 무할례자가 율법을 온전히 지키면 율법 조문과 할례를 가지고 율법을 범하는 너를 정죄하지 아니하겠느냐 28 무릇 표면적 유대인이 유대인이 아니요 표면적 육신의 할례가 할례가 아니니라 29 오직 이면적 유대인이 유대인이며 할례는 마음에 할지니 영에 있고 율법 조문에 있지 아니한 것이라 그 칭찬이 사람에게서가 아니요 다만 하나님에게서니라 1 그런즉 유대인의 나음이 무엇이며 할례의 유익이 무엇이냐 2 범사에 많으니 우선은 그들이 하나님의 말씀을 맡았음이니라 3 어떤 자들이 믿지 아니하였으면 어찌하리요 그 믿지 아니함이 하나님의 미쁘심을 폐하겠느냐 4 그럴 수 없느니라 사람은 다 거짓되되 오직 하나님은 참되시다 할지어다 기록된 바 주께서 주의 말씀에 의롭다 함을 얻으시고 판단 받으실 때에 이기려 하심이라 함과 같으니라 5 그러나 우리 불의가 하나님의 의를 드러나게 하면 무슨 말 하리요 〔내가 사람의 말하는 대로 말하노니〕 진노를 내리시는 하나님이 불의하시냐 6 결코 그렇지 아니하니라 만일 그러하면 하나님께서 어찌 세상을 심판하시리요 7 그러나 나의 거짓말로 하나님의 참되심이 더 풍성하여 그의 영광이 되었다면 어찌 내가 죄인처럼 심판을 받으리요 8 또는 그러면 선을 이루기 위하여 악을 행하자 하지 않겠느냐 어떤 이들이 이렇게 비방하여 우리가 이런 말을 한다고 하니 그들은 정죄 받는 것이 마땅하니라

로마서 1, 2장의 흐름을 다시 한 번 정리해볼 필요가 있습니다. 이 말씀은 하나님의 진노를 피하고 심판을 면할 수 있는 자가 세상에 아무도 없다는 것을 마치 칼로 쪼개듯이 명확하게 설명하고 있습니다. 다시 말하면 우리 모두는 우상숭배자요, 각종 불의를 행하는 자요, 그래도 남보다는 선하다는 교만을 가진 자들이라고 정죄하는 것입니다. 하나님이 우리를 향해 이렇게 말씀하시는데 감히 "그게 아니오" 하고 대들 사람이 어디 있겠습니까?

그런데 놀랍게도 이 말씀에 수긍하지 않는 일련의 무리가 있습니다. 세상 사람이 다 죄인일지 모르나 자기만은 아니라고 고집스럽게 버티는 자들이 있습니다. 그들은 우리가 읽은 본문에 나오는 유대인입니다.

유대인의 특권 의식

'유대인'은 곧 이스라엘 백성을 가리킵니다. 그들은 과거에 포로가 되어 적국인 바벨론에서 70~80년간 노예생활을 했습니다. 그러다가 하나님의 은혜로 해방되어 고국으로 돌아온 뒤부터 유대인이라는 호칭으로 불리게 되었습니다. 유대인이라는 말은 '칭찬' 또는 '찬송'이라는 매우 아름다운 의미를 담고 있습니다. 사실 이 이름이 뜻하는 바에 못지않게 유대인은 세계에서 가장 자랑스러운 혈통을 가진 민족이라고 할 수 있습니다. 그래서 그들이 가졌던 우월감은 정말 대단했습니다. 오죽하면 자기 민족이 아닌 이방 사람들을 '지옥불의 땔감' 정도로 여겼을까요? 그만큼 그들은 위대한 민족임을 자부했고 또한 과시했습니다.

하나님께서는 많은 민족 가운데서 유일하게 이스라엘 민족을 선택하셨습니다. 또 그들에게 예수 그리스도를 메시아로 보내주겠다는 것과 그분을 통해서 온 세계가 복을 받도록 하겠다고 언약하셨습니다. 이 정도로 하나님께 보장을 받은 백성이라면 대단한 복을 받은 것이 분명합니다. 그런 까닭에 그들이 커다란 긍지와 자부심을 가질 만도 합니다. 그러나 우월감이 지나친 나머지 그들은 잘못된 길을 걷게 되었습니다. 세상 사람들이 다 멸망해도 자기 민족만은 구원받는다는, 어처구니없는 교만에 빠진 것입니다. 우리가 펴놓은 말씀은 그들이 이방인들보다도 더 악한 죄를 지었다고 지적합니다. 이 시간 유대인의 죄가 무엇이며 왜 그들이 하나님 앞에서 무서운 죄인이 되었는가를 살펴보겠습니다. 그들이 지닌 문제점을 검토해봄으로써 그들을 통해 반사되는 우리 자신의 모습을 다시 한 번 발견하고 치료받는 시간이 되었으면 합니다.

먼저 17절부터 24절에 나타난, 유대인의 치명적인 문제점이 무엇인지 찾아보겠습니다.

유대인이라 불리는 네가 율법을 의지하며 하나님을 자랑하며(17절).

이 말씀은 세밀하게 읽으면서 뜻을 확인할 필요가 있습니다. "유대인이라 불리는 네가"는 유대인의 긍지를 꼬집는 말입니다. 즉, "유대인이라고 우쭐대는 자네 말이야"라고 돌려서 말한 것일 수도 있습니다. 또한 그들이 가진 좋지 못한 특권 의식을 지적합니다. "율법을 의지하며"는 율법에 기댄다는 뜻입니다. 하나님의 특별한 보호를 받는, 가장 복된 민족이라는 사실을 과시하기 위해 필요하다고 생각되면 어느 때고 율법을 들고 나오는 태도를 지적하는 것입니다. 그리고 "하나님을 자랑하며"는 하나님이 오직 유대인만의 하나님이라고 자부하는 그들의 독선을 가리키고 있습니다. 그러니 그들이 얼마나 하나님을 자랑했겠습니까?

유대인들이 하얀 모자를 쓰고 다니는 것을 본 적 있습니까? 지름이 약 20cm 정도 되는 빵모자인데 회당에 예배 드리러 갈 때는 물론, 심지어 전쟁터에 나갈 때도 철모 밑에 받쳐 쓰고 가는 것을 볼 수 있습니다. 이것은 여호와가 오직 유대 민족만의 하나님이라는 것을 내보이는 행동 중 하나입니다. 그만큼 그들은 하나님에 대해서 굉장한 자부심을 가지고 있었습니다.

> 율법의 교훈을 받아 하나님의 뜻을 알고 지극히 선한 것을 분간하며 (18절).

여기서 율법은 특히 십계명을 가리킵니다. 유대인은 자녀를 낳으면 어려서부터 십계명을 철저히 가르친다고 합니다. 어른이 되어 계명을 범하는 일이 없도록 하기 위함입니다. 이처럼 그들은 십계명을 배우며 자랐기 때문에 하나님께서 무엇을 원하시는가를 아는 데 남다른 영안을 가지고 있었습니다. 그리고 "지극히 선한 것을 분간하며"라는 말씀은 선한 것이 무엇인가를 분별할 수 있는 식견이 유대인에게 있다는 말입니다.

> 율법에 있는 지식과 진리의 모본을 가진 자로서…(20절).

율법에 대한 해박한 지식 때문에 진리가 무엇인지 잘 파악하고 그것을 실제 생활에 적용할 수 있는 능력을 가졌다는 뜻입니다. 이렇게 진리를 꿰뚫어 볼 수 있는 민족이라면 얼마나 대단한 경지에 이른 사람들입니까? 하나님께서는 유대인에게만 율법을 주셨고 그 율법을 배울 수 있는 특권을 주셨습니다.

> 그런즉 유대인의 나음이 무엇이며 할례의 유익이 무엇이냐 범사에 많으니 우선은 그들이 하나님의 말씀을 맡았음이니라(롬 3:1-2).

유대인에게 특별히 우월한 점이 있다면 그들이 하나님의 말씀을 맡았다는 사실입니다. 하나님의 율법을 가지고 있다는 것은 굉장한 특권입니다.

신명기 4장 6절은 이스라엘 백성이 율법을 소유한 것 때문에 지혜로운 민족이 될 것이라고 예언했습니다.

> 너희는 지켜 행하라 이것이 여러 민족 앞에서 너희의 지혜요 너희의 지식이라 그들이 이 모든 규례를 듣고 이르기를 이 큰 나라 사람은 과연 지혜와 지식이 있는 백성이로다 하리라.

유대인의 죄악상

그만큼 유대인은 율법으로 인해서 하나님께 받은 은혜가 컸습니다. 하나님의 은혜가 컸던 만큼 유대인의 우월 의식 또한 대단했습니다. 그런데 이것이 점차 자기 교만에 빠져드는 함정이 되고 말았습니다.

> 맹인의 길을 인도하는 자요 어둠에 있는 자의 빛이요 율법에 있는 지식과 진리의 모본을 가진 자로서 어리석은 자의 교사요 어린아이의 선생이라고 스스로 믿으니(19-20절).

여기서 소경, 어둠에 있는 자, 어리석은 자, 어린아이는 모두 동일한 의미입니다. 우리는 이 말씀에서 유대인이 율법을 갖지 못한 이방 사람들을 얼마나 깔보았는지 짐작할 수 있습니다. 그리고 그들은 율법을 갖지 못한 모든 세상 사람들을 위한 선생임을 자처했습니다. 물론 그들이 스스로 이방인들을 가르쳐야 한다고 생각한 것에는 잘못이 없습니다. 율법을 가진 민족으로서 당연히 그렇게 생각할 수 있는 일입니다.

그러면 유대인의 문제점이 무엇입니까? 남을 가르치고자 한다면 자기부터 먼저 순종하고 살아야 하는데 불행하게도 그렇게 하지 못했다는 것입니다. 다음 말씀을 주목하기 바랍니다.

> 그러면 다른 사람을 가르치는 네가 네 자신은 가르치지 아니하느냐…(21절).

얼마나 무섭고 날카로운 책망입니까? 하나님은 나무라실 때 밑도 끝도 없이 말씀하지 않습니다. 구체적으로 증거를 들이대며 나무라십니다. 그들이 왜 이런 책망을 받아야 하는지 사례를 들어서 말씀하고 있습니다.

··· 도둑질하지 말라 선포하는 네가 도둑질하느냐(21절).

여기서 선포한다는 말은 큰 소리로 떠든다는 뜻이요, 도둑질은 제8계명을 어기는 것을 이야기합니다. 그들은 도둑질이 제8계명에 저촉되는 줄 잘 알면서 겁 없이 남의 것을 훔쳤습니다. 저는 유대인들이 어떤 도둑질을 했는지 잘 알지 못합니다. 그러나 상식적으로 아는 것이 있습니다. 유대인들은 지난 수 세기 동안 고리대금업으로 악명을 떨쳤던 민족입니다. 그들의 상술과 금전욕은 정말 지독해서 인정사정없이 재물을 긁어모으는 것으로 정평이 나 있습니다. 셰익스피어의 희곡 《베니스의 상인》에 나오는 샤일록 같은 인물이 좋은 예입니다. 이런 의미에서 유대인은 하나님 앞에서 직접, 간접으로 도둑질을 자행한 사람으로 취급될 수 있습니다.

다음에 두 번째 사례가 나옵니다.

간음하지 말라 말하는 네가 간음하느냐···(22절).

저는 유대인이 성적으로 얼마나 많은 죄를 범했는지 잘 모릅니다. 그러나 유대 랍비들이 성적 범죄로 물의를 일으킨 예가 여러 기록에 남아 있습니다. 구약성경에는 유대인들이 우상숭배를 하면서 성적으로 얼마나 타락했는지를 보여주는 곳이 많습니다. 바꾸어 말하면, 간음죄는 제7계명을 범하는 것이라고 남을 가르치면서 그들 자신은 은밀한 방법으로 그 계명을 어겼던 것입니다. 그 외에도 또 있습니다.

> … 우상을 가증히 여기는 네가 신전 물건을 도둑질하느냐(22절).

인류 역사상 유대인만큼 우상숭배에 천부적인 소질을 가졌던 사람들도 드문 것 같습니다. 그들은 평소에 하나님을 잘 섬기다가도 조금만 여유가 생기면 우상 쪽으로 눈길을 돌렸습니다. 이것이 구약에 기록된 유대 민족의 종교 역사라고 할 수 있습니다.

우리가 이미 잘 아는 대로 유대 민족은 우상숭배 때문에 하나님께 무서운 형벌을 받아서 바벨론에 포로로 잡혀갔습니다. 그곳에서 70~80년간 엄청난 고난을 겪으며 연단을 받았습니다. 그 후 그들이 해방되어 귀환했던 주전 538년부터 시작하여 바울이 로마서를 기록하던 당시까지 약 600년 동안 한 번도 우상숭배를 한 일이 없었습니다. 정말 놀라운 일입니다. 이것이 본문에서 유대인이 우상을 가증히 여겼다고 인정하는 이유입니다.

그러나 그들은 표리부동한 태도를 보였습니다. 우상숭배는 멸시했지만 돈을 벌려고 우상을 훔쳐서 팔아먹었던 것입니다. 다시 말해 직접 우상숭배는 하지 않았지만 이방인들에게 우상숭배에 필요한 물건을 팔아서 돈벌이하는 데는 열을 올렸습니다. 이렇게 되니까 유대인들은 돈을 벌 수 있어서 좋고 이방인들은 우상을 섬기는 데 필요한 것들을 싸게 살 수 있어서 좋았습니다. 훔쳐서 파는 장물은 아무래도 값이 떨어지기 마련이니까요. 어떻게 보면 누이 좋고 매부 좋다는 식이 된 것입니다.

그들이 율법을 몰라서 그런 죄를 범했습니까? 차라리 몰라서 그랬다면 변명의 여지가 있었을 것입니다. 알면서 훔치고 알면서 남을 죄짓게 만들었으니 그 죄를 피할 수 없게 된 것입니다. 그런데 여기에 나오는 도둑질, 간음, 우상 관련 물건을 훔쳐 팔아먹은 것 등은 몇 가지 사례에 지나지 않습니다. 그 외에도 그들은 온갖 가증스러운 죄악을 거침없이 자행했습니다. 그 결과 어떻게 되었습니까?

> 율법을 자랑하는 네가 율법을 범함으로 하나님을 욕되게 하느냐 기록된 바와 같이 하나님의 이름이 너희 때문에 이방인 중에서 모독을 받는도다(23-24절).

그들의 언행을 보고 욕을 안 할 사람이 어디 있겠습니까? 그들이 욕을 먹는다는 것은 곧 하나님을 욕되게 하는 일이 되었습니다. 왜 그렇습니까? 유대인은 입만 벙긋하면 하나님이니 율법이니 하며 그럴듯한 말을 늘어놓았기 때문입니다.

이런 의미에서 그들의 죄를 한마디로 말하면 '종교적 위선'이라고 할 수 있습니다. 위선은 겉으로만 착한 척하고 언행이 일치하지 않는 것을 가리킵니다. 입으로는 거룩한 말을 늘어놓지만 행동은 거룩하지 못한 것입니다. 요즘같이 악한 세상에서 도둑질, 간음, 우상숭배 따위는 흔히 볼 수 있는 죄입니다. 우리도 자칫 잘못하면 범할 가능성이 많은 죄라고 할 수 있습니다. 그런데 중요한 것은 동일한 죄라도 유대인이 범할 때는 그 죄가 더 무겁다는 사실입니다. 그 이유가 궁금하지 않습니까? 대략 세 가지로 설명할 수 있습니다.

첫째는 나쁜 줄 뻔히 알면서도 죄를 범하기 때문입니다. 이런 의미에서 세리와 창기의 죄보다 바리새인의 죄가 더 크고, 불신자의 죄보다도 신자의 죄가 더 크며, 이방인의 죄보다 유대인의 죄가 더 크다고 할 수 있습니다.

둘째는 표리부동한 행동을 하기 때문입니다. 입으로는 거룩을 외치지만 가증스러운 죄를 함부로 행한다면 이것은 하나님 앞에 무서운 죄가 됩니다. "그들은 말만 하고 행하지 아니하며"(마 23:3). 예수님은 이런 이중성을 꼬집어서 꾸짖으시고 이것을 회칠한 무덤에 비유하셨습니다. 겉모양은 깨끗해 보이지만 그 속에는 온갖 더러운 것이 가득 차 있다는 말입니다. 표리부동한 행동 때문에 유대인의 죄가 더 크다고 할 수 있습니다.

셋째 이유로는 하나님을 욕되게 하기 때문입니다. 이방인이 죄를 범하면 하나님이 욕을 먹지 않습니다. 그러나 유대인이 죄를 범하면 이는 결과적으로 하나님을 모욕하는 일이 됩니다. 그러므로 유대인의 죄가 더 크다고 말하는 것입니다.

유대인의 세 가지 문제

순종이 따르지 않는 믿음

사랑하는 형제자매 여러분, 우리는 지금 유대인의 죄에 대해서 살펴보고 있습니다. 그러나 유대인의 죄가 우리와 아무 상관이 없는 것은 아닙니다. 유대인이 섬기는 하나님을 우리도 섬깁니다. 유대인이 배우고 실천하려는 율법을 우리도 배웁니다. 그러므로 유대인의 문제는 남의 문제가 아닙니다. 바로 우리 자신의 문제일 수 있습니다.

우리는 성경을 알고 거룩한 말을 많이 합니다. 그러나 나쁜 줄 알면서도 죄를 범할 때가 있습니다. 말과 행동이 일치하지 못할 때도 많습니다. 우리 모두는 예수님을 믿지 않는 사람들 앞에서 하나님을 욕되게 하는 잘못을 범할 수 있습니다. 하나님 앞에서는 불신자의 죄보다 신자의 죄가 더 크게 취급될 수 있다는 사실을 반드시 명심해야 합니다.

우리가 잘 아는 말씀이 있습니다.

> 나더러 주여 주여 하는 자마다 다 천국에 들어갈 것이 아니요 다만 하늘에 계신 내 아버지의 뜻대로 행하는 자라야 들어가리라(마 7:21).

이는 매우 엄숙한 경고입니다. 순종이 따르지 않는 믿음을 가지고는 천국에 들어갈 수 없다는 경고입니다. 이 말씀의 전후를 잘 읽어보십시오. 선지자 노릇을 하는 아주 귀한 직분을 가진 사람이라도 위선자는 천국에 못 들어간다고 합니다. 귀신을 쫓아내고 권능을 베푸는 특별한 은사를 받은 사람도 위선적이면 하나님 나라에 들어갈 수 없다고 합니다.

성직을 가졌다고 해서 위선적이지 않나요? 저는 그렇게 보지 않습니다. 유대 민족은 세계 모든 민족 가운데 가장 뛰어날 만큼 우월성을 갖고 있다는 것 때문에 위선자가 될 소지가 더 많았습니다. 이와 마찬가지로 우리도 교회 안에서 인정받는 직분을 가졌다는 것 때문에 오히려 더 위선자가 될 수 있는 위험이 있는 것입니다. 우리는 이 사실을 인정해야 합니다.

미국에서 TV 설교로 유명해진 어떤 목사가 있었습니다. 그는 TV 설교 인기 순위에서 1, 2위를 다툴 정도로 명성이 높았습니다. 많은 사람들이 그 목사를 통해 예수님을 영접했고, 육신의 병을 치유했으며, 또 여러 가지 인생 문제를 해결하기도 했습니다.

그런데 어느 날 그 목사가 창녀와 관계를 가진 사실이 발각되었습니다. 그래서 그는 방송 설교를 중단했습니다. 그러나 약 반 년 정도 지난 뒤에 그는 다시 TV에 모습을 드러내었습니다. 자기가 죄를 지어보니까 죄를 짓고 사는 사람이 얼마나 불쌍한지 복음을 전하지 않을 수 없어서 다시 출연하게 되었다고 했습니다. 하지만 그는 최근에 또 창녀와 관계를 맺은 사실이 발각되고 말았습니다.

성직자라고 해서 위선적이지 않습니까? 능력이 많은 사람이라고 해서 위선적이지 않습니까? 그렇지 않습니다. 성경을 많이 아는 사람일수록 위선적이기 쉽고, 직분이 높은 사람일수록 위선적이기 쉽습니다. 그러므로 우리가 명심해야 할 것이 있습니다. 순종이 따르지 않는 믿음은 죽은 믿음이라는 사실입니다. 그러면 행위 구원을 강조하는 모순에 빠지지 않느냐고 이의를 제기할 수도 있습니다. 그러나 그것은 하나님의 말씀을 오해한 것입니다. 예수님을 믿는 우리가 하나님의 말씀을 손에 들고 읽을 수 있다는 것은 얼마나 큰 복인지 모릅니다. 이스라엘 백성이 율법을 받은 것과 다름없는 복을 얻은 것입니다. 참으로 큰 은혜입니다.

그렇다면 순종은 무엇입니까? 나 같은 죄인을 구원하신 하나님의 은혜가 너무 고마워서 그 은혜에 보답하려고 애쓰는 태도를 말합니다. 다시 말하면 순종은 은혜받은 자의 자연스러운 반응이라 할 수 있습니다. 이런 의미에서 믿는 자는 반드시 순종하게 되어 있습니다. 참된 믿음은 순종을 통해서 그 진가를 발휘하게 됩니다.

하나님께 순종하지 못하는 자기 자신을 놓고 고민하는 분이 있습니까? 그러면 당신에게 문제가 있다는 것을 알아야 합니다. 성경을 조금 안다는 것으로 거드름을 피우지 마십시오. 반드시 행동이 뒷받침되어야 합니다. 그렇지 않으면 위선자가 되고 맙니다.

종교적 형식주의

이제 유대인의 두 번째 문제점에 대해 살펴보겠습니다. 25절부터 29절을 보기 바랍니다. 유대인들이 끔찍이 귀하게 여기는 할례 문제를 다루고 있습니다. 우리는 창세기 17장에서 하나님이 유대 민족의 조상인 아브라함과 언약을 맺으시는 장면을 볼 수 있습니다. 그 언약의 핵심은 크게 두 가지로 나눌 수 있습니다. '너는 여러 민족의 아버지가 되리라' 하는 약속과 '나는 너와 네 후손의 하나님이 되리라'하는 약속입니다. 유대 민족이 택함을 받은 동시에 하나님은 유대 민족의 주권자가 되시고 보호자가 되시며 복 주시는 자가 되신다는 것입니다. 따라서 할례는 하나님이 약속하신 복을 받을 자격증을 얻는 것과 같습니다. 다시 말해 언약의 후손임을 증명하는 표입니다. 그래서 아브라함의 자손들은 태어난 지 8일 만에 꼭 할례를 받습니다. 그리고 하나님의 언약에 동참할 수 있는 권리를 인정받았다는 점에서 할례를 매우 자랑스럽게 여깁니다.

그런데 유대인들은 할례를 너무 귀하게 여긴 나머지 착각에 빠지고 말았습니다. 그들은 할례만 받으면 자동적으로 구원받는 것처럼 오해했습니다. 할례를 구원의 수단으로 간주한 것입니다. 그들이 쓴 글 중에 이런 내용이 있습니다. "유대인은 하나님 앞에서 개인 자격으로 심판을 받지 않는다. 국가적으로 민족적으로 구원의 약속을 받았기 때문에 개인은 자동적으로 그 구원에 포함된다. 할례만 있으면 비록 죄인이라도, 순종치 않아도 아브라함의 혈통을 타고난 자손들은 천국을 상속받게 된다."

이 얼마나 비약적인 논리입니까? 할례라는 형식만 있으면 구원 문제는 자동적으로 해결됩니까? 절대 그렇지 않습니다. 유대인의 문제점이 바로 여기에 있었습니다. 그들은 종교적 형식주의에 빠진 것입니다. 우리는 25절에서 29절까지의 내용을 간단하게 세 가지로 요약할 수 있습니다.

첫째, 순종 없는 할례는 무효가 됩니다.

> 네가 율법을 행하면 할례가 유익하나 만일 율법을 범하면 네 할례는 무할례가 되느니라(25절).

아무리 할례를 자랑스럽게 여겨도 순종이 따라오지 않으면 그 할례는 무효라는 것입니다.

둘째, 할례 없는 순종이 유효하다는 것을 가르칩니다.

> 그런즉 무할례자가 율법의 규례를 지키면 그 무할례를 할례와 같이 여길 것이 아니냐(26절).

하나님은 할례를 받지 않은 사람이라도 하나님의 법을 순종하고 하나님의 말씀대로 살면 오히려 그 사람이 할례를 받은 사람보다 훨씬 낫다고 말씀하십니다. 27절의 "율법 조문"이라는 말은 글로 쓴 율법책을 의미합니다. 율법과 할례가 있어도 순종하지 않는 유대인보다 율법책도 없고 할례도 없이 순종하는 이방인이 하나님 보시기에 의인이라는 것입니다.

셋째, 진짜 할례는 몸에다 표를 남기는 것이 아니라 성령으로 마음이 변화하는 데 있다고 가르칩니다.

> 오직 이면적 유대인이 유대인이며 할례는 마음에 할지니…(29절).

이면적 유대인, 즉 영적으로 할례를 받은 사람이 진짜 유대인이지, 몸에 할례를 받았다고 해서 진짜 유대인이 아니라고 말합니다. 그러므로 성령을 통하여 마음이 할례를 받아 새사람이 된 자라야 하나님께 칭찬을 받을 수 있습니다. 몸에다 할례 자국만 남겼다고 해서 하나님께 인정받는 것은 아닙니다.

할례 받은 사람이 하나님께 순종하지 않는 것은 큰 모순입니다. 할례는 하나님의 언약에 동참하는 증표이기 때문입니다. 그 언약에서 하나님은 유대인의 주권자가 되겠다고 하셨습니다. 그렇다면 할례 받은 사람은 하나님을 왕으로, 주인으로, 절대 권력자로 모셔야 합니다. 이것은 하나님 앞에 이유 여하를 막론하고 순종하겠다는 것을 전제합니다. 할례는 하나님 앞에서 절대 복종을 서약하는 것이나 다름없습니다.

> 내가 할례를 받는 각 사람에게 다시 증거하노니 그는 율법 전체를 행할 의무를 가진 자라(갈 5:3).

할례를 받으면 율법에 순종해야 할 의무가 있습니다. 그런데 유대인들은 순종의 책임을 다하지 않았습니다. 할례를 형식이라고 한다면 순종은 내용입니다. 형식과 내용을 함께 갖추는 것이 더없이 좋지만 그것이 여의치 않다면 내용을 취하는 편이 바람직합니다. 바꾸어 말하면 할례를 포기하더라도 말씀에 순종하는 삶을 살아야 합니다. 유대인에게는 내용이 없어지고 형식만 남았으니, 그것이 하나님 앞에서 큰 죄가 된 것입니다.

어떤 신학자는 할례를 '사인'(sign)에 비유했습니다. 사인이 무엇인지 우리는 잘 압니다. 특별히 값이 나가는 진품일 때 그 물건의 가치를 인정할 수 있도록 사인을 남기거나 도장을 찍은 증서를 동봉합니다. 저는 바이올린에 대해서 잘 모르지만 17~18세기에 이탈리아에서 생산된 아마티, 스트라디바리, 과르네리 같은 바이올린은 굉장한 고가품으로 보통 사람은 구입하기가 어렵다고 합니다. 그러한 진품에는 반드시 사인이 있기 마련입니다. 물론 사인이 있더라도 내용물이 가짜일 경우에는 진품의 가치를 인정받을 수 없습니다.

이와 마찬가지로 할례라는 형식이 유효하기 위해서는 반드시 순종이라는 내용이 뒷받침되어야 합니다. 유대인에게 이것이 문제가 된 것입니다.

오늘 우리에게도 이 형식주의는 굉장히 위험한 함정입니다. 결코 유대인만의 문제가 아닙니다. 교회를 오래 다닌 성도 중에 신앙생활을 타성으로 하는 사람이 있습니다. 습관적으로 교회에 나와서 예배를 드리며 건성으로 기도하는 생활에 익숙해진 사람이 있습니다. 하나님께 자신의 마음을 드리지 않는 사람은 형식적인 신자입니다. 이런 사람은 비행기에서 낙하산 대신 시멘트 포대를 어깨에 걸치고 뛰어내리는 사람과 같다고 누군가 말했습니다. 자살이나 다름없다는 뜻입니다. 우리는 이 형식주의를 경계해야 합니다.

죄의 정당화

유대인이 갖고 있는 세 번째 문제점이 무엇인지 살펴보겠습니다. 3장 3절부터 8절까지의 내용입니다. 그런데 이 본문은 난해한 말씀 중 하나로 꼽힙니다. 이스라엘 백성의 궤변을 기록한 것이어서 우리가 이해하기에 어려운 점이 있습니다.

앞서 살펴본 것처럼 바울은 유대인들을 향하여 위선자요, 형식주의자요, 구원받을 수 없는 죄인이라고 혹독하게 비판했습니다. 바울은 유대인들이 자기 말을 듣고 절대로 가만히 있지 않을 것이라고 생각했습니다. 머리가 잘 돌아가기로 유명한 그들이 반드시 이런저런 논리를 펴며 반박할 것이라고 미리 짐작했던 것입니다. 그래서 선수를 쳐 그들의 입을 막으려고 본문의 말씀을 기록했습니다. 유대인 중 어떤 사람이 바울에게 이렇게 질문합니다. "당신 말대로 하나님의 율법을 순종하지 않아서 구원받지 못한다면 이것은 하나님이 우리와 약속한 언약을 일방적으로 깨뜨리는 것과 무엇이 다릅니까? 할례를 받으라고 할 때는 언제고 우리를 버리신다는 말입니까? 그런 하나님을 신뢰할 수 있다고 생각합니까?"

바울은 다음과 같이 대답합니다. "하나님을 신뢰할 수 없다니 무슨 말입니까? 당신이 순종하지 못한 죄 때문에 하나님이 당신을 버리신다면 그것은 하나님을 신뢰할 수 있는 가장 좋은 증거가 됩니다. 죄를 적당히 봐주는 하나님을 믿을 수 있겠소? 말도 안 됩니다. 다윗이 말하기를 하나님의 말씀은 어느 것이나 의롭지 않은 것이 없고 하나님의 판단은 어느 것이나 옳지 않은 것이 없다고 하지 않았소? 하나님은 항상 의로운 분이오."

그러자 유대인이 또 질문합니다. "좋소, 당신 말을 들으니 우리의 불순종은 하나님의 의로우심을 드러내는 호기를 만들어주었다는 말인데 그렇다면 하나님 편에서는 잘된 것 아니오? 그런데 왜 우리를 향해 진노하시는 거요? 우리가 죄를 지으면 지을수록 하나님은 더 의롭게 보일 것이 아니오? 그런데도 우리를 죄인 취급하시는 것은 말도 안 되는 소리요. 오히려 우리에게 공로상을 주어야 하지 않겠소?" 이 말에 대한 바울의 대답입니다. "그렇게 궤변을 늘어놓는 당신들이야말로 하나님의 정죄를 받아 마땅한 사람들이오." 이렇게 해서 논쟁이 끝납니다.

여기서 우리는 유대인들이 자신들의 잘못을 조금도 인정하지 않는다는 사실을 알 수 있습니다. 하나님이 유대 민족을 특별히 선택하셨기 때문에 자기들에게 잘못이 있다는 것은 곧 하나님에게도 잘못이 있다는 것과 같다는 식으로 논리를 펴는 것입니다. 이처럼 그들은 자기의 위선과 형식주의를 정당화하려 했습니다.

인간이 한번 죄에 빠지고 즉시 회개하지 않을 때에는 자기 잘못을 정당화하는 데 놀랍도록 영악할 수 있다는 사실을 우리는 유대인을 통해서 알 수 있습니다. 사람이 완악해지는 데에는 세 단계가 있습니다. 처음에는 죄를 범하는 것이고, 그다음 단계는 회개하지 않는 것이며, 마지막 단계는 자기의 행동을 정당화하는 것입니다. 이런 관점에서 볼 때 유대인은 악해질 대로 악해진 사람들임을 알 수 있습니다.

마음의 할례가 필요하다

그런데 우리도 반성할 점이 참 많습니다. 자신의 죄를 정당화하려는 것이 어찌 유대인에게만 해당하는 이야기겠습니까? 교회를 드나드는 형제들 중에 이처럼 자기 행동을 정당화하려는 습성에 빠져 있는 자들이 적지 않습니다. 이 시간 여러분에게 자신을 점검할 수 있는 기회를 드리겠습니다. 유대인처럼 자신을 정당화하려는 습관을 가지고 있지 않나 알아보는 것입니다. 그 중에 한 가지라도 공감되는 부분이 있다면 자신도 유대인과 똑같은 문제를 안고 있는 사람이라고 인정해도 될 것입니다.

가룟 유다에 대해서 '예수 그리스도가 인류를 구원하려면 십자가에 못 박혀 죽어야 하는데, 그러기 위해서는 누군가 예수를 팔아야 할 것 아니야? 그런데 아무도 나서지 않았어. 가룟 유다가 생각다 못해서 스스로 희생양이 된 거야. 그런데 왜 가룟 유다를 욕하는건가? 오히려 상을 줘야지'라고 생각하는 사람이 있습니까? 만약 여기에 공감한다면 자신도 유대인과 같은 사람이라는 것을 인정해야합니다. 에덴동산의 선악과에 대해서 '왜 하나님은 선악과를 심어놓고 유혹을 받게 하셨는가? 그러고는 왜 그 결과를 힘없는 인간에게뒤집어씌우냐는 말이야'라고 생각하는 사람이 있다면 그에게도 유대인의 악함이 숨어 있다고 보아야 합니다. 하나님의 사랑에 대해서 '아니 하나님이 그렇게 무한한 사랑을 가진 분이라면 만인을 무조건 구원해야 마땅하지, 왜 믿는 자만 구원하는가? 쩨쩨하게. 믿기만 하면 구원받는다고 하는데 왜 자꾸 순종하라고 해? 그러면 행위구원에 빠지지. 이렇게 악한 세상에서 어떻게 성경대로 살수 있어?'하고 자기 마음속에 은근히 변호하고 싶은 마음이 든다면, 그런 생각 자체가 유대인의 근성과 흡사하다는 것을 인정해야 합니다.

　참된 성도는 하나님 앞에서 자기변호를 하지 않습니다. 절대로 자기를 정당화하지 않습니다. 설혹 억울하고 고통스러운 일을 당해도 "하나님은 옳습니다. 제가 잘못했습니다. 하나님의 말씀은 옳지 않은 것이 없습니다" 하고 겸손하게 무릎 꿇는 사람이 됩니다. 이런 사람이 마음의 할례를 받은 이면적 유대인입니다. 그러나 겉으로만 할례 받은 유대인처럼 형식적으로 신앙생활을 하는 사람은 "내가 잘못되었다면 너도 잘못되었지" 하는 식으로 하나님 앞에 따지고 듭니다. 얼마나 무서운 죄인의 모습입니까?

　하나님이 유대인의 죄를 날카롭게 경고하고 책망하시는 이유가 무엇입니까? 그들이 하나님 앞에서 자신을 죄인으로 인정하지 않기 때문입니다. 죄인을 구속하기 위해서 하나님이 보내신 메시아를 영접하지 않기 때문입니다. 우리 중에 교회를 다니면서도 아직까지 유대인의 죄를 버리지 못한 사람이 있습니까? 위선을 하고 자기를 정당화하며 하나님 앞에 자신이 죄인이라는 것을 고백하기를 꺼리는 사람이 있습니까? 이 시간 하나님께서 당신의 마음에 성령으로 할례 주시기를 바랍니다. 지금 즉시 회개하고 성령으로 새사람이 되기를 기도하십시오. "주여, 나는 죄인이로소이다. 유대인의 죄가 바로 나의 죄입니다" 하고 고백하기를 바랍니다.

사랑하는 형제자매 여러분, 우리는 예수 그리스도를 우리의 주인으로 모시고 살아갑니다. 비록 온전하게 실천하지는 못해도 우리는 하나님의 말씀을 배우고 아는 것만큼 살아보고자 몸부림치고 있습니다. 한편으로는 온전하게 순종하지 못하는 고통이 우리에게 있습니다. 그래서 때로는 위선자가 됩니다. 형식주의자가 되기도 합니다. 잘못된 것을 변호하려고 하나님 앞에 이런저런 구실을 내어놓기도 합니다.

그러나 근본적으로 따져보면 우리는 자기가 죄인이라는 것을 긍정하는 사람이요, 말씀을 아는 것만큼 실천하지 못한다는 것 때문에 부끄러움을 느끼는 사람이요, 말로만 떠들고 행동이 따라오지 못하는 것에 대해 가책을 받는 성령의 사람입니다. 하나님께서 우리에게 이와 같이 은혜 주심을 감사합시다. 우리는 유대인과 같은 사람이 되어서는 안 됩니다. 매일매일의 생활 현장에서 하나님이 세상 사람들에게 모욕당하지 않도록 최선을 다해 순종합시다. 우리는 하나님께 영광 돌리는 것을 최고의 이상으로 삼고 이 세상을 살아갈 하나님의 자녀입니다.

09

주여 나는 죄인이로소이다

로마서 3장 9-18절

9 그러면 어떠하냐 우리는 나으냐 결코 아니라 유대인이나 헬라인이나 다 죄 아래에 있다고 우리가 이미 선언하였느니라 10 기록된 바 의인은 없나니 하나도 없으며 11 깨닫는 자도 없고 하나님을 찾는 자도 없고 12 다 치우쳐 함께 무익하게 되고 선을 행하는 자는 없나니 하나도 없도다 13 그들의 목구멍은 열린 무덤이요 그 혀로는 속임을 일삼으며 그 입술에는 독사의 독이 있고 14 그 입에는 저주와 악독이 가득하고 15 그 발은 피 흘리는 데 빠른지라 16 파멸과 고생이 그 길에 있어 17 평강의 길을 알지 못하였고 18 그들의 눈앞에 하나님을 두려워함이 없느니라 함과 같으니라

미국의 로버트 슐러 목사님은 각계각층의 사람들로부터 인기를 한 몸에 얻으며 목회를 해온 분입니다. 길에서 신문을 파는 아이부터 가정주부, 학생, 세계적으로 알려진 연예인, 사업가, 심지어 저명한 정치인에 이르기까지 많은 사람들이 목사님의 메시지를 좋아하여 귀를 기울였습니다. 저는 그가 많은 사람에게 사랑받는 비결이 무엇인지를 알아보기 위해서 그의 교회가 개최한 세미나에 참석해보았습니다.

첫 시간에 슐러 목사님은 자기가 처음 교회를 개척했을 때 주일마다 사용하던 노천극장으로 우리를 데리고 갔는데, 거기서 그는 매우 자랑스러운 표정으로 이렇게 말했습니다. "이 자리에서 첫 예배를 드리던 주일에, 저는 유명한 빈센트 필 목사님을 설교자로 모셨습니다. 그분이 강단에 오르시더니 이런 말씀을 하시는 것이었습니다. '만일 예수님이 이 자리에서 말씀하신다면 무엇이라고 하실까요? 여러분을 향해 죄인이라고 부를까요? 천만에요. 그분은 평생 어떤 사람을 앞에 놓고 그렇게 부르신 일이 없었으니까요.' 그 말에 크게 깨달은 바가 있어 저도 강단에서는 절대 죄인이라는 용어를 쓰지 않기로 마음먹었습니다. 사람들이 듣기 싫어하는 말을 설교자가 입에 담는 것은 지혜롭지 못한 방법입니다."

그의 말을 들으면서 저는 그가 많은 사람들로부터 사랑을 받고 인기를 끈 이유가 무엇인지를 금세 감지할 수 있었습니다. 동시에 그의 주장이 성경적이지 않다는 것도 알았습니다. 예수님께서 사람을 똑바로 직시하며 "너는 죄인이야"라고 말씀하신 일은 없지만 자기가 세상에 오신 목적이 무엇인가를 밝히시면서 분명히 우리 모두를 죄인이라고 부르셨기 때문입니다.

> 내가 의인을 부르러 온 것이 아니요 죄인을 불러 회개시키러 왔노라 (눅 5:32).

예수님은 분명히 모든 사람을 죄인으로 보셨고, 죄인으로 다루셨으며, 죄인임을 알고 가까이하셨습니다. 그럼에도 슐러 목사님은 사람들의 귀에 아첨하는 말만 골라서 들려주려고 했던 것입니다. 사람들이 그의 설교를 싫어할 이유가 어디 있겠습니까? 인기를 끄는 것이 전혀 이상하지 않습니다.

종교개혁자 칼빈이 이런 말을 했습니다. "사람은 자존심이 골수에까지 박혀 있어서 자존심을 만족시키는 매혹적인 언사를 제일 좋아한다. 그리고 그 말을 들으면 굉장히 기뻐한다. 어느 시대를 막론하고 청중들 앞에서 인간성을 가장 듣기 좋은 말로 찬양하면 그의 말을 사람들이 경청하고 그에게 갈채를 보내지 않은 일이 없었다." 듣기에 좋은 말을 하고 기분을 맞추어주는 아첨의 말을 하면 사람들은 모여들게 되어 있고 칭찬받기 마련입니다.

죄 아래 있는 인간

그런데 우리가 로마서 1장 17절부터 시작하여 여러 시간을 공부해오면서 분명하게 확인한 사실이 하나 있습니다. 그것이 무엇입니까? 하나님께서 우리의 자존심을 다치지 않게 하려고 듣기 좋은 말씀만 하시지는 않았다는 것입니다. 반대로 우리를 고무시키고 칭찬하는 말씀과는 거리가 먼 이야기만 하셨습니다. 마치 우리의 기분은 전혀 안중에도 없는 것처럼 냉정하고 엄하게 말씀하셨습니다. 우리를 사정없이 벌거벗기고 악한 것, 부끄러운 것만 지적하셨습니다. 하나님이 보시기에는 우리의 처지가 좋은 말을 하고 있을 형편이 아닌 것입니다.

병원에 가 보면 의사가 씩 웃으면서 "별거 아니네요. 이 약을 일주일만 복용하세요"라고 하는 기분 좋은 말을 듣고 돌아올 때가 있지 않습니까? 그러나 어떤 때는 제발 하지 말았으면 좋겠다고 생각했던 말을 들어야 할 때도 있습니다. 우리의 병이 심상치 않으면 의사가 아무리 좋은 말을 하고 싶어도 그렇게 못 합니다. 하나님도 비슷한 입장이라고 할 수 있습니다. 본문은 듣기 싫은 내용으로 가득 차 있습니다. 하지만 이렇게 말씀하지 않을 수 없는 하나님의 심정을 한번 생각해보아 합니다. 오죽 답답하면 그러시겠습니까?

저는 이 본문을 읽으면서 하나님이 우리의 인격을 이처럼 모독한 사례가 또 있을까 생각해보았습니다. 얼마나 심한 모독입니까? 목구멍은 무엇 같다고 했는지 보세요. "열린 무덤"이라고 했습니다. 열린 무덤이 어떤 곳인지 조금만 상상을 해보면 "세상에 이럴 수가!" 하는 말이 절로 튀어나올 것입니다.

계속 읽어보세요. 기가 막혀 머리가 돌 정도로 심한 표현을 하고 있습니다. "그 입술에는 독사의 독이 있고 그 입에는 저주와 악독이 가득하고 그 발은 피 흘리는 데 빠른지라." 하나님은 인정사정 두지 않고 하고 싶은 말을 다 하십니다. 그렇게 하지 않으면 우리를 구원할 수 없다고 판단하신 것입니다. 오늘 본문 말씀은 지금까지 이야기한 내용을 결론적으로 정리한 것이라 할 수 있습니다. 우리가 얼마나 참담한 처지에 놓였는가를 다시 한 번 보여주는 것입니다.

9절 초두에 "그러면 어떠하냐"라는 말이 나옵니다. '이제 결론적으로 말해서 무엇이라고 할까?'라는 의미입니다. "우리는 나으냐?"에서 '우리'가 누구라고 생각합니까? 유대인이라고 해석하는 사람도 있습니다. 그러나 제가 생각하기에는 믿는 사람들을 가리키는 것 같습니다. "예수 믿는다는 우리는 안 믿는 자와 비교해서 나은 데가 있느냐?"라고 묻는 것입니다. 그 대답은 나은 데가 없다는 것입니다. 유대인이나 헬라인이나 인간은 본질상 그 밑바탕이 똑같습니다. 조금 차이가 있긴 해도 그것은 도토리 키재기라는 것입니다. 그래서 무엇이라고 합니까? "유대인이나 헬라인이나 다 죄 아래에 있다고 우리가 이미 선언하였느니라." 너나없이 다 죄인이라고 말씀합니다. '죄 아래에 있다'는 말은 오늘 제가 전하는 메시지에서 가장 중요한 핵심 중 하나입니다. 여기서 죄는 단수입니다. '죄들'이 아니고 '죄'라는 말입니다. 로마서에서는 '죄'를 단수로 사용할 때와 복수로 사용할 때의 의미가 좀 다릅니다.

우리말 성경에는 단수와 복수의 개념을 구분하기가 약간 애매한 부분이 있습니다. 그러나 헬라어 원문은 그렇지 않습니다. 매우 정확하게 구별됩니다. 로마서에서 죄를 복수로 사용할 때는 우리가 흔히 범하는 여러 가지 악한 행위를 말합니다. 이것저것 잘못하는 것들을 두리뭉실 모아서 죄들이라고 하는 것입니다. 한편 죄를 단수로 쓸 때에는 보이지 않는 죄의 세력, 즉 죄의 실체를 가리킵니다. 이것을 에베소서에서는 "공중의 권세 잡은 자"(엡 2:2)라고 부릅니다. "권세 잡은 자"라고 하는 것을 보면 이것은 사람을 지배하는 어떤 세력이 틀림없습니다. 성경 다른 곳에서는 사탄, 마귀, 악령이라고 부릅니다. 우리가 알기 어렵고 설명하기 어려운 어떤 강한 실체가 배후에 있다는 말입니다.

이와 같이 우리가 말하는 죄는 마귀와 비교될 만큼 무서운 실체입니다. "죄 아래"에서 '아래'라는 말은 헬라어의 유명한 전치사인 '휘포'입니다. 이 말이 디모데전서 6장 1절에도 나옵니다. "멍에 아래에 있는 종들"이라는 말에서 '아래'라는 단어와 같은 말입니다.

그러면 멍에 아래 있다는 말은 무슨 뜻입니까? 쇠사슬에 묶여 무거운 짐을 지고 평생 종살이하는 모습을 이야기하고 있습니다. 이 사실을 비교해서 생각하면 '죄 아래 있다'는 말씀이 무엇을 이야기하는지 그 의미를 쉽게 알 수 있습니다. 즉, 무서운 힘을 가진 죄의 손아귀에 꼭 잡혀 끌려 다니고 있는 것이 인간의 모습이라는 말입니다. 이와 같이 이 세상에 태어난 사람은 모두 예외 없이 죄의 권세 아래 짓눌려 살고 있습니다.

무서운 죄의 굴레

인류 역사를 보면 사회 전반에서 독버섯처럼 고개를 쳐드는 범죄를 막아보려고 피눈물 나게 노력해온 것을 알 수 있습니다. 왜 경찰의 수가 자꾸 늘어나야 합니까? 왜 파출소가 점점 많아져야 합니까? 왜 첨단 기계를 도입해서 범죄를 예방해야 합니까? 죄가 자꾸 늘어나기 때문입니다. 힘으로 누르면 처음에는 조금 효과가 있는 것같이 보입니다. 그러나 조금 지나면 경찰이 늘어나는 것만큼 범죄도 늘어나고, 장비가 발전하는 것만큼 범죄 수

법도 더 지능적이 되어가는 답답한 현실을 보게 됩니다. 이것이 인류 역사의 발자취입니다.

왜 범죄를 근본적으로 퇴치하지 못합니까? '죄들'은 다소 막을 수 있지만 보이지 않는 '죄'의 실체를 처리할 수 없다는 데 그 근본적인 원인이 있습니다. 사실 사람들은 뭔가 잘못했을 때 단지 마음을 나쁘게 먹어서 그렇다고 생각할 뿐 배후에 자기를 조종하는 강한 세력이 있다고 생각하지 못합니다. 그런 것이 있으리라고 상상도 못합니다. 이 죄의 세력을 척결하지 못하는 이상, 사회의 범죄가 사라질 수 없습니다. 아무리 경찰 수를 늘리고 최첨단 장비를 동원해서 범죄와 전쟁을 선포해도 안 됩니다. 이는 열이 나서 두통이 심한 사람의 이마에 얼음주머니를 얹는 것과 다를 바 없는 일시적인 처방에 불과합니다. 얼음주머니는 병 자체를 고치지 못합니다. 범죄를 없애기 위해서는 죄의 세력을 꺾어야 합니다. 그러나 성경은 우리가 죄의 권세를 상대할 수 없다고 합니다.

> 내 지체 속에서 한 다른 법이 내 마음의 법과 싸워 내 지체 속에 있는 죄의 법으로 나를 사로잡는 것을 보는도다(롬 7:23).

우리가 꼼짝할 수 없는 힘입니다. 숨도 못 쉬게 우리의 목덜미를 움켜쥐고 제 마음대로 끌고 가는 죄의 세력이 우리 배후에 있습니다. 그러므로 인간은 그 지배 아래 속박당하고 있다는 사실을 알아야 합니다. 인간은 스스로 이 무서운 죄의 굴레를 벗지 못합니다. 그 죄는 우리 몸을, 우리의 인간관계를, 우리의 사회생활을, 심지어 우리의 잠재의식까지 지배하면서 파괴하고 있습니다.

존 헨리 조웨트라는 신학자는 이 무서운 죄의 세력 밑에서 인간이 얼마나 철저하게 파괴되고 있는가를 명쾌하게 묘사했습니다. "죄는 파괴적인 존재다. 모든 선한 힘은 죄의 파괴적인 힘에 의해 위축되고 시들어버린다. 모든 영적인 섬세함은 죄의 저주스러운 접촉에 의해 상처를 입는다. 죄는 시각을 손상시켜 맹목적으로 일하도록 만든다. 죄는 청각을 마비시켜 사람들을 귀머거리로 만든다. 죄는 미각을 왜곡시켜 쓴 것을 단 것으로, 단 것을 쓴 것으로 혼돈하게 만든다. 죄는 촉각을 마비시켜 과거의 느낌만을 갖도록 만든다. 죄는 영적인 좋은 감각을 모두 막아버리고 질식시킨다. 우리는 죄에 의해서 무감각해지고 둔감해지며 우리가 반응하는 범위는 축소되어버린다. 죄는 무감각을 만들어낸다. 그것은 영혼을 짓밟음으로 고통을 고통으로 느끼지 못하게 만들어버린다." 이것이 죄요, 죄의 세력입니다.

이와 같이 잔혹한 죄의 발에 짓밟히는 인간이 얼마나 처절하고 악한지 바울은 구약성경에 있는 내용을 인용하여 10절에서 18절까지 말씀하고 있습니다. 바울이 로마서를 기록하던 당시에는 구약성경을 들고 다닌다는 것은 상상도 못했습니다. 양피지에다 굵직굵직하게 기록해서 말아놓은 것이 책이니까 만약에 시편을 들고 다니라고 하면 아마 지게로 지고 다녀야 했을지도 모릅니다. 그리고 한 편의 두루마리 성경을 개인이 가진다는 것도 쉬운 일이 아니었습니다. 불편한 점은 이것만이 아니었습니다. 시편 중에 어느 본문을 하나 찾으려면 처음부터 마지막까지 줄줄 읽어 내려가야 했습니다. 얼마나 번거로웠는지 모릅니다.

그러므로 바울이 여기에 기록한 구절은 성경을 일일이 찾아가면서 인용한 것이 아니라 전에 읽었던 말씀을 성령의 감동으로 떠올려 정리한 것으로 보아야 합니다. 이 같은 방법을 가리켜 랍비들은 '구슬꿰기'를 한다고 일컫습니다. 대단한 기억력을 요하는 작업이라고 할 수 있습니다. 성경을 기록한 기자들이 비상한 기억력의 소유자였다는 것은 이미 잘 알려져 있는 사실입니다. 기억력 역시 성령의 영감에 해당하기 때문입니다.

본문의 내용은 주로 구약성경의 시편과 이사야서를 인용했는데 시편 14편 1, 3, 5절과 10편 7절, 140편 3절, 36편 1절과 이사야 59장 7-8절입니다. 구약성경이 진단하는 인간의 처참한 모습을 다시 정리해놓은 말씀이라고 볼 수 있습니다. 그 내용은 이렇게 세 마디로 요약할 수 있다고 생각합니다. 인간이란 아주 무능하다, 아주 부패했다, 아주 절망적이다.

인간의 무능

> 기록된 바 의인은 없나니 하나도 없으며 깨닫는 자도 없고…(10-11절)

어느 정도로 무능하다고 했습니까? 깨닫지도 못할 정도라고 합니다. 무엇을 깨닫지 못한다는 말입니까? 예를 들어, 자기에게 선한 데가 하나도 없다는 사실조차 알지 못하고 있습니다. 또 어느 정도로 무능합니까?

> … 하나님을 찾는 자도 없고(11절).

이 말은 인간이 신(神)에 대한 본능적인 의식마저 갖지 않았다는 의미가 아닙니다. '신이 있겠지'라는 생각은 막연하게나마 다들 가지고 있습니다. 여기서 하나님을 찾는 자가 없다는 말은 신명기 4장 29절에서 잘 지적하고 있습니다. "만일 마음을 다하고 뜻을 다하여 그를 찾으면 만나리라." 전심전력으로 하나님을 찾는 사람이 없다는 말입니다. 또 로마서 1장 21절에는 이렇게 말씀하고 있습니다. "하나님을 알되 하나님을 영화롭게도 아니하며 감사하지도 아니하고." 이것이 무능이 아니고 무엇입니까? 알면서 마땅히 해야 할 일을 하지 못하는 것만큼 철저한 무능이 또 어디에 있겠습니까?

다시 본문에 주목하십시오.

> 다 치우쳐 함께 무익하게 되고…(12절).

무익하게 되었다는 말은 우유가 쉬어서 먹지 못하게 되었다는 뜻을 가지고 있습니다. 쉬어버린 우유처럼 우리의 영과 육이 잘못되었다는 것입니다.

> … 선을 행하는 자는 없나니 하나도 없도다(12절).

이 말씀은 하나님이 정해놓은 표준에 일치하는 거룩한 삶을 사는 사람이 없다는 뜻입니다. 하나님이 하늘에서 세상을 구석구석 다 살펴보아도 자기 뜻에 맞게 선을 행하는 사람이 보이지 않는다는 것입니다.

이만큼 사람은 하나님 앞에서 철저하게 무능한 자가 되었습니다. 마땅히 해야 할 일은 생각도 못하고, 도리어 해서는 안 될 일에는 천재성을 보일 정도로 비정상이 되었습니다. 하나님께서 명하시는 선은 행할 능력이 없으면서 자기의 욕심을 채우는 데는 힘이 넘치는 것입니다. 어둠을 사랑할 수는 있으면서도 빛으로 나올 능력은 없습니다. 하나님께 나아갈 자유는 있지만 하나님을 찾을 능력이 전혀 없습니다.

이런 모습은 마치 날갯죽지 부러진 새와 같습니다. 날갯죽지가 부러진 새는 날 자유가 있습니다. 그러나 날지는 못합니다. 이것이 영적으로 무능해진 인간의 모습이라 할 수 있습니다. 교회 밖에서 예수 없이 살고 있는 모든 사람의 모습입니다. 그들은 자기가 원하는 일은 할 수 있을지 모르지만 하나님이 원하시는 일은 손가락 하나 까딱할 수 없는 무능자입니다.

인간의 부패

두 번째로 사람은 아주 부패했습니다. 13절부터 15절의 말씀을 다시 한 번 주목하기 바랍니다.

> 그들의 목구멍은 열린 무덤이요 그 혀로는 속임을 일삼으며 그 입술에는 독사의 독이 있고 그 입에는 저주와 악독이 가득하고 그 발은 피 흘리는 데 빠른지라(13-15절).

옛날 사람들은 목구멍, 혀, 입술, 입을 마음으로 통하는 통로로 생각했습니다. 그들은 마음이 가슴에 있다고 생각했던 것입니다.

이 말씀을 읽으면 이비인후과에 해당하는 부위들이 모두 썩어서 악취가 진동하는 것 같지 않습니까? 목구멍이 열린 무덤의 출입구 같다면 무덤은 마음을 가리킵니다. 동양 문화권에 속한 사람들은 열린 무덤이 어떤 것을 말하는지 이해하기 어렵습니다.

그러나 이스라엘에서는 금방 알아들을 수 있는 말입니다. 우리는 죽은 사람을 장례 지낼 때 땅을 파서 시신을 묻고 덮어버리지 않습니까? 짐승들이 파헤치지 않는 한 시체가 다시 노출되는 일은 거의 없습니다. 이에 반해 이스라엘의 무덤은 석회암을 파서 만든 자그마한 동굴같이 생겼습니다. 그 동굴 하나가 한 집안의 공동 매장지로 사용됩니다. 아브라함이 막벨라 굴을 사서 대대로 매장지로 삼은 것과 같습니다. 그 굴에는 아브라함을 위시하여 여러 대의 자손들이 함께 장사되었습니다. 무덤이 하나의 동굴이기 때문에 자연히 입구를 큰 돌로 막아놓게 되어 있습니다. 그러나 지진이 일어나거나 도굴자가 침입하면 입구가 열린 채 방치되기 쉽습니다. 자연히 그 앞을 지나가기 어려울 정도로 고약한 냄새가 진동합니다.

하나님 보시기에 우리 인간의 마음은 악취가 진동하는 열린 무덤과 다를 바가 없습니다. 예레미야 선지자는 이 사실을 명쾌하게 묘사했습니다.

> 만물보다 거짓되고 심히 부패한 것은 마음이라 누가 능히 이를 알리요마는(렘 17:9).

예수님도 같은 의미의 말씀을 하신 일이 있습니다.

> 독사의 자식들아 너희는 악하니 어떻게 선한 말을 할 수 있느냐 이는 마음에 가득한 것을 입으로 말함이라(마 12:34).

부인들은 매일 아침 일어나면 세수하고 거울 앞에 앉아서 정성껏 화장을 합니다. 이것은 여성의 고유한 일이요 아름다움이라 할 수 있습니다. 그러나 거울 앞에 앉을 때마다 잊지 말아야 할 것은, 얼굴은 꾸밀 수 있어도 마음은 안 된다는 사실입니다. 마음에서 나오는 더러운 말, 독사의 독 같은 저주, 욕지거리는 막을 수 없습니다.

부패한 마음은 말만 더럽게 만드는 것이 아니라 행동까지 더럽게 만들어버립니다. "그 발은 피 흘리는 데 빠른지라"(15절). 우리의 전 인격이 마치 홍수를 만난 듯 머리부터 발끝까지 죄로 인해 더러워졌다는 말입니다. "피 흘리는 데"가 꼭 살인만을 이야기한다고 생각하면 안 됩니다. 이웃에게 해를 끼치는 모든 언동을 가리킵니다. 어떤 신학자의 말처럼 인간의 본성이 죄로 인하여 부패한 결과 사람과 사람 사이가 전부 적대 관계로 바뀌었습니다. 그래서 '너와 나의 관계'는 살벌해졌습니다.

창세기를 보면 인류의 역사는 형이 동생을 쳐 죽이는 살인 사건으로 시작됩니다. 인간의 발자취는 피의 역사라 해도 과언이 아닙니다. 성경이라고 해서 좋고 아름다운 이야기만 써 있지 않습니다. 하나님은 진실하신 분이기에, 피에 굶주린 이리 떼처럼 잔인한 인간의 모습을 사실 그대로 지적하고 계십니다.

부패한 마음을 가지고 피 흘리기를 좋아하는 인간성 때문에 '너와 나의 관계'는 다음과 같은 특징을 가지게 되었습니다. 먼저 사람들은 서로 경쟁 관계에 놓였습니다. 모두가 자기를 중심으로 여기고 자기의 이익만을 추구하다 보면 자연히 이웃과 갈등을 빚게 됩니다. 한 사람이 이기면 다른 사람은 져야 합니다. 진 사람은 언젠가 기회만 있으면 복수를 하려고 노립니다. 자연히 승자는 항상 불안해합니다. 성공한 사람은 언젠가 다른 사람이 자기를 따라잡지 않을까, 잃어버린 것을 찾으려고 덤벼들지 않을까 항상 전전긍긍합니다. 그러므로 경쟁 관계에서는 승자가 없다고 해야 옳을 것입니다. 서로의 경쟁이 극단적으로 치달으면 전쟁이 일어나는 것입니다.

다음으로 우리는 피 흘리기를 좋아하는 인간성 때문에 다른 사람을 이해할 능력을 잃어버렸습니다. 자기 욕심만 챙기기 바쁘다 보니

다른 사람에게 관심을 돌릴 틈이 없는 것입니다. 이것은 다른 사람이 보는 관점에서 사물을 관찰하고 이해하지 못한다는 의미가 됩니다. 무엇이나 자기 좋은 대로 판단해버립니다.

한 가지 더 있습니다. 서로 사랑할 능력마저 잃어버렸다는 것입니다. 죄는 사람을 무력하게 만들어버렸습니다. 그래서 모든 사람이 자기의 경쟁자요, 위협자라는 전제 아래 이웃을 대면하는 불행한 관계가 된 것입니다. 이것이 부패한 마음을 가진 인간의 '너와 나의 관계'입니다. 따라서 "그 발은 피 흘리는 데 빠른지라"는 죄로 부패한 인간의 행동 성향이요 태도라는 것을 알아야 합니다.

인간의 절망

세 번째로 구약성경은 인간이 아주 절망적인 존재라고 했습니다.

> 파멸과 고생이 그 길에 있어 평강의 길을 알지 못하였고 그들의 눈 앞에 하나님을 두려워함이 없느니라 함과 같으니라(16-18절).

얼마나 절망적입니까? 자신이 가는 길에 죽음이 기다리고 있다는 것을 모르고 정신없이 달려가는 모습을 한번 상상해보십시오. 60~70년 살고 나면 그다음에 무엇이 기다리고 있는지도 모르는 것이 인생입니다. 그런 상태로 허우적거리며 살고 있으니 그 인생이 얼마나 절망적입니까?

> 한 번 죽는 것은 사람에게 정해진 것이요 그 후에는 심판이 있으리니 (히 9:27).

하나님은 분명히 선언하셨습니다. 모든 사람 앞에는 각자의 죗값을 지불해야 할 무서운 심판이 예정되어 있습니다. 파멸과 고생이 도사리고 있으며 죽음이 기다리고 있습니다. 여기에 무슨 평강을 기대할 수 있습니까? 무슨 희망이 있습니까? 다만 끝이 보이지 않는 절망뿐입니다.

그런데 더 기막힌 절망이 있습니다. 자신의 운명이 절망이라는 사실조차 전혀 모르는 무지입니다. 아마 이것만큼 무서운 절망은 없을 것입니다. 모르니까 하나님을 두려워하지 않는, 그야말로 안하무인의 교만한 태도를 보이는 것입니다.

> 그들의 눈앞에 하나님을 두려워함이 없느니라 함과 같으니라(18절).

창조자 되신 하나님 앞에서 떨 줄을 알아야 작은 소망이라도 있지 않겠습니까? 그런데 그 하나님을 향해 눈을 치켜뜨고 냉소를 할 정도니 얼마나 절망적인 존재냐 이 말입니다. 우리 모두의 혈관에는 착하고 의로운 동생을 들판에서 잔인하게 쳐 죽인 살인자 가인의 피가 흐르고 있다는 사실을 잊어서는 안 됩니다. 그가 동생을 죽인 다음에 하나님이 그에게 나타나셨습니다. "네 동생 아벨이 어디 있느냐?" 가인이 하나님을 두려워했다면 어떻게 대답했을 것 같습니까? 무릎을 꿇고 부들부들 떨면서 말 한마디 제대로 못하고 눈물을 흘렸을 것입니다.

그러나 그는 그렇게 하지 않았습니다. "모릅니다. 내가 동생을 지키는 보초병인가요?" 얼마나 건방집니까? 얼마나 안하무인입니까? 이와 같이 하나님을 두려워하지 않는 가인의 피가 지금도 사람들의 혈관에 흐르고 있습니다. 그러니까 그들은 하나님을 두려워하지 않습니다. 떨지 않습니다. 그들에게 남은 것은 절망뿐입니다.

죄의 굴레에서 벗어나려면

지금까지 우리는 본문을 통해서 죄의 권세 아래 포박된 채 끌려다니는 우리 인간의 모습을 보았습니다. 얼마나 무능한지요. 얼마나 부패했는지요. 얼마나 절망적인 실존인지요. 이것은 바울의 이야기가 아닙니다. 바울의 사상도 아닙니다. 강단에서 설교하는 사람의 어떤 주장도 아닙니다. 어디까지나 하나님의 말씀입니다. 하나님의 판단입니다. 바울은 이것이 하나님의 말씀이라는 점을 분명히 하기 위해 구약성경의 본문을 인용한 것입니다. 다시 한 번 9절 말씀을 보십시오.

> 그러면 어떠하냐 우리는 나으냐 결코 아니라 유대인이나 헬라인이나 다 죄 아래에 있다고 우리가 이미 선언하였느니라(9절).

누가 선언했습니까? 누구의 선언입니까? 하나님의 말씀을 통한 하나님 자신의 선언입니다.

우리가 예수님을 올바로 믿기를 원한다면 첫 번째 단계를 통과해야 합니다. 이는 자기 자신을 올바로 아는 것입니다. 내가 누구냐에 대한 성경의 가르침을 받아들이는 것입니다. 칼빈은 우리가 우리 자신을 바로 알면 자신을 믿지 않게 된다고 했습니다. 자기를 포기할 정도로 자기 자신을 정확하게 아는 것, 이것이 예수님 앞으로 나오기 위한 필수 요건이요, 올바른 믿음을 갖기 위한 절대 요건이요, 신앙생활을 하기 위한 불가분의 요소입니다.

사람이 가장 어려워하는 일 중 하나가 자신이 죄인임을 인정하는 것입니다. 얼마나 힘든지 모릅니다. 이는 제가 목회를 하면서 경험적으로 알게 된 사실입니다. 바리새인들을 예로 들 수 있습니다. 그들은 평생 자기가 죄인인 줄 모르고 살다가 죽은 자들이요, 자기가 소경인 줄 깨닫지 못한 채 어둔 밤길을 더듬거리다 망한 자들이었습니다. 우리도 잘못하면 그렇게 될 수 있습니다. 심지어 교회에 다녀도 그렇게 될 위험이 있습니다. 어거스틴이 이런 말을 한 적이 있습니다. "세상에는 두 가지 종류의 죄인이 있는데, 내가 죄인이라고 하는 죄인과 내가 의인이라고 하는 죄인이다." 묘한 말이지만 사실입니다. 요즈음 가만히 보면 사람들이 너무 간사해져서 그런지, 입으로는 죄인이라는 말을 쉽게 하곤 합니다. 입으로 쉽게 말하는 사람일수록 죄인으로서의 자기 실존에 눈을 뜨는 데는 상당한 시간이 필요한 것 같습니다. 교회를 10년 이상 다녀도 진정으로 죄의식을 못 느끼는 것은 바로 이런 이유 때문입니다.

지금 여러분은 어떻습니까? 제가 들은 이야기입니다. 재판정에서 피고인들이 판사를 향해 죽을죄를 지었으니 선처를 바란다고 사정한답니다. 그러면 판사가 그 사람을 내려다보며 죽을죄까지는 아니니까 안심하라고 한답니다. 그러나 교도소에 들어가서 몇 개월 살다 나와야 되겠다고 하면, 그때부터는 죽을 죄인이라는 말은 싹 없어지고 자기가 언제 그렇게 악한 일을 했느냐는 식으로 불평하며 눈물을 흘린다고 합니다. 입으로는 죄인, 죄인 하지만 마음으로는 자기가 죄인임을 인정하지 않는 것입니다.

이것이 인간입니다. 여러분이 집사는 될 수 있습니다. 세례는 받을 수 있습니다. 그러나 자신이 정말 죽을 죄인이라는 것을 뼈저리게 느끼고 하나님 앞에 부들부들 떠는 자리까지 오려면 주님의 은혜를 받아야 합니다. 교회를 오래 다녀도 십자가의 사랑이 마음에 와닿지 않습니까? 이는 아직도 자존심이 살아 있다는 증거입니다.

조금만 노력하면 선해질 수 있다고 생각합니까? 그렇게 생각하는 사람이야말로 의로워지려는 처절한 노력을 포기하는 자리까지 가야 합니다. 선해지려고 하는 것도 죄라고 인정하는 자리까지 가야 합니다. 의로워지려고 하면 할수록 더 비참해지는 자기 자신을 보는 자리까지 가야 합니다.

철저한 절망 후에 소망이 있다

우리에게 소망이 있다면, 한 가지밖에 없습니다. 나 자신에 대해 철저하게 절망하는 것입니다. 그럴 때 비로소 하나님의 구원의 손이 우리 영혼에게 임합니다. 익사 직전에 있는 사람을 안전하게 끌어내려면 기다려야 합니다. 이것은 상식입니다. 아직도 힘이 남아 있어서 발버둥을 치고 소리를 지르는 사람에게 함부로 접근하다가는 같이 죽을 수 있습니다. 힘이 넘치는 사람을 물에서 끌어내기란 어려운 일입니다.

경험 많은 구조원들은 이런 사람을 안전하게 물 밖으로 끌어내기 위해 머리를 쳐서 실신을 시키기도 합니다. 자기 힘으로 살겠다고 바둥거리는 몸짓을 그만둘 때 안전하게 생명을 건질 수 있습니다. 하나님도 마찬가지입니다. "나는 그래도 선하다. 내가 뭐 잘못한 것 있어? 나만큼 양심적인 사람도 흔하지 않아. 그런데 왜 교회만 오면 듣기 싫은 죄인 소리를 자주 하는 거야?" 우리 주위에서 자주 듣는 불평입니다.

이런 불평은 하나님을 몰라서 하는 소리입니다. 우리가 차를 몰다가 종종 경험하는 일이 있습니다. 무슨 생각을 골똘히 하다가 신호등에 빨간불이 들어오는 줄을 모르고 획 지나가버립니다. 가슴이 섬뜩해집니다. 그다음에는 두리번거리면서 누구를 찾습니까? 경찰관입니다. 교통순경이 보이지 않으면 얼마나 마음이 평안하고 고요해지는지 모릅니다. 그러고는 모든 것을 잊어버립니다. 자기가 잘못했다는 생각은 하지 않습니다. 우리 눈에 하나님이 안 보이지 않습니까? 마치 교통순경이 안 보이듯 말입니다. 그래서 우리에게 죄의식이 없는 것입니다.

그러나 죄의식 부재가 죄 없다는 것을 의미하지는 않습니다. 교통신호를 위반한 사람처럼 말입니다. 다시 한 번 강조합니다. 자기에 대해 철저히 절망하는 자리에까지 가야 합니다. 이때 비로소 십자가가 눈에 들어오고 나를 위해 죽으신 주님 앞에 무릎을 꿇을 수 있습니다. 그리고 "주여 나는 죄인이로소이다. 나를 구원해주소서" 하고 기도할 수 있습니다. 그럴 때 우리가 사는 것입니다. 희망을 갖게 되는 것입니다.

70년대의 인기 가수 중 이종용 씨라는 분이 있었습니다. 당시 그가 부른 히트곡은 〈너〉, 〈겨울아이〉, 〈바보처럼 살았군요〉 등입니다. 이 사람이 대마초 사건에 연루되어 감옥에 들어갔습니다. 3개월가량 징역을 살았는데, 거기서 어떤 사형수로부터 전도를 받았다고 합니다. 그는 사형수의 진지한 전도에 감동을 받아 예수님을 영접했습니다. 그때 사형수가 "당신은 곧 나가게 되겠지요. 나가면 내가 세상에서 예수님을 위해 못다 한 몫까지 하면서 살아주시오"라고 하더랍니다.

이종용 씨는 대마초 사건으로 감옥에 들어가 있을 때만 해도 자기가 아주 착한 사람이라고 생각하고 있었습니다. 그러나 사형수에게 예수님에 대한 이야기를 들으면서 자기가 얼마나 추악한 죄인인지 비로소 알게 되었습니다. 자기에 대해 절망하는 자리로 떨어지니까 비로소 하나님이 그를 모든 악과 고통에서 건져내었습니다. 대마초에서 해방된 것입니다. 출감한 후 그는 신학을 공부하고 지금은 미국에서 목회를 하고 있습니다. 왜 사형수가 판사보다 구원받기 쉬운지 압니까? 사형수는 자기에 대해 절망한 사람이기 때문입니다. 왜 감옥 밖에 있을 때보다 안에 들어가서 예수 믿기가 쉬운지 압니까? 감옥 안에 들어가면 자기에게 절망할 수 있는 가능성이 그만큼 커지기 때문에 그렇습니다.

우리는 본문을 통해 하나님께서 우리를 어떻게 보고 계시는가를 살펴보았습니다. 우리가 다 죄 아래 있다고 선언하시는 그분의 말씀 앞에서 "주여 나는 죄인이로소이다"라는 진지한 고백이 있기를 바랍니다. 아주 무능하고 아주 부패하고 아주 절망적인 우리의 실존을 확인하고 우리 자신에 대해 철저하게 절망합시다. 그리고 예수 그리스도의 피 묻은 손을 붙드는 시간이 되기를 바랍니다. 그분만이 우리를 이 절망에서 건질 수 있는 구원자이십니다.

10

새로 열린 구원의 길

로마서 3장 19-26절

19 우리가 알거니와 무릇 율법이 말하는 바는 율법 아래에 있는 자들에게 말하는 것이니 이는 모든 입을 막고 온 세상으로 하나님의 심판 아래에 있게 하려 함이라 20 그러므로 율법의 행위로 그의 앞에 의롭다 하심을 얻을 육체가 없나니 율법으로는 죄를 깨달음이니라 21 이제는 율법 외에 하나님의 한 의가 나타났으니 율법과 선지자들에게 증거를 받은 것이라 22 곧 예수 그리스도를 믿음으로 말미암아 모든 믿는 자에게 미치는 하나님의 의니 차별이 없느니라 23 모든 사람이 죄를 범하였으매 하나님의 영광에 이르지 못하더니 24 그리스도 예수 안에 있는 속량으로 말미암아 하나님의 은혜로 값없이 의롭다 하심을 얻은 자 되었느니라 25 이 예수를 하나님이 그의 피로써 믿음으로 말미암는 화목제물로 세우셨으니 이는 하나님께서 길이 참으시는 중에 전에 지은 죄를 간과하심으로 자기의 의로우심을 나타내려 하심이니 26 곧 이때에 자기의 의로우심을 나타내사 자기도 의로우시며 또한 예수 믿는 자를 의롭다 하려 하심이라

지금까지 우리는 예수님 없는 인생이 어느 정도로 절망적인가를 배웠습니다. 그것은 단순히 죄인이기 때문에 느끼는 절망에 머물지 않습니다. 우리 스스로 그 죄를 처리할 능력이 없다는 데서 그 절망은 더 커지고, 결국에는 우리 힘으로 구원받을 만한 가능성을 전혀 찾을 수 없다는 데서 그 절망이 절정에 이른다는 것을 알았습니다.

그러면 하나님께서는 절망한 우리를 보고 어떻게 생각하셨을까요? "꼴 좋다. 이제 혼 좀 나봐라" 하는 식으로 내버려두실까요? 절대로 그렇지 않습니다. 지금부터 우리가 보는 말씀을 통해서 하나님은 참으로 사랑이 풍성하신 분임을 알게 될 것입니다. 에스겔 선지자가 알려준 것처럼 "내가 어찌 악인이 죽는 것을 조금인들 기뻐하랴"(겔 18:23)라고 반문하시며 죄에 빠진 인간을 구원하고자 밤낮을 가리지 않고 일하신 하나님을 보게 될 것입니다.

어떻게 보면 하나님 편에서는 고민거리가 생긴 것이 아닌가 하는 생각을 하게 됩니다. 하나님이 고민을 하신다는 것은 그분께 어울리지 않는 말이지만, 인간을 그대로 내버려두자니 너무 불쌍하고 구원하자니 길이 없으니까 고민을 하신 것 같다는 이야기입니다. 제가 볼 때 하나님께서는 두 가지 문제에 특별히 마음을 쓰셨다고 생각합니다.

율법의 의의(意義)

먼저 '사람을 구원할 수 있는 다른 길이 없을까' 하는 문제였다고 봅니다. 지금까지는 율법을 행하면 살 수 있는 길을 주셨습니다. 다시 말해 하나님이 인정하는 선을 행하면 구원하신다는 것이었습니다. 그러나 수천 년을 통해서 하나님이 얻은 결론은 사람이 율법을 도무지 지킬 수 없다는 것이었습니다. 율법은 선을 행하게 하는 것보다 오히려 역효과를 낳았습니다. 그래서 19-20절은 이렇게 말씀하고 있습니다.

> 우리가 알거니와 무릇 율법이 말하는 바는 율법 아래에 있는 자들에게 말하는 것이니 이는 모든 입을 막고 온 세상으로 하나님의 심판 아래에 있게 하려 함이라 그러므로 율법의 행위로 그의 앞에 의롭다 하심을 얻을 육체가 없나니 율법으로는 죄를 깨달음이니라.

우리를 의롭게 하려고 주어진 율법이 도리어 우리를 큰 죄인으로 만들어놓고는 하나님 앞에 변명조차 못하도록 입을 틀어막았습니다. 모든 소망을 빼앗아버렸으며 하나님의 심판대 앞에 두말 못하고 끌려가도록 만들어버린 것입니다. 우리가 이미 경험적으로 잘 알고 있지 않습니까? 우리가 율법을 가까이하면 할수록 더 죄의식을 느끼게 됩니다.

사실 우리가 율법을 몰랐을 때는 하나님이 원하시는 것이 무엇인지 관심조차 없었습니다. 그러나 율법을 알고 난 뒤부터는 하나님이 원하시는 순종을 하려고 노력하게 되었습니다. 이때 우리가 배운 진리가 있습니다. 노력하면 할수록 더 안 되더라는 것입니다. 애를 쓰면 쓸수록 더 못 지키더라는 것입니다. 이를 통해 율법의 행위로 의롭다 하심을 얻을 육체가 없다는 말씀이 참으로 진리라는 사실을 깨닫게 된 것입니다.

그렇다고 해서 율법을 폐기하거나 무시할 수는 없습니다. 율법은 하나님의 성품이 어떠하며 그분의 뜻이 무엇인지를 가르쳐주는 법입니다. 그분이 얼마나 거룩하신지, 무엇을 원하시는지를 보여주는 것이 율법입니다. 가령 거짓 증거하지 말라는 율법을 예로 들어봅시다. 거짓말이 왜 죄가 됩니까? 우리는 하나님이 율법을 통해 거짓말하지 말라고 말씀하셨기 때문이라고 생각합니다. 물론 옳은 말입니다. 그러나 한 걸음 더 나아가서 볼 수 있어야 합니다. 즉, 하나님 자신이 거짓말을 할 수 없는 분이므로 거짓말하는 것이 죄가 된다는 사실을 알아야 합니다. 거짓말을 하면 거짓말을 할 수 없는 하나님께 대적하는 일이 되기 때문입니다. 이는 하나님의 거룩한 본성을 공격하는 행태이므로 나쁜 것입니다. 이런 의미에서 율법은 거룩하며 폐기될 수 없습니다.

우리나라의 자랑할 만한 명소 중에 가나안 농군학교가 있습니다. 한번 다녀온 사람은 다시 가보기를 원하고, 또 자녀를 사람답게 키우려면 한 번쯤 보내야 하는 코스로 알려져 있습니다. 그 농군학교를 창설하신 분은 김용기 장로입니다. 그분은 이 세상에서 제일 악한 죄가 게으름이라고 생각했습니다. 그래서 일평생 흙과 씨름했고 무슨 일이든 게을리하지 않았으며, 자녀도 그렇게 교육시켰습니다. 얼마나 게으름을 싫어했는지 자기 집 주변에 있는 돌도 누워 있는 놈은 전부 세워놓았습니다. 하나님이 만드신 자연 만물 어느 것도 게으름을 피워서는 안 된다는 것이 그의 철학이었습니다.

세상의 모든 아버지들이 다 김 장로처럼 게으름을 중한 죄로 여기는 것은 아닙니다. 우리는 가끔 자녀가 게으름을 부려도 묵인해줄 때가 있습니다. 하지만 김 장로 앞에서는 용납이 되지 않는 일입니다. 게으름을 죄악으로 여기는 사람 앞에서 게으름을 피운다는 것은 그에게 대항하는 일이나 다름없습니다.

이와 같이 하나님 앞에서 율법을 범하는 것은 하나님을 거역하는 행동이나 다름없습니다. 하나님 입장에서는 인간이 지키지 못한다고 해서 율법을 없애는 것이 불가능합니다. 자신의 거룩을 포기하는 일이기 때문입니다. 그래서 하나님은 율법을 그대로 살려놓고 절망의 늪에 빠진 사람을 구할 다른 길을 생각하셨습니다. 율법을 완전히 지키지 못해도 구원할 수 있는 길을 찾으신 것입니다.

하나님의 공의와
새로운 구원의 길

그다음으로 또 하나님이 고민하신 것이 있다면, '자신을 어떻게 정당화시킬 수 있는가' 하는 문제였다고 생각합니다. 죄 때문에 타락한 인간 중에는 의인이 하나도 없습니다. 그러므로 하나님께서 우리를 구원하시려면 죄인인 우리를 의인으로 받아주셔야 합니다.

그런데 죄인을 의인으로 인정한다는 것은 하나님의 본성으로 불가능한 일입니다. 하나님은 거룩하고 공의로우신 분입니다. 그분은 죄를 미워하십니다. 우리가 죄를 범하면 하나님이 진노하시며 그 죗값대로 심판한다고 선언하셨습니다. 하나님이 자신의 의로움을 나타내 보이려면 마땅히 죄는 죄대로 벌하고 의는 의대로 보상해야 합니다. 하나님이 죄인을 의인으로 받으면 자신의 의로움에 손상을 입게 됩니다.

그러므로 하나님께서 죄인을 의인으로 받으시려면 자기의 거룩하심이 훼손되지 않는 조건에서만 그 일을 이루셔야 합니다. 죄인을 의인이라고 해도 자기는 여전히 의롭고 거룩하다는 것을 나타낼 수 있는 길을 찾아야 했습니다. 이 사실을 공정하게 증명하지 못하면 하나님은 더 이상 거룩하고 공의로우신 분이 아니기 때문입니다.

> 이 예수를 하나님이 그의 피로써 믿음으로 말미암는 화목제물로 세우셨으니 이는 하나님께서 길이 참으시는 중에 전에 지은 죄를 간과하심으로 자기의 의로우심을 나타내려 하심이니 곧 이때에 자기의 의로우심을 나타내사 자기도 의로우시며 또한 예수 믿는 자를 의롭다 하려 하심이라(25-26절).

하나님은 우리 죄를 고의로 못 본 체하고 넘겨도 자신의 의로우심을 나타내는 구원의 길을 찾으셔야 했습니다. 이것이 얼마나 어려운 일이었겠습니까? 하나님 자신의 의로움도 증명하고 죄인인 우리도 의로운 자로 인정받을 수 있는 길이 없을까 고심하는 하나님을 상상해보십시오. 그분의 입장에서 우리를 구원하는 일이 결코 쉽지 않았음을 발견하게 될 것입니다. 하나님은 전능하신 분이므로 우리를 쉽게 구원할 수 있지 않느냐고 말하지 마십시오. 하나님이 죄인을 구원하는 것은 가장 어려운 일이었습니다. 자신의 모든 지혜와 능력을 동원하지 않으면 할 수 없는 일이었습니다.

우리가 흔히 경험하는 일입니다만, 자식이 나쁜 짓을 했을 때 그 잘못을 무조건 덮어주고 용납한다는 것이 거룩하지 못한 우리의 입장에서도 얼마나 어려운 일입니까? 하물며 거룩하시고 의로우신 하나님이 죄인을 무조건 용서하고 의인으로 받으신다는 것은 우리가 상상할 수 없을 정도로 어려운 일이었습니다.

그러나 마침내 하나님은 두 가지 난제를 뛰어넘는 새로운 구원의 길을 여셨습니다. 우리는 쉽게 구원받을 수 있고 동시에 하나님은 자기 거룩에 전혀 손상이 가지 않는 길을 내놓으신 것입니다. 무엇인지 압니까? 예수 그리스도를 믿음으로써 구원받는 길입니다. 이 구원의 길이 21절에 나와 있습니다.

> 이제는 율법 외에 하나님의 한 의가 나타났으니….

이 말씀 중에서 '이제는'이라는 단어가 참 중요한 의미를 담고 있습니다. 이것은 일종의 전환점 역할을 합니다. 이전에는 율법을 지켜야 구원받는 길만이 열려 있었는데 이제는 새 길이 열렸다는 말입니다. 다시 말하면, 옛날에는 의를 행하여 하나님 앞에 인정받을 때만 구원을 얻을 수 있었는데 그것이 인간에게 불가능하므로 하나님이 다른 길을 열어놓으신 것입니다. 바로 "하나님의 한 의", 곧 하나님이 우리에게 내어놓으신 의의 길입니다.

이것은 '율법 외에' 나타난 길입니다. '율법 외에'라는 말은 율법을 폐기한다는 뜻이 아닙니다. 율법과 관계없이 우리가 의롭다고 인정받을 수 있는 다른 길이 열렸다는 것입니다. 이것은 사람이 찾거나 생각해낸 길이 아닙니다. 하나님이 우리를 위해 마련하신 참으로 복된 길입니다. 드디어 이 길이 나타났습니다. 구약시대가 종결되고 신약시대가 시작된 것입니다. 옛 언약은 폐하고 새 언약으로 하나님의 은총을 입은 시대가 되었습니다. 행하면 구원받는 율법 시대에서 믿기만 하면 구원받는 복음의 시대로 넘어온 것입니다.

예수님을 믿고 구원받는 이 길을 구약시대의 성도들은 모호하게 알고 있었습니다. 많은 선지자들과 주의 자녀들이 하나님께서 이 길을 열어주시리라 믿고 기다렸지만 그들이 느끼기에 그 길은 안개 속에서 앞을 더듬는 것처럼 모호했습니다.

그럼에도 그들은 믿고 기다렸습니다. 놀라운 믿음을 가지고 기다렸습니다. 무엇으로 알 수 있습니까? 로마서 4장을 보십시오. 구약시대의 인물인 아브라함의 믿음을 이상적인 표본이라고 소개하고 있지 않습니까?

그리고 "의인은 믿음으로 말미암아 살리라"(롬 1:17)라는 유명한 로마서의 주제 역시 구약의 하박국 2장 4절에서 인용한 것입니다. 그러므로 이 구원의 길은 막연히 혹은 갑자기 생긴 것이 아니라 율법과 선지자들이 오랫동안 증거했던 것임을 알 수 있습니다. 다시 말해 "율법과 선지자들에게 증거를 받은 것"(21절)이었습니다.

하나님의 놀라운 지혜이신 예수 그리스도의 십자가

이제 우리를 위해 열어놓으신 새로운 구원의 길에 대해서 구체적으로 살펴봅시다. 22절에서 이 길이 무엇이라고 말씀하고 있습니까?

> 곧 예수 그리스도를 믿음으로 말미암아 모든 믿는 자에게 미치는 하나님의 의니 차별이 없느니라.

이 말씀은 예수 그리스도를 믿는 사람이면 누구나 차별 없이 하나님께 의롭다 함을 받는다고 이야기합니다. 율법을 얼마나 잘 지켰느냐와는 관계없이 믿음 하나로 하나님께 의인이라고 인정받을 수 있는 길이 열렸다는 것입니다.

얼마나 기막힌 복음입니까? 우리의 상상을 초월하신 파격적인 처분이라 하지 않을 수 없습니다. 21절부터 24절까지의 말씀은 꼭 외워둘 필요가 있습니다. 외우면 외울수록 우리 안에서 솟아오르는 은혜의 생수가 될 것입니다. 그중에서도 23절은 지금까지 우리가 살펴본 1장 17절부터 3장 18절까지의 내용을 결론적으로 요약하고 있다는 점에서 매우 중요합니다.

<blockquote>모든 사람이 죄를 범하였으매 하나님의 영광에 이르지 못하더니.</blockquote>

모든 사람이 죄를 지어 하나님이 원하시는 영광을 잃어버렸다는 말입니다. "모든 사람이 죄를 범하였으매"라는 구절의 동사는 과거형입니다. 즉, 아담의 범죄를 가리킨다고 볼 수 있습니다. 그가 죄를 지을 때 인간은 모두 죄인이 되었던 것입니다.

그러나 단순히 그것만을 가리키는 것이 아닙니다. 원죄로 인하여 그 후에 뒤따르게 된 모든 죄까지 포함합니다. "이르지 못하더니"가 현재형이기 때문에 아담이 범죄한 죗값이 지금도 미치고 있다는 것을 말해줍니다. 우리 조상이 범죄한 결과로 우리는 하나님의 영광을 잃어버렸습니다.

하나님은 사람을 창조하실 때 자신의 형상을 따라 지으셨습니다. 하나님의 모습을 닮았다는 것은 너무나 큰 영광입니다. 그것 때문에 아담은 에덴동산에서 하나님과 교제를 나누는 특권을 누릴 수 있었습니다. 우리가 국제적으로 알려진 유명인사와 환담을 나누게 되면 매우 자랑스러워하지 않습니까? 하물며 창조자 하나님과 교제를 나눌 수 있었으니 그 영광을 말해 무엇하겠습니까?

또 하나님은 아담에게 하나님을 경배하고 영화롭게 할 수 있는 영광을 주셨습니다. 모든 피조물을 대표해서 하나님 앞에 찬송과 영광을 돌릴 수 있는 제사장의 영광을 그에게 안겨주신 것입니다. 뿐만 아니라 온 우주 만물을 다스릴 수 있는 통치권을 주셨습니다. 하나님이 자신의 통치권을 부분적으로 위임하신 것입니다. 이는 얼마나 큰 영광입니까?

그러나 아담과 함께 우리 모두가 죄를 범하자마자 이 영광을 잃게 되었습니다. 비록 하나님을 닮은 형상이 깡그리 망가지지는 않았지만 형편없이 손상을 입었습니다. 하나님과 교제하는 특권을 빼앗긴 채 에덴동산에서 쫓겨나야 했습니다. 하나님을 영화롭게도 아니하고 경배하지도 아니하는 악한 동물이 되고 말았습니다. 뿐만 아니라 온 우주 만물을 통치할 수 있는 통치권자로서의 위신도 깎이고 말았습니다.

그래서 우리가 사는 세상이 실락원으로 바뀌었습니다. 맹수들의 위협과, 천재지변의 공포와, 죽음과 질병 등이 주는 온갖 종류의 고통을 안고 하루하루를 살아야 하는 운명으로 바뀐 것입니다. 이 모두는 우리의 죄 때문에 빚어진 결과입니다. 다시 말해서 하나님의 영광에 이를 수 없는 비참한 운명이 된 것입니다.

그러나 하나님은 우리가 상실한 영광 이상의 것을 회복시키려고 하십니다. 이것이 구원입니다. 이 일을 위해 하나님께서는 정말 기가 막힌 방법을 쓰셨습니다.

이 예수를 하나님이 그의 피로써 믿음으로 말미암는 화목제물로 세우셨으니 이는 하나님께서 길이 참으시는 중에 전에 지은 죄를 간과하심으로 자기의 의로우심을 나타내려 하심이니(25절).

무슨 뜻입니까? 하나님은 그리스도 예수의 피를 제물로 삼으시고 누구든지 예수님을 믿으면 자기와 화목할 수 있도록 하셨다는 것입니다. "그의 피"는 십자가에서 못 박혀 희생되신 예수 그리스도의 생명을 의미합니다. 동시에 하나님은 자기의 거룩함과 공의를 손상시키지 않으면서 죄인인 우리를 의인으로 받을 근거를 마련하게 되었습니다. 다시 말해 우리가 전에 지은 모든 죄를 못 본 체하셔도 의로우신 자기의 입장이 조금도 다치지 않을 수 있게 하셨다는 것입니다. 그러므로 예수 그리스도의 십자가는 놀라운 하나님의 지혜입니다. 예수님의 죽으심에는 말로 다할 수 없이 큰 은혜가 담겨 있습니다. 이 은혜를 세 가지 관점에서 살펴보기로 하겠습니다.

**예수님의 죽으심에 담겨 있는
세 가지 은혜**

구속의 은혜

첫째로 예수님의 죽으심에는 우리를 구속하신 은혜가 들어 있습니다.

> 그리스도 예수 안에 있는 속량으로 말미암아 하나님의 은혜로 값없이 의롭다 하심을 얻은 자 되었느니라(24절).

여기에 나오는 "구속"이라는 말은 노예시장에서 통용되는 말입니다. 몸값을 지불하고 노예를 해방시키는 권리를 사는 것을 의미합니다. 우리가 잘 아는 바와 같이 죄의 삯은 사망입니다. 우리는 이미 죄를 범했기 때문에 그 죗값으로 말미암아 영원히 죽어야 마땅합니다.

그런데 예수님이 세상에 오셔서 우리가 치러야 할 죗값을 대신 치르고 십자가에서 죽으셨습니다. 우리가 십자가를 묵상할 때마다 '주님은 나 때문에 돌아가셨다', '저 십자가는 나를 위한 것이다', '내가 저기에 달려야 하는데 하나님의 아들이 달렸다'라고 믿는 이유가 주님이 우리를 대신하여 죄인으로 죽으셨기 때문입니다.

그러면 예수님은 십자가에서 우리의 죗값을 누구에게 지불하신 것일까요? 오리겐이라는 교부는 사탄에게 지불했다고 가르쳤습니다. 그러나 이 말은 논리에 맞지 않습니다. 하나님의 아들인 예수 그리스도가 무엇이 아쉬워서 사탄에게 값을 지불합니까? 절대 지불할 책임이 없습니다. 예수님은 우리의 죗값을 하나님께 지불하셨습니다.

우리가 범죄함으로 고통을 받으신 분은 하나님입니다. 우리가 죄인이 된 후 손해를 보신 분은 하나님입니다. 그러므로 그분께 갚는 것이 도리입니다. 예수님이 십자가에 달리신 것은 하나님의 본성인 거룩을 만족시켜드리기 위한 희생이었습니다. 우리가 범죄함으로 말미암아 하나님이 받으신 그 모든 손해를 주님이 십자가에서 다 보상해주신 것입니다.

화목제의 은혜

둘째로 예수님의 죽으심에는 우리의 화목제물이 되신 은혜가 들어 있습니다. 25절을 보면 '화목제물'이라는 말이 나오는데 이것은 하나님의 진노를 거두게 하는 제사를 말합니다. 창세기 6-8장의 노아 홍수 이야기를 보면 제사를 받으신 하나님께서 그 무서운 진노를 거두시는 장면이 나옵니다.

> 여호와께서 사람의 죄악이 세상에 가득함과 그의 마음으로 생각하는 모든 계획이 항상 악할 뿐임을 보시고 땅 위에 사람 지으셨음을 한탄하사 마음에 근심하시고 이르시되 내가 창조한 사람을 내가 지면에서 쓸어버리되 사람으로부터 가축과 기는 것과 공중의 새까지 그리하리니 이는 내가 그것들을 지었음을 한탄함이니라 하시니라(창 6:5-7).

당시에 사람들의 마음이 얼마나 악했던지 하나님이 사람 지으심을 한탄하시고 이 세상을 홍수로 심판하셨습니다. 그런데 하나님의 은총을 입고 유일하게 살아남은 노아 가족은 홍수가 끝난 다음 하나님께 제사를 드렸습니다. 하나님이 그 제사를 받으시고 무엇이라고 하셨는지 다음 말씀을 보면 알 수 있습니다.

> 노아가 여호와께 제단을 쌓고 모든 정결한 짐승과 모든 정결한 새 중에서 제물을 취하여 번제로 제단에 드렸더니 여호와께서 그 향기를 받으시고 그 중심에 이르시되 내가 다시는 사람으로 말미암아 땅을 저주하지 아니하리니 이는 사람의 마음이 계획하는 바가 어려서부터 악함이라 내가 전에 행한 것같이 모든 생물을 다시 멸하지 아니하리니(창 8:20-21).

짐승을 제물로 드리는 제사였지만 그것으로 하나님의 노가 풀렸습니다. 제사가 이만큼 대단한 것입니다.

그러나 예수 그리스도는 우리를 위해 자기의 죄 없는 몸을 제물로 드리셨습니다. 짐승 제물도 하나님의 노를 누그러뜨릴 수 있었다면 죄 없는 하나님의 아들을 제물로 드린 제사는 말해 무엇하겠습니까? 우리를 향한 하나님의 진노가 아무리 뜨거운 풀무불처럼 타올랐다 할지라도 예수님의 십자가를 보시고 그 노를 거두실 수밖에 없었습니다. 죄 없는 자기 아들의 죽음이 참으로 귀한 것이기 때문에 하나님은 진노를 거두시고 우리를 향해 두 팔을 활짝 벌리실 수밖에 없었던 것입니다.

십자가의 죽음에는 우리가 알아두어야 할 독특한 성격이 하나 있습니다. 그것은 주님의 죽음이 순교자의 죽음과 다르다는 것입니다. 순교자들은 자신이 장차 하나님 나라에 가서 생명의 면류관을 받을 것이라는 확신 때문에 기꺼이 생명을 내놓을 수 있었습니다. 그러나 예수님의 입장은 달랐습니다. 그분은 죽음을 가급적 피하려고 했습니다. 우리가 범한 죗값을 온통 짊어지는 저주의 죽음이었기 때문입니다. 순교자와 같은 영광스러운 죽음이 아니라 수치스러운 죽음이었기 때문입니다.

그러므로 우리는 주님의 십자가를 바라볼 때마다 주님이 얼마나 두려워하면서 받아들인 죽음인가를 잊지 말아야 합니다. 그러나 할 수 없이 죽으신 것이 아닙니다. 그분은 우리를 위해 기꺼이 생명을 바치셨습니다. 갈라디아서 2장 20절 후반부의 말씀이 이 사실을 잘 말해주고 있습니다. "나를 사랑하사 나를 위하여 자기 자신을 버리신 하나님의 아들"의 죽음이었습니다.

우리를 의롭게 하시는 은혜

세 번째로 예수님의 죽음에는 우리의 의가 되신 은혜가 들어 있습니다.

> … 또한 예수 믿는 자를 의롭다 하심이라(26절).

이것은 예수님의 의를 우리에게 돌려주셨다는 뜻입니다. 그러면 어떻게 해서 그분의 의가 우리의 것이 될 수 있었습니까?

예수님은 이 세상에 오셔서 두 가지 일을 하셨습니다. 하나는 우리를 대신하여 율법에 완전히 순종하신 것입니다. 다른 하나는 율법을 범한 우리가 받아야 할 모든 형벌을 십자가에서 대신 받으신 것입니다. 그분은 완전하신 하나님입니다. 그 자신으로는 율법을 지킬 의무가 전혀 없는 분입니다. 그럼에도 우리를 대신하여 율법이 요구하는 것을 다 충족시키신 다음 마치 우리가 한 것처럼 자기의 의를 우리의 것으로 돌려주셨습니다. 이는 예수님이 우리에게 의의 옷을 입혀주신 것과 같다고 할 수 있습니다. 그리고 하나님은 예수님의 의를 우리의 의로 받으신 것입니다.

이것을 일컬어 '의롭다 함을 받는다'고 합니다. 예수님의 의 때문에 의인이 아닌 우리가 의인 취급을 받게 되었습니다. 법정에서 볼 수 있는 판사의 판결과 흡사합니다. 판사가 "무죄를 선고합니다" 하면 피고에게 비록 미심쩍은 구석이 있다 할지라도 혐의가 없는 자로 인정되어 풀려나게 됩니다. 마찬가지로 우리는 율법을 지키지 못한 죄인임에도 예수님의 의로 인하여 하나님 앞에서 의인으로 인정받는 것입니다.

이것이 얼마나 큰 은혜입니까? 이런 의미에서 예수 그리스도의 십자가는 우리가 용서받는 길이 될 뿐 아니라 하나님의 용서가 가능하도록 만든 하나님의 지혜가 된 것입니다. 다시 말하면 예수님의 십자가는 우리가 구원을 얻는 길도 되지만 하나님이 우리를 구원할 수 있게 하는 길도 된다는 말입니다. 이 진리를 알면 우리 모두가 바울처럼 탄복하지 않을 수 없게 됩니다.

> 깊도다 하나님의 지혜와 지식의 풍성함이여, 그의 판단은 헤아리지 못할 것이며 그의 길은 찾지 못할 것이로다(롬 11:33).

만일 예수 그리스도가 없었다면 우리는 어떻게 되었을까요? 우리가 죽어서 가야 할 곳은 뻔합니다. 죄의 삯은 사망이니까 가는 길은 정해져 있습니다.

지옥에 간다고 상상해보세요. 얼마나 소름이 끼칩니까? 그런데 예수 그리스도께서 우리를 천국 백성이 되게 하셨으니 얼마나 놀라운 은혜입니까? 구원받을 자격이 없는 우리를 하나님의 자녀가 되게 하셨으니 얼마나 놀라운 은혜입니까? 우리에게 잃어버린 영광을 회복시켜주시고 의롭다고 인정해주시고 영생을 소유하게 하셨으니 얼마나 큰 은혜입니까? 앞을 보아도 은혜요, 뒤를 보아도 은혜요, 좌로 보아도 은혜요, 우로 보아도 은혜입니다.

24절 중간을 보면 "하나님의 은혜"라는 말이 나옵니다. 은혜라는 단어는 신약성경에 155회 나옵니다. 그 가운데 바울이 100회 이상 사용했습니다. 단일 성경 중에서 은혜라는 단어가 가장 많이 나오는 곳은 로마서인데 무려 24회나 사용된 것을 볼 수 있습니다.

은혜는 '기쁨' 혹은 '기쁨을 일으키는 것', '기쁨을 주는 것'이라는 뜻이 있습니다. 그러므로 은혜는 복음을 한마디로 요약해놓은 말이라고 해도 과언이 아닙니다. 받은 은혜가 클수록 기쁨도 점점 커집니다. 하나님의 은혜를 생각하면 할수록 우리의 감격은 더욱 커지게 마련입니다.

주일학교 교사들이 어린 꼬마들에게 주님의 사랑을 가르치면서 흔히 사용하는 예화가 있습니다. 옛날 어느 나라에 선한 임금님이 있었습니다. 그는 나라를 평안하게 다스리려고 했지만 백성들이 자꾸 죄를 범하자 엄한 국법을 만들었습니다. 그리고 누구든지 법이 금하는 죄를 지으면 그의 두 눈을 뽑을 것이라고 공포했습니다.

그런데 하나밖에 없는 왕자가 그만 범죄를 저지르고 말았습니다. 법대로 하면 왕자의 두 눈이 뽑혀야 하지만, 그렇게 되면 왕위를 계승하는 데 문제가 생깁니다. 두 눈을 잃은 왕이 어떻게 정사를 잘 돌볼 수 있겠습니까? 그렇다고 해서 자신이 공포한 법을 무효화시키면 왕의 권위에 치명적인 손상을 입게 됩니다. 법은 법대로 살리고 아들도 살릴 길이 없나 고민하던 왕에게 지혜로운 방법이 떠올랐습니다. 아들의 눈 하나와 자기의 눈 하나를 뽑는 것입니다. 그렇게 하면 법을 지킬 수 있고 아들이 눈이 머는 불행도 막을 수 있기 때문입니다. 자식을 위한 사랑이 참으로 대단한 왕이었습니다.

우리가 어린 시절 이 동화를 들으면서 얼마나 감격했습니까? 저는 생생하게 기억하고 있습니다. 하지만 이 이야기를 우리가 구원받은 은혜에 액면 그대로 적용하기에는 부적절합니다. 왜냐하면 우리는 아무런 조건 없이 구원받았기 때문입니다. 우리는 그 왕처럼 한쪽 눈이 뽑히지 않았습니다. 구원을 받기 위해 우리가 한 일은 하나도 없습니다. 하나님이 마련해놓으신 것을 믿음으로 받기만 하면 됩니다. 그래서 은혜라는 것입니다.

이 귀한 은혜를 생각하면

　　　　　　　　　　우리가 이 놀라운 은혜를 받았는데 가만히 앉아 있을 수 있습니까? 이 귀한 은혜를 생각하면 자다가도 벌떡 일어나 감사하고 싶지 않습니까?

아프리카에서 수고하시는 어느 선교사로부터 편지를 받았습니다. 이런 내용이 담겨 있었습니다. "목사님, 복음을 위해 쓰임받는다는 기쁨을 안고 아프리카에 도착했습니다. 낯선 땅 밀림 지역에서 몇 주 동안 열심히 복음을 전했습니다. 그런데 그만 말라리아에 걸려 죽을 고생을 했습니다. 약을 써보지도 못한 채 움막에서 혼자 신음하는데 너무나 고통스러웠습니다. 아픔을 견디려고 애를 쓰다가 목사님의 설교 테이프를 틀었습니다. 그랬더니 〈주님의 뜻을 이루소서〉라는 찬송이 흘러나왔습니다. 왈칵 눈물이 쏟아졌습니다. 주님의 은혜를 생각하면 할수록 뜨거운 눈물이 저의 두 볼을 타고 흘러내렸습니다."

왜 이 젊은이가 적도에 위치한 나라까지 가서 그 고생을 감수합니까? 당신에게도 이런 복음의 감격이 있습니까?

존 버니언의 《천로역정》은 성경에 버금가는 고전입니다. 주인공의 이름은 '크리스천'입니다. 그런데 그의 본명을 기억하는 사람은 그다지 많지 않습니다. 그의 원래 이름은 영어로 Gracelessness, 우리말로는 하자면 '은혜 없음'입니다.

우리 역시 마찬가지입니다. 우리의 원래 이름은 '은혜 없음'입니다. 그러나 우리가 예수님을 믿고 구원을 얻은 다음에는 '은혜 있음'으로 이름이 달라졌습니다. 예수님을 모르면 은혜 없이 사는 자요, 예수님을 믿으면 은혜로 사는 사람입니다.

존 버니언이 십자가의 은혜를 소재로 쓴 감동적인 글이 있습니다. "하나님의 아들인 당신은, 자신의 겸손으로 은혜가 무엇인지 확증하셨습니다. 은혜가 당신을 비천하게 만들고 모욕당하게 했습니다. 은혜가 당신에게 형언할 수 없는 죄의 짐을, 눈물의 짐을, 저주의 짐을 지게 했습니다. 오! 하나님의 아들이시여, 은혜는 당신의 모든 눈물 속에 있었습니다. 은혜는 당신의 옆구리에서 흐른 피와 함께 흘러나왔습니다. 은혜는 당신의 부드러운 입술을 통해 나온 모든 말씀과 함께 다가왔습니다. 은혜는 채찍으로 맞은 당신의 그곳에서, 가시로 찔린 당신의 그곳에서 그리고 못이 박힌 당신의 그곳에서 나타났습니다. 바로 여기에 진정한 은혜가 있습니다. 천사들을 경탄케 한 은혜, 죄인들을 복되게 한 은혜, 마귀들을 놀라게 한 은혜."

얼마나 기막힌 주님의 은혜입니까? 나 같은 죄인을 살리려고 하나님은 이 구원의 길을 마련하셨습니다. 이 십자가의 은혜로 우리는 값없이 의롭다는 인정을 받았습니다. 이 은혜를 생각하면 할수록 터져 나오는 감사와 감격을 주체할 수 없습니다. 이 놀라운 기쁨을 맛본 사람이 어떻게 그 은혜에 보답하지 않고 살 수 있겠습니까? 우리 주님을 찬양합시다. 우리 주님께 영광을 돌립시다. 우리 주님을 위해 헌신합시다. 이것이 우리 인생의 과제요, 목적인 것을 다시 한 번 기억합시다.

11

자랑할 데가 어디냐

로마서 3장 27-31절

27 그런즉 자랑할 데가 어디냐 있을 수가 없느니라 무슨 법으로냐 행위로냐 아니라 오직 믿음의 법으로니라 28 그러므로 사람이 의롭다 하심을 얻는 것은 율법의 행위에 있지 않고 믿음으로 되는 줄 우리가 인정하노라 29 하나님은 다만 유대인의 하나님이시냐 또한 이방인의 하나님은 아니시냐 진실로 이방인의 하나님도 되시느니라 30 할례자도 믿음으로 말미암아 또한 무할례자도 믿음으로 말미암아 의롭다 하실 하나님은 한 분이시니라 31 그런즉 우리가 믿음으로 말미암아 율법을 파기하느냐 그럴 수 없느니라 도리어 율법을 굳게 세우느니라

지금 우리가 펼쳐놓은 말씀 초두에서 중요한 질문 한 가지를 발견합니다. "그런즉 자랑할 데가 어디냐?" 그리고 이어서 "있을 수가 없느니라!"라는 단호한 대답이 나옵니다. 이 질문과 대답이 본문의 핵심이라 할 수 있습니다. 만일 우리가 이 시간에 읽은 말씀을 바로 깨달을 수 있다면 로마서 전체 내용을 절반 정도 터득했다고 해도 과언이 아닐 것입니다.

구원의 가장 큰 걸림돌

하나님 앞에 자기의 자랑거리를 들고 나아가려 한다면, 그는 아주 교만한 사람입니다. 예수님을 믿는 데 가장 큰 걸림돌을 들라면 교만을 꼽을 수 있습니다. 교만이야말로 믿음이 자라지 못하도록 하고 믿음을 병들게 만드는 무서운 독소인 것을 우리는 이미 경험적으로 알고 있습니다. 우리 조상이 최초로 범죄할 때부터 교만은 빠지기 쉬운 함정이었습니다. "눈이 밝아져 하나님과 같이"(창 3:5) 되고 싶어 했던 하와의 교만은 비참한 인간 타락의 전주곡이 되었습니다. "가장 높은 구름에 올라가 지극히 높은 이와 같아지리라"(사 14:14) 하고 뻐기던 천사의 교만은 사탄의 출현을 알리는 팡파르가 되고 말았습니다. 그만큼 교만은 하나님 앞에서 용납될 수 없는 죄입니다. 우리는 하나님이 교만을 가장 미워하신다는 사실을 항상 명심할 필요가 있습니다.

위대한 설교자 스펄전은 교만에 관해서 참 재미있는 말을 했습니다. "하나님이 다른 죄는 손가락으로 다루시지만 교만은 팔을 걷어붙이고 다루신다. 탐심에 대해서는 무거운 심판을 내리시지만 교만에 대해서는 열 배로 더 무거운 심판을 내리신다." 하나님이 교만한 자를 얼마나 싫어하시는지 실감 나게 표현한 말입니다.

한번 생각해보세요. 온통 죄악투성이인 인간이 하나님 앞에서 무엇인가를 내세우며 자랑하려고 한다면 이것이 얼마나 가당찮은 모순입니까? 거룩하고 완전하신 하나님이 보시기에 얼마나 흉하고 사나운 꼴이겠습니까?

저는 한 형제를 만나기 위해 교도소를 방문한 적이 있습니다. 그곳에서 특별 면회를 신청해놓고 장시간을 기다렸습니다. 다행히 면회가 허락되어 난생처음 교도소 깊숙한 곳까지 들어갔습니다. 한참 복도를 걸어가는데 벽에 붙여놓은 어떤 글귀가 눈에 들어왔습니다. 그 내용이 아주 인상적이라 인용해봅니다. "행동은 낮게 가지고, 이상은 높게 가져라." 처음에는 행동을 낮게 가지라는 말을 이해하지 못했습니다. '교도소에 들어오면 말을 하지 않아도 모두 기가 죽어버리는데 거기에다 또 행동을 낮게 가져야 할 이유가 무엇일까?' 하고 생각한 것입니다.

그러나 얼마 지나서 이 글에는 깊은 뜻이 담겨 있다는 것을 알았습니다. 나중에 들으니까 교도소에 들어왔다고 해서 다 허리를 굽히고 고분고분하게 생활하는 것이 아니라고 합니다. 자기의 사회 경력을 가지고 거만을 떠는 자가 있는가 하면 자기는 잘못이 없다며 큰 소리를 치는 자들이 적지 않습니다. 이런 자들에게는 행동을 낮게 가지라는 충고가 필요하다는 것입니다. 일리가 있다고 생각됩니다.

사회에서 아무리 높은 지위에 있었다고 해도 교도소 안에서는 아무런 의미가 없습니다. 그런데도 자기의 과거 경력을 내세우면서 거만하게 거드름을 피운다면 교도관이 보기에 얼마나 눈꼴 사납겠습니까? 일단 죄수복을 입었으면 죄수답게 처신해야 마땅합니다.

우리도 마찬가지입니다. 우리 모두는 하나님 앞에서 죄인입니다. 우리가 어떻게 고개를 뻣뻣이 들 수 있습니까? 우리는 죄수복을 입은 죄인답게 겸손해야 합니다. 그런데도 자랑할 것이 있다고 거드름을 피우고 거만하게 으스댄다면 하나님인들 그런 죄인을 어떻게 가만히 두실 수 있겠습니까? 하나님이 교만한 자를 싫어하시는 것은 지극히 당연합니다.

**인간이 교만할 수 없는
세 가지 이유**

본문에서 다음과 같은 질문 세 가지를 찾아볼 수 있습니다. "자랑할 데가 어디냐?"(27절), "유대인의 하나님이시냐?"(29절), "율법을 파기하느냐"(31절). 이 세 가지 질문은 서로 관련이 없는 것처럼 보이지만 실제로는 논리적인 연계성을 갖고 있습니다. 전체를 끌어가는 주제가 같기 때문에 별개의 내용으로 다룰 수 없습니다. 주제는 24절 말씀입니다.

> 그리스도 예수 안에 있는 속량으로 말미암아 하나님의 은혜로 값없이 의롭다 하심을 얻은 자 되었느니라.

다시 말하면, 우리가 예수 그리스도를 믿음으로 말미암아 하나님의 은혜로 값없이 구원을 얻었다는 말입니다. 27절에서는 오직 '믿음의 법'으로 구원을 얻었다고 합니다. 여기서의 '법'은 '방법'이라는 의미가 있습니다. 우리가 믿음이라는 방법을 통해서 하나님 앞에 의롭다 함을 받고 구원을 얻게 된 것입니다. 믿음으로 구원 얻는 자에게 자랑할 것이 무엇입니까? 결국 사도 바울이 강조하려는 말씀의 요지는, 인간은 하나님 앞에 자랑할 것이 아무것도 없으며 하나님은 인간이 자기 앞에 자랑할 만한 것을 하나도 남겨놓지 않으셨다는 사실입니다. 하나님은 인간이 자랑할 수 없도록 세 가지 안전장치를 해놓으셨습니다. 세 가지 질문을 통해 이 안전장치가 무엇인지 살펴보겠습니다.

선으로 구원받지 못한다

첫째로 하나님은 인간이 자랑할 수 있는 모든 선행을 배제하십니다.

> 그런즉 자랑할 데가 어디냐 있을 수가 없느니라…(27절).

율법을 잘 지켰다고 해서 하나님께 자랑할 수 없습니다. 더욱이 사람은 절대로 율법을 완전하게 지킬 수 없습니다. 우리가 설령 100가지 중 99가지를 지켰다고 해도 남은 한 가지를 지키지 못하면 율법을 범한 사람이 됩니다. 그리고 외양상으로는 다 지켰다고 해도 마음으로 악을 품으면 율법을 범한 사람이 됩니다. 하나님이 우리에게 명령하신 대로 마음을 다하고, 뜻을 다하고, 힘을 다하고, 목숨까지 다해서 하나님을 사랑할 수 있는 자가 있습니까? 그런 사람은 하늘 아래 한 사람도 존재하지 않습니다. 그 누구도 율법을 완전하게 지키지 못합니다. 오직 예수님을 믿음으로써만 구원 얻게 하신 이유가 어디에 있을까요?

> 너희는 그 은혜에 의하여 믿음으로 말미암아 구원을 받았으니 이것은 너희에게서 난 것이 아니요 하나님의 선물이라 행위에서 난 것이 아니니 이는 누구든지 자랑하지 못하게 함이라(엡 2:8-9).

우리에게 선한 구석이 하나도 없다는 것을 너무나 잘 아셨기 때문에, 하찮은 것 가지고 자랑하지 못하도록 믿음까지 선물로 주셔서 구원받게 하신 것입니다.

그런데 참으로 놀라운 사실은 사람들이 교만을 끝까지 버리지 못한다는 것입니다. 구원받는 방법이 너무 쉬워서 못마땅하다는 식으로 불평하는 사람을 가끔 만날 수 있습니다. '믿기만 하면 구원받는다니 뭐가 그래? 너무 싱거운 것 같아. 무엇인가 요구를 좀 해야지'라고 생각합니다. 이들은 자기 공로를 드러내기 좋아하는 유대인과 흡사한 데가 있는 사람입니다.

이 세상에서 유대인만큼 자기 자랑거리가 많은 사람도 드물 것입니다. 바울의 예를 보면 이런 사실을 잘 알 수 있습니다. 빌립보서 3장 5-6절은 바울이 예수님을 믿기 전에 얼마나 교만한 사람이었는지를 입증해줍니다.

> 나는 팔 일 만에 할례를 받고 이스라엘 족속이요 베냐민 지파요 히브리인 중의 히브리인이요 율법으로는 바리새인이요 열심으로는 교회를 박해하고 율법의 의로는 흠이 없는 자라.

바울은 할례를 받았다고 자랑합니다. 선민이라고 자랑합니다. 왕의 후손이라고 자랑합니다. 순수 혈통이라고 자랑합니다. 경건하다고 자랑합니다. 유대교에 충성했다고 자랑합니다. 완전주의자라고 자랑합니다. 예수님을 믿기 전의 바울은 이 정도로 교만한 사람이었습니다. 자기 자랑을 즐겨 하던 사람이었습니다. 자랑하기를 좋아하는 것은 유대인의 근성입니다. 그리고 그들은 그 자랑거리를 가지고 구원 얻을 수 있다고 믿는 사람들입니다.

유대교의 어느 종파는 하나님의 율법을 지킨 내용을 상세하게 장부에 기록한다고 합니다. 율법을 잘 지켰는지 아닌지를 점검하기 위해서 주부들이 가계부를 기록하듯이 조목조목 항목을 기록합니다. 다시 말하면 율법 조항을 가지고 출납 장부를 만드는 것입니다. 율법 조항을 지켰을 때는 수입란에, 율법을 지키지 못했을 때는 지출란에 기장을 합니다. 이것은 자기의 선행을 하나님이 인정해주셔야 한다고 무언의 압력을 넣는 것이나 다름없습니다. 결국 하나님을 채무자로 만드는 짓입니다. 자기 공로를 드러내기 좋아하는 유대인의 근성을 가장 잘 알 수 있는 실례가 아닌가 합니다.

유대인만 교만하고 자랑하기를 좋아합니까? 아닙니다. 우리도 마찬가지입니다. 율법을 모르는 우리 이방인들도 자랑하기를 좋아하는 본성은 유대인과 다를 바 없습니다. 구원받는 일에도 자기가 한몫하기를 바라는 심정은 어떤 사람에게나 다 있습니다. 누구라도 할 수만 있으면 하나님 앞에 나설 때 떳떳하기를 바라기 때문입니다. 그래서 사람들은 자기가 베푼 선행은 잘 기억해둡니다. 가끔 자기의 선행에 대해서만은 비상한 기억력을 발휘하는 사람을 볼 수 있는데, 이것은 자랑하고자 하는 본성이 그만큼 강하다는 것을 의미합니다.

스트로맨이라는 연구원이 교회를 드나드는 청년 7,000명을 대상으로 조사한 자료가 있습니다. 그 내용을 간단하게 소개합니다. "당신이 하나님께 인정받으려면 무엇이 필요하다고 보십니까?"라는 질문에 응답자 60퍼센트 이상이 선한 생활에 힘쓰는 것이라고 대답했습니다. "하나님이 참으로 만족하시는 삶을 살려면 어떻게 해야 합니까?"라는 질문에 응답자의 70퍼센트 이상이 최선을 다해야 한다고 대답했습니다.

이 통계 자료는 무엇을 시사하고 있습니까? 교회 안에 공로주의가 만연해 있다는 것을 나타내줍니다. 하나님은 이런 공로주의를 배격하십니다. 그래서 오직 믿음으로만 구원받도록 하셨습니다. 사람들의 지혜는 무엇인가 인정받기를 원하는데 하나님은 절대로 그것을 허락하지 않으십니다.

얼마 전 제가 시무하는 교회의 권사님 한 분이 저를 찾아왔습니다. "목사님, 로마서 설교를 계속 들으니 정말 가슴이 답답합니다. 죄 이야기만 듣고 있으니 얼마나 부담이 되는지 몰라요. 목사님, 설교 내용을 좀 바꾸실 의향 없으세요?" 나는 그 말을 듣고 "성경이 그렇게 가르쳐주시는데 난들 도리가 있습니까? 아무리 듣기 싫어도 들어야 합니다. 저는 그대로 설교할 거예요" 하고 단호하게 말했습니다. 눈을 떠보니 다행히 꿈이었습니다. 이런 꿈을 꾸는 것을 보니 로마서 강해를 듣는 성도들이 죄의식을 많이 느끼는 모양이라고 생각되었습니다. 그리고 그것이 사실이라고 믿습니다.

아직도 자기가 하나님 앞에 죄인이라는 인식이 생기지 않는다면 그는 여전히 자랑할 것이 있다고 생각하는 사람입니다. 자신을 한번 돌아보십시오. '나는 누가 뭐라 해도 천성이 착한 사람이야'라고 은근히 자부하고 있습니까? 그렇다면 당신은 하나님 앞에 자랑하고 싶어 하는 구석이 있다는 것을 인정해야 합니다. 하나님은 가문이나 학벌, 경력, 남다른 성공 등을 내세우는 사람을 미워하십니다. 사람의 마음을 꿰뚫어 보시는 하나님 앞에서 어떻게 우리가 자랑할 수 있단 말입니까?

미국에 유학 간 우리나라 청년에게 어떤 사람이 물었습니다. "당신은 예수님을 믿는 사람입니까?" 그랬더니 그 한국 학생이 가소롭다는 듯이 웃으며 대답하더랍니다. "우리 아버지가 신학대학 학장입니다." 예수님을 믿는 것과 자기 아버지 지위가 무슨 상관이 있습니까? 믿음 좋은 가문처럼 보이는 것이 무슨 의미가 있습니까? 그 학생의 잠재의식 속에는 가문을 가지고 자기를 드러내고 싶어 하는 교만이 숨어 있는 것입니다.

우리가 특히 경계해야 할 사실이 하나 있습니다. 우리의 믿음까지도 자랑거리가 되어서는 안 된다는 것입니다. 믿음도 하나님이 미워하시는 자기 자랑이 될 수 있습니다. 자기의 믿음이 좋다고 자랑한다면 그 믿음도 자기의 공로로 비칠 수 있기 때문입니다. 성경을 보면 "믿음 때문에" 구원을 얻는다는 말씀은 한 군데도 없습니다. 만약에 우리가 믿음 때문에 구원받는다면 "하나님, 내 믿음 여기 있나이다" 하며 자랑거리로 들고 나가려 할지도 모릅니다.

성경은 "믿음으로", "믿음에 의해서", "믿음을 통해서" 구원받는다고 말씀합니다. 믿음 때문에 구원받는다고 하지 않습니다. 믿음은 구원의 수단이요 매개체입니다. 결코 구원의 근거가 되지 못합니다. 내가 잘나서 믿음이 좋다고 생각하는 사람은 영적으로 병든 사람입니다. 믿음은 전적으로 하나님이 주신 선물입니다.

또 하나 위험 요소가 있습니다. 경건생활을 위한 노력을 자랑하기 쉽다는 것입니다. 예수님을 믿는 사람은 매일 기도하며 말씀 묵상에 힘씁니다. 그런데 이것을 하나님 앞에 자랑한다면 그는 진실한 신앙인이라고 할 수 없습니다. '새벽부터 교회에 나가 3시간이나 기도했어. 또 집에 돌아와 1시간 동안 큐티를 했어. 이만큼 경건생활에 힘쓰면 하나님이 인정해주실 거야.' 이는 성령이 주시는 마음이 아닙니다. 이런 마음이 생긴다면 그는 하나님 앞에서 자기 경건을 자랑하는 사람입니다. 아무리 기도를 많이 해도, 아무리 성경을 많이 읽어도, "주여, 나는 죄인입니다. 자랑할 것이 하나도 없습니다"라고 고백하는 사람이 바른 신앙인입니다.

우리 예수 믿는 사람들은 남 모르게 구제하기를 좋아합니다. 세상 사람들이 꺼리는 궂은일도 주님을 사랑하는 마음으로 기꺼이 합니다. 그러나 이와 같은 헌신도 하나님 앞에 자랑거리가 되면 안 된다는 것을 알아야 합니다. 여기에서 우리는 구원과 선행의 관계를 분명히 알아둘 필요가 있습니다. 가톨릭과 개신교는 선행을 다루는 면에서 상당한 견해 차이가 있습니다. 가톨릭에서는 선행과 구원을 수단과 목적의 관계로 봅니다. 선행은 수단이요, 구원은 목적입니다. 그러므로 그들은 구원받기 위한 목적으로 선행에 힘쓰고 있습니다. 이런 경우에는 선행이 자랑거리가 될 수 있습니다. 그리고 가톨릭 신자는 선행을 하지 않아도 그다지 비난을 받지 않습니다. 왜냐하면 자기가 구원받기 싫어서 선행을 안 한다고 하면 그만이기 때문입니다.

반면에 예수님을 믿음으로만 구원받는다는 복음을 믿는 우리에게는 선행과 구원이 원인과 결과의 관계가 됩니다. 즉, 구원을 받았기 때문에 선행에 힘쓰는 것입니다. 구원받은 것이 원인이요, 선행은 결과입니다. 자랑하기 위해서 선행하는 것이 아닙니다. 자랑하기 위해서 경건하게 살고 헌신하는 것이 아닙니다. 나 같은 죄인을 십자가의 보혈로 하나님의 자녀 삼아 주신 은혜가 너무 감사해서 의롭게 살려고 하는 것입니다.

그러므로 구원받은 사람이 선하게 살려고 하지 않으면 마땅히 질책을 받아야 합니다. 값없이 구원을 받고 왜 그 모양으로 사느냐고 하면 할 말이 없어집니다. 이와 같이 구원받은 것에 감사해서 하는 선행은 자기 자랑이나 공로가 될 수 없습니다. 그것은 자랑거리가 아니라 피할 수 없는 책임이 됩니다. 그러므로 우리가 아무리 선행을 베풀어도, 아무리 경건생활에 힘써도 하나님 앞에 자랑거리가 못 된다는 것을 꼭 기억해야 합니다.

사랑하는 여러분, 하나님은 어떤 사람을 인정하시는지 아십니까? 자기가 죄인인 줄을 아는 사람입니다. 아무리 믿음이 좋아도 하나님 앞에서 자랑하지 않는 사람입니다. 아무리 경건생활에 힘써도 그것을 내세우지 않는 사람입니다. 자기 몸을 불사르기까지 헌신해도 자랑하지 않는 사람입니다. 오직 믿음으로 예수를 붙드는 자를 하나님이 받으십니다.

예수 외에는 구원의 길이 없다

두 번째로 하나님은 인간이 자랑할 수 있는 구원의 길을 다 배제하십니다. 하나님은 예수 외에는 어떤 구원의 길도 인정하지 않으십니다. 29절과 30절 말씀을 보기 바랍니다.

> 하나님은 다만 유대인의 하나님이시냐 또한 이방인의 하나님은 아니시냐 진실로 이방인의 하나님도 되시느니라 할례자도 믿음으로 말미암아 또한 무할례자도 믿음으로 말미암아 의롭다 하실 하나님은 한

분이시니라.

하나님은 유대인의 하나님만이 아니라 이 세상 모든 사람의 하나님입니다. 그분의 눈에는 유대인, 이방인의 구별이 없고 선한 자, 악한 자의 구별도 없습니다. 모든 사람이 오직 예수님을 믿음으로써 구원 얻어야 할 죄인으로 보일 뿐입니다. 우리에게 구원을 허락하시는 분은 오직 하나님 한 분뿐입니다.

천상천하에 하나님이 한 분이라는 사실이 왜 중요한지 압니까? 그리고 유대인에게나 이방인에게나 하나님은 동일한 한 분이라는 것이 왜 중요한지 압니까? 하나님이 한 분이기 때문에 그분이 열어놓은 구원의 길도 하나밖에 없다는 사실을 이야기하고 있기 때문입니다. 하나님께는 유대인을 구원하는 방법이나 이방인을 구원하는 방법이 다르지 않습니다. 오직 믿음으로만 구원 얻을 수 있습니다. 그 외에는 죄인이 의인으로 인정받아 천국에 들어가는 구원의 길이 없습니다. 이런 의미에서 세상의 다른 종교는 모두 거짓되고 허황된 것입니다.

일전에 종교 다원주의 논쟁이 신문지상에 보도된 적이 있습니다. 기독교대한감리회 특별총회는 감신대 학장인 변선환 박사와 동 대학의 홍정수 교수를 징계하기로 결정하고 목사직과 교수직을 박탈하는 데 동의했습니다. 그들은 학생들에게 '교회 밖에도 구원이 있다', '다른 종교를 통해서도 구원받을 수 있다', '구원의 길은 다양하다'라는 내용을 가르쳤다고 합니다. 그들이 주장하는 논리는 오직 예수만이 구원의 길이라고 가르치는 성경 말씀을 액면 그대로 거부하는 것입니다.

그러므로 그들이 지위와 자격을 박탈당한 것은 당연한 일입니다.

예수님 외에는 구원의 길이 없습니다. 디모데전서 2장 5절 말씀이 이를 증명하고 있습니다.

> 하나님은 한 분이시요 또 하나님과 사람 사이에 중보자도 한 분이시니 곧 사람이신 그리스도 예수라.

하나님이 한 분이기 때문에 인간이 하나님 앞으로 나올 수 있도록 중보자 역할을 하시는 분도 예수 그리스도 한 분뿐입니다.

구원의 길이 여러 갈래 있다고 가정해봅시다. 그렇다면 불교 신자는 하나님 앞에 무엇을 들고 나가서 자랑할까요? 모르기는 해도 아마 참선이 아닐까 생각합니다. 어떤 스님은 도봉산에 있는 암자에서 6년 동안 벽만 바라보고 앉아 참선을 했다고 합니다. 그는 이것을 하나님 앞에 자랑거리로 들고 나올 것이 뻔합니다.

예배 의식을 철저히 지키는 데 있어 이슬람교도를 따를 사람이 있을까요? 그들은 하루에 다섯 번 예배 의식을 행하는데 일출, 정오, 하오, 일몰, 심야 등 정해진 시간을 어기지 않고 철저하게 지킵니다. 비행기를 타고 가다가도 예배 시간이 되면 복도에 나와 메카를 향해 절을 합니다. 그들은 하나님 앞에 이것을 자랑거리로 들고 나올 것이 분명합니다.

고행을 하는 데 있어 힌두교도를 따라갈 수 있습니까? 계율을 엄격히 지키는 데 있어 바리새인을 능가할 사람이 있습니까? 누가복음 18장 11-12절을 보면 바리새인이 하나님 앞에서 고개를 들고 자기를 자랑하고 있는 장면을 목격할 수 있습니다.

> 바리새인은 서서 따로 기도하여 이르되 하나님이여 나는 다른 사람들

> 곧 토색, 불의, 간음을 하는 자들과 같지 아니하고 이 세리와도 같지 아니함을 감사하나이다 나는 이레에 두 번씩 금식하고 또 소득의 십일조를 드리나이다 하고.

기독교를 제외한 다른 종교는 인간의 공로를 인정하며 그 공로에 따라 구원이 결정된다고 가르칩니다. 왜 힘들게 참선을 합니까? 왜 기도 시간을 지킵니까? 왜 고생스럽게 고행을 합니까? 왜 위선으로 계율을 지킵니까? 모두가 자기 자랑거리를 내놓으려고 하는 짓입니다. 그러나 하나님은 인간의 자랑을 근원적으로 봉쇄하십니다.

> 다른 이로써는 구원을 받을 수 없나니 천하 사람 중에 구원을 받을 만한 다른 이름을 우리에게 주신 일이 없음이라 하였더라(행 4:12).

예수님만이 구원자입니다. 예수 믿는 것만이 구원의 길입니다.

인간에게는 자랑할 수 있는 어떤 의도 없다

세 번째로, 하나님은 인간이 자랑할 수 있는 모든 의를 배제하십니다. 하나님은 예수 그리스도 외에는 어떠한 의라도 거부하십니다.

> 그런즉 우리가 믿음으로 말미암아 율법을 파기하느냐 그럴 수 없느니라 도리어 율법을 굳게 세우느니라(31절).

믿음으로만 구원을 얻으니까 율법이 소용없다고 착각하기 쉽습니다. 그러나 이것은 잘못된 생각입니다. 예수님을 믿음으로 구원을 얻는 것이야말로 율법을 폐하는 것이 아니라 율법을 세우는 것이 됩니다. 예수님의 말씀을 들어봅시다.

> 내가 율법이나 선지자를 폐하러 온 줄로 생각하지 말라 폐하러 온 것이 아니요 완전하게 하려 함이라(마 5:17).

예수님은 죄인인 우리를 의인 되게 하시려고 율법을 완전히 지키시고, 완성하셨습니다. 우리가 지키지 못하는 율법을 주님이 대신 순종하셨고, 우리 대신 십자가에서 율법의 심판을 받으셨으며, 그 결과 하나님의 거룩을 천하에 나타내셨습니다. 예수님은 율법에 있는 모든 예언을 완전히 성취하셨습니다. 하나님께서는 예수님이 율법에 철저히 순종하고 완성하신 것을 통해서 나타난 그의 의를 우리의 의로 돌려놓으십니다. 그래서 우리가 믿음으로 예수님을 붙들면 그분의 의가 하나님 앞에서 나의 의가 되는 것입니다. 하나님은 율법을 완전케 하신 예수님의 의를 가지고 자기 앞에 나오는 자만을 의인으로 받아주십니다.

이런 의미에서 율법의 완성자이신 그분을 믿는 사람은 율법을 굳게 세우는 자가 되는 것입니다. 따라서 우리는 하나님 앞에 자랑할 만한 것이 하나도 없는 사람들입니다. 예수님의 의를 가지고 하나님 앞에 서는 처지에 무엇을 자랑할 수 있겠습니까? 자랑할 것이 있다면 예수님이 우리를 위해 순종하시고 죽어주신 것밖에 없습니다. 오직 예수님의 의만 찬양해야 합니다.

예수만이 우리의 자랑

저는 이 본문을 보면서 알버트 슈바이처 박사를 생각했습니다. 슈바이처는 아프리카 오고웨 강변에 위치한 랑바레네에서 질병에 시달리고 기아와 문맹에 허덕이는 원주민들을 위하여 52년간 따뜻한 인류애를 펼쳤습니다. 그는 온갖 고난을 무릅쓰고 사랑의 의술을 베풂으로써 원시림의 성자로 추앙을 받았습니다. 그리하여 1952년에 노벨 평화상을 수상했고 그때 받은 상금으로 나환자촌을 건립했습니다.

슈바이처 박사만큼 위대한 생을 산 사람을 찾아보기가 어려울 정도로, 그는 헌신으로 연소된 삶을 살았습니다. 저는 어렸을 때 그를 얼마나 흠모하고 동경했는지 모릅니다. 그런데 나중에 그가 쓴 《예수전 연구사》를 읽고 충격을 받았습니다. 그 책의 내용대로라면, 그는 예수님을 믿음으로 구원받는 하나님의 복음과 거리가 먼 사람이라는 것을 부인할 수 없었던 것입니다. 저는 슈바이처 박사가 훗날 바른 신앙으로 돌아왔기를 바랍니다.

그런데 만약 끝까지 복음으로 돌아오지 않았다면 그가 하나님 앞에 무엇을 들고 나갔을까 궁금하기도 합니다. 만약 그가 하나님 앞에서 "하나님, 저는 생명을 경외하느라 방 안에 들어온 벌레 한 마리도 안 죽였어요. 저는 불쌍한 사람들을 위해 의술을 베풀었어요. 그리고 노벨 평화상 상금으로 나환자촌을 세웠어요"라고 자랑한다면 하나님이 그의 의를 인정하시겠습니까? 분명한 사실은 슈바이처의 선행이 하늘의 별처럼 인류 역사에서 빛나는 것이라 해도 하나님 앞에 들고 나갈 의가 못 된다는 것입니다.

사랑하는 형제자매 여러분, 우리는 자랑하지 맙시다. 믿음이 좋아도 자랑하지 맙시다. 헌신을 많이 해도 자랑하지 맙시다. 선행을 아무리 해도 자랑하지 맙시다. 주를 위해 어떤 수고를 해도 자랑하지 맙시다. 바울 사도처럼 오직 예수님만 자랑합시다. 그의 교훈을 우리 가슴에 깊이 새겨둡시다.

> 그러나 무엇이든지 내게 유익하던 것을 내가 그리스도를 위하여 다 해로 여길뿐더러(빌 3:7).

> 내가 너희 중에서 예수 그리스도와 그가 십자가에 못 박히신 것 외에는 아무것도 알지 아니하기로 작정하였음이라(고전 2:2).

우리는 바울처럼 예수만 자랑해야 합니다. 우리의 의도, 우리의 선도 하나님 앞에 내놓지 맙시다. 우리는 면목 없는 사람들입니다. 예수님이 세상에 오실 때 마중을 나가기나 했나요? 그분이 세상에서 고생하실 때 밥 한 끼를 해드렸나요? 그분이 십자가에 못 박혀 돌아가실 때 눈물 한 방울 흘리기나 했나요? 우리는 아무것도 한 일이 없습니다. 그런데 대체 무엇을 자랑한단 말입니까? "주여, 저는 무익한 종입니다. 아무것도 내놓을 것 없는 죄인입니다"라고 고백하는 사람이 됩시다.

그리고 자나 깨나 예수님만 자랑합시다. 자나 깨나 예수님의 공로만 자랑합시다. 나 같은 죄인을 구원하기 위해 십자가에서 피를 흘리신 그 은혜만 자랑합시다. 새찬송가 544장 〈울어도 못 하네〉의 가사를 보면 울어도 못 한다, 힘써도 못 한다, 참아도 못 한다는 내용이 나옵니다. 옳은 말입니다. 많이 운다고 자랑거리가 아니며, 힘써서 선행을 한다고 자랑거리가 아니며, 인내한다고 해서 하나님 앞에 공로가 되는 것이 아닙니다. 오직 예수님을 믿음으로 구원받습니다. 그러므로 오직 그분만이 우리의 자랑입니다.

옛날에 우리 믿음의 선배들은 이 찬송을 부르면서 얼마나 눈물을 많이 흘렸는지 모릅니다. 구원의 감격에 겨워 어찌나 덩실덩실 춤을 추었는지 모릅니다. 믿기만 하면 구원받는다는 복음 앞에서 흥분을 감추지 못하고 소리 높여 하나님을 찬양했습니다. 우리도 그렇게 해야 합니다. "그런즉 자랑할 데가 어디냐?" "있을 수가 없느니라." 아멘!

12

일한 것도 없고 경건치도 못한데

로마서 4장 1-17절

1 그런즉 육신으로 우리 조상인 아브라함이 무엇을 얻었다 하리요 2 만일 아브라함이 행위로써 의롭다 하심을 받았으면 자랑할 것이 있으려니와 하나님 앞에서는 없느니라 3 성경이 무엇을 말하느냐 아브라함이 하나님을 믿으매 그것이 그에게 의로 여겨진 바 되었느니라 4 일하는 자에게는 그 삯이 은혜로 여겨지지 아니하고 보수로 여겨지거니와 5 일을 아니할지라도 경건하지 아니한 자를 의롭다 하시는 이를 믿는 자에게는 그의 믿음을 의로 여기시나니 6 일한 것이 없이 하나님께 의로 여기심을 받는 사람의 복에 대하여 다윗이 말한 바 7 불법이 사함을 받고 죄가 가리어짐을 받는 사람들은 복이 있고 8 주께서 그 죄를 인정하지 아니하실 사람은 복이 있도다 함과 같으니라 9 그런즉 이 복이 할례자에게냐 혹은 무할례자에게도냐 무릇 우리가 말하기를 아브라함에게는 그 믿음이 의로 여겨졌다 하노라 10 그런즉 그것이 어떻게 여겨졌느냐 할례시냐 무할례시냐 할례시가 아니요 무할례시니라 11 그가 할례의 표를 받은 것은 무할례시에 믿음으로 된 의를 인친 것이니 이는 무할례자로서 믿는 모든 자의 조상이 되어 그들도 의로 여기심을 얻게 하려 하심이라 12 또한 할례자의 조상이 되었나니 곧 할례 받을 자에게뿐 아니라 우리 조상 아브라함이 무할례시에 가졌던 믿음의 자취를 따르는 자들에게도 그러하니라 13 아브라함이나 그 후손에게 세상의 상속자가 되리라고 하신 언약은 율법으로 말미암은 것이 아니요 오직 믿음의 의로 말미암은 것이니라 14 만일 율법에 속한 자들이 상속자이면 믿음은 헛것이 되고 약속은 파기되었느니라 15 율법은 진노를 이루게 하나니 율법이 없는 곳에는 범법도 없느니라 16 그러므로 상속자가 되는 그것이 은혜에 속하기 위하여 믿음으로 되나니 이는 그 약속을 그 모든 후손에게 굳게 하려 하심이라 율법에 속한 자에게뿐만 아니라 아브라함의 믿음에 속한 자에게도 그러하니 아브라함은 우리 모든 사람의 조상이라 17 기록된 바 내가 너를 많은 민족의 조상으로 세웠다 하심과 같으니 그가 믿은 바 하나님은 죽은 자를 살리시며 없는 것을 있는 것으로 부르시는 이시니라

성경에 담겨 있는 무슨 진리든지 한 번 배워서 잘 깨닫는다면 얼마나 좋겠습니까? 가끔 특별한 분들을 만나기는 합니다. 별로 많이 가르치지도 않았는데 말씀을 잘 깨닫는 것을 보면 참 신통하다는 생각이 듭니다. 그러나 우리 가운데 대부분은 그렇지 않습니다. 대체로 한두 번 들은 내용은 금세 흘려버리고 맙니다. 하나님은 우리의 이러한 약점을 잘 아시고 교육학에서 말하는 '반복학습'이라는 방법을 성경에 도입하셨습니다. 반복학습은 학생이 이해할 때까지 반복하여 가르치는 것을 말합니다.

우리가 성경을 읽어보면 같은 내용이 반복되어 나오는 경우를 많이 볼 수 있습니다. 복음서가 그 좋은 예입니다. 마태복음에 나오는 예수님의 교훈과 행하신 일이 나머지 복음서에 두 번, 세 번 반복되고 있습니다. 마음이 둔하고 어두운 우리들을 두고 하나님께서 얼마나 세심한 배려를 하고 계시는가를 엿볼 수 있지 않습니까?

우리가 계속해서 읽고 있는 로마서는 하나님의 반복학습이 가장 잘 나타나 있는 현장이라 할 수 있습니다. 우선 3장을 한번 살펴보기 바랍니다.

곧 예수 그리스도를 믿음으로 말미암아 모든 믿는 자에게 미치는 하나님의 의니 차별이 없느니라(롬 3:22).

그러므로 사람이 의롭다 하심을 얻는 것은 율법의 행위에 있지 않고 믿음으로 되는 줄 우리가 인정하노라(롬 3:28).

이렇게 동일한 내용의 말씀이 두세 번 반복되어 나옵니다. 그런데 4장으로 넘어오면 같은 말씀이 또다시 언급되고 있습니다. 그만큼 거듭해서 가르쳐도 우리처럼 깨닫지 못하는 사람들이 있기 때문입니다. 바울이 살던 당시의 유대인들이 그런 사람들이었습니다.

당시 유대인들은 하나님의 말씀을 신실하게 받지 않는, 못된 기질을 가지고 있었습니다. 그러니 잘 알아듣지는 못하고 엉뚱한 소리만 했습니다. 예수님을 믿어야 구원을 받는다는 말을 듣고 뭐라고 했는지 압니까? "구약의 우리 선조들은 율법을 지켜서 의롭다 함을 받고 구원받았어. 그런데 믿기만 하면 된다니 말도 안 되는 소리야." 우리 중에도 유대인처럼 하나님의 말씀을 자꾸 왜곡시키는 자들이 있습니다. 구원의 도리를 아직 깨닫지 못하고 있다는 증거라 할 수 있습니다.

그럼에도 하나님은 이런 자들을 포기하지 않으십니다. 우리가 알아들을 때까지 몇 번이고 반복해서 가르치기를 원하십니다. 왜냐하면 우리가 멸망당하는 것을 원치 않으시기 때문입니다. 어떻게 하면 한 사람이라도 더 구원할 수 있을까 하는 것이 하나님의 최대 관심사입니다.

믿음으로 의롭다 함을 받는 이신칭의(以信稱議)의 교리를 일반적으로 사람들이 잘 받아들이려 하지 않는 이유를 간단한 비유를 들어

설명하겠습니다.

지금 생사의 갈림길에 서 있는 어떤 환자가 있다고 합시다. 그에게 가서 "아무것도 하지 말고 가만히 계세요. 그러면 나을 겁니다"라고 말한다면 그 환자가 어떤 반응을 보일까요? '이제 죽는가 보다'하고 크게 낙심할 것입니다. 그런데 이와는 달리 "이것은 최근에 개발된 약인데 열심히 먹어보세요. 결과는 장담할 수 없지만 혹 효능이 있을지 누가 알겠어요?" 하고 권한다면 아마 적극적으로 매달릴 것입니다. 아무것도 하지 말라는 것보다 무엇이든 해보라는 쪽을 선호하는 것이 대개의 성향이기 때문입니다.

구원의 문제도 다를 바가 없다고 생각합니다. 하나님이 우리에게 구원을 위해 무엇인가 자랑할 만한 것을 들고 나오라고 한다면 사람들은 거부감 없이 수용할 것입니다. 그러나 아무것도 할 필요가 없고 오직 믿기만 하라니까 납득을 못하고 거부하는 것입니다. 유대인들이 바로 이런 사람들이었습니다. 현대인들 중에는 '신판 유대인'이 참 많습니다. 자비로우신 우리 하나님은 4장에서 겉으로 보기에 소망이 없어 보이는 이들을 다시 한 번 깨우쳐주시려고 합니다.

어떻게 하시는지 압니까? 그들이 잘 모르고 있었던 사실을 한 가지 지적하신 다음 똑같은 이신칭의의 교리를 다시 반복하는 것입니다. 유대인이 너무 몰랐던 사실이 하나 있습니다. 그것은 그들의 선조들이 율법 때문에 구원 얻은 것이 아니라 믿음으로 구원 얻었다는 사실이었습니다. 이 사실을 증명하기 위해 그들이 가장 자랑스럽게 여기는 아브라함과 다윗을 예로 들고 있습니다.

우리가 잘 알다시피 어려운 진리를 추상적으로 설명하면 이해하기가 어렵습니다. 그러나 아무리 어려운 진리라도 삶을 통해서 표출되는 어떤 사람의 실례를 들어 가르친다면 설득력이 있는 법입니다.

예를 들어 어머니가 자식에게 "너는 꿋꿋하게 살아야 돼"라고 가르친다면 아이가 그 깊은 속뜻을 잘 헤아리지 못합니다. 그러나 "얘야, 네 아버지 좀 봐. 아버지가 지금까지 어떻게 살아왔는지 아니?"라고 하면서 아버지의 삶을 구체적으로 설명해주면 아이는 꿋꿋하게 산다는 것이 무엇인지 쉽게 이해할 수 있습니다.

이와 같은 원리에 입각해서 하나님은 마음이 완고한 유대인에게 접근하고 계십니다. '너희들이 이해를 잘 못하니까 내가 아브라함과 다윗의 예를 들어 자세히 설명해주마' 하면서 마치 자상하고 지혜로운 아버지가 자녀를 가르치듯 로마서 4장 첫머리를 시작하는 것을 볼 수 있습니다.

우리는 아브라함과 다윗에 대해서 비교적 잘 알고 있는 편입니다. 아브라함은 하나님이 유대인에게 주신 율법을 받기 이전의 인물로서 유대 민족의 조상입니다. 다윗은 율법 시대에 살았고 이스라엘 역대 왕 중에서 가장 위대한 성군으로 손꼽히는 사람입니다. 하나님은 지금 이 두 사람이 선행으로 구원받은 것이 아니라 믿음으로 구원받았다는 것을 설명하려고 하십니다. 그렇게 하면 그들이 이신칭의의 진리를 쉽게 받아들일 것으로 보신 것입니다.

마태복음은 유대인들을 위해 기록된 복음서라고 일컬어집니다. 이 복음서는 이런 말로 시작되고 있습니다.

> 아브라함과 다윗의 자손 예수 그리스도의 계보라(마 1:1).

이것은 로마서 4장과 동일한 의도를 담고 있습니다. 구약의 성도를 대표하는 아브라함과 다윗이 그들의 후손인 예수를 믿음으로 구원받았음을 증명하는 것입니다.

아브라함이 과연 믿음으로 의롭다 함을 받았을까요? 옳습니다. 그는 분명히 믿음으로 구원받았습니다. 본문 말씀은 이 사실을 증명하기 위해 세 가지 근거를 제시하고 있습니다. 아브라함은 행위로 의롭다 함을 받지 않았다(1-2절). 아브라함은 할례를 통해서 의롭다 함을 받지 않았다(9-12절). 아브라함은 율법으로 의롭다 함을 받지 않았다(1-17절). 지금부터 이 세 가지를 구체적으로 살펴보겠습니다.

**아브라함이 믿음으로
구원받은 세 가지 근거**

행위로 구원받지 못함

첫째, 아브라함은 행위로 의롭다 함을 받지 않았습니다. 1-2절이 이 사실을 뒷받침해줍니다.

> 그런즉 육신으로 우리 조상인 아브라함이 무엇을 얻었다 하리요 만일 아브라함이 행위로써 의롭다 하심을 받았으면 자랑할 것이 있으려니와 하나님 앞에서는 없느니라.

1절의 '육신으로'는 사람이 기댈 수 있는 어떤 것, 곧 하나님 앞에 의롭다 함을 받고자 들고 나가는 자랑거리를 의미합니다. 이는 2절의 '행위', 곧 선행을 말합니다. 사실 아브라함에게는 자랑할 것이 하나도 없었습니다. 그 근거가 3절에 나타나 있습니다.

> 성경이 무엇을 말하느냐 아브라함이 하나님을 믿으매 그것이 그에게

의로 여겨진 바 되었느니라.

창세기 15장에는 의미심장한 장면이 많습니다. 아브라함이 하나님의 인도하심으로 가나안 땅에 들어갔을 때의 이야기입니다. 그가 그곳에 온 지도 어언 15년 가까운 세월이 흘렀습니다. 그런데 그에게는 일점혈육도 없었습니다. 여든을 바라보는 나이가 되었는데도 자식이 생길 기미가 없으니 그의 마음은 암담했을 것입니다.

그러던 어느 날 밤이었습니다. 하나님의 천사가 찾아와 아브라함을 불러냈습니다. 아브라함이 밖에 나가 보니 하늘에는 별들이 총총, 너무나 황홀하게 반짝이고 있었습니다. 이때 하나님께서 아브라함에게 말씀하셨습니다.

> 그를 이끌고 밖으로 나가 이르시되 하늘을 우러러 뭇별을 셀 수 있나 보라 또 그에게 이르시되 네 자손이 이와 같으리라(창 15:5).

하나님은 그에게 하늘의 별처럼 헤아릴 수 없이 많은 자손을 주겠다고 약속하신 것입니다. 나이 여든에 자식 하나 없는 사람에게 하늘의 별처럼 후손이 많아지겠다고 하다니, 이것이 대체 믿을 수 있는 이야기입니까? 그러나 아브라함은 달랐습니다.

> 아브라함이 여호와를 믿으니…(창 15:6).

이 말씀에서 보는 바와 같이 아브라함은 하나님의 약속을 액면 그대로 "아멘" 하고 받아들였습니다. 보통 사람이라면 도저히 믿을 수 없는 황당무계한 이야기로 여길 것입니다. 하지만 아브라함은 의심하지 않았습니다. 하나님의 말씀을 전적으로 신뢰했기 때문입니다. 이는 정말 놀라운 일이요 기적 중의 기적이라 할 수 있습니다. 하나님을 놀라게 하고 감동시킨 믿음이었습니다. 그래서 하나님은 그 믿음을 아브라함의 의로 받으셨던 것입니다.

아브라함이 믿음으로 의롭다 함을 받은 이때는 예수님이 탄생하시기 2천 년 전의 일입니다. 예수 그리스도가 세상에 오시기 전의 사건인 것입니다. 아브라함은 하나님이 장차 예수 그리스도를 구원자로 주실 것을 알고 있었을까요? 창세기에는 예수라는 이름이 한 군데도 나오지 않습니다. 그러니 아브라함은 모호하게 알았을 것이 틀림없습니다. 그럼에도 그는 자기 후손 예수를 구원자로 받아들였습니다. 아직 태어나지도 아니한 예수, 수천 년 후에 오신다는 그 예수를 내다보고 믿었다니 정말 대단하지 않습니까?

우리 중에는 이런 이야기를 들으면서 그가 정말 예수를 알고 믿었을까 의아해하는 사람이 있을 것입니다. 그가 하늘의 별처럼 많은 후손을 주신다는 하나님의 말씀을 믿기는 했지만 예수 그리스도가 오신다는 것을 믿었을까 하는 의심이 생기는 것은 사실입니다. 이 중차대한 문제에 대해 예수님은 모든 의혹을 단번에 쫓아버릴 만큼 시원한 대답을 해주셨습니다.

> 너희 조상 아브라함은 나의 때 볼 것을 즐거워하다가 보고 기뻐하였느니라(요 8:56).

얼마나 놀라운 말씀입니까? 아브라함은 자기 씨를 통해 인류의 구원자 예수 그리스도가 나실 것을 알았습니다. 그는 이 사실을 아는 것으로 그치지 않았습니다. 예수 그리스도가 이 세상에 오실 것을 내다보고 기뻐하기까지 했습니다. 아브라함은 이 믿음 때문에 의인으로 인정받고 구원을 얻었습니다. 이런 의미에서 아브라함은 모든 믿는 자의 조상이 되고도 남을 인물이었습니다.

여기에서 우리는 자신을 한번 돌아볼 필요가 있습니다. 우리가 하나님 앞에 의인이 되는 길은 오직 예수 그리스도를 믿는 것뿐입니다. 다른 길은 하나도 없습니다. 자기의 선한 행위를 들고 나오거나 과거에 무슨 공로를 세웠다고 자랑하는 것은 하나님 앞에서 아무런 의미가 없습니다.

우리는 아브라함보다도 예수님을 믿기 쉬운 시대에 살고 있습니다. 왜냐하면 이미 세상에 오셔서 우리를 위해 십자가에서 죽으시고 부활하신 예수님의 거룩한 행적을 세세하게 기록한 말씀이 우리 앞에 놓여 있기 때문입니다. 아브라함은 모호한 상황에서도 하나님의 말씀을 전적으로 믿었습니다. 그렇다면 우리는 그보다 훨씬 더 잘 믿어야 하지 않겠습니까? 보지 못하고 믿는 자보다 보고 믿는 자가 더 유리한 자리에 있기 때문입니다.

세례로 구원받지 못함

둘째, 아브라함은 할례로 의롭다 함을 받지 않았습니다. 아브라함은 그가 의롭다 함을 받은 후 14년이 지난 뒤에 할례를 받았습니다. 할례를 받기 14년 전에 이미 믿음으로 구원받았던 것입니다. 그러므로 할례는 그가 의롭다 함을 받은 사람이라는 것을 확인하는 의식에 지나지 않았습니다. 이것은 할례가 칭의의 조건이 될 수 없다는 증거입니다.

> 그런즉 그것이 어떻게 여겨졌느냐 할례시냐 무할례시냐 할례시가 아니요 무할례시니라(10절).

구원은 할례를 받기 전에 받았기 때문에 믿음으로 의롭다 함을 받는 것은 할례와 아무 관계가 없음을 말하고 있습니다. 할례는 형식적이라 할 수 있습니다. 하나의 표시에 지나지 않습니다. 칭의가 내용이라면 할례는 그것을 인정하는 형식이라고 할 수 있습니다.

그러므로 자기 조상 아브라함이 할례를 받아 의인이 되었다고 한 유대인들의 생각은 틀린 것입니다. 그리고 자기들은 할례를 받았으니 구원받을 것이라는 생각도 크게 잘못된 것이었습니다. 갈라디아서 5장 6절은 이 점을 선명하게 말씀하고 있습니다.

> 그리스도 예수 안에서는 할례나 무할례나 효력이 없으되 사랑으로써 역사하는 믿음뿐이니라.

그리스도 예수 안에서는 할례를 받고 안 받는 것이 문제가 아니라 예수님을 믿는 믿음만이 중요하다는 말입니다.

구약시대의 할례는 우리가 사는 신약시대의 세례에 비유될 수 있습니다. 세례는 죄 사함을 받았다고 확증하는 것입니다. 죄를 용서받은 사람이 나중에 세례를 받는 것입니다. 결코 죄 용서를 받기 위해 세례를 받는 것이 아닙니다.

그런데 가톨릭에서는 영세를 받아야 죄를 용서받는다고 가르칩니다. 이는 성경에서 가르치는 진리와 거리가 멉니다. 우리는 예수님을 믿자마자 의롭다 함을 받습니다. 이 은혜를 받지 못한 사람이 어떻게 세례만 받는다고 죄를 용서받을 수 있겠습니까? 세례는 할례와 마찬가지로 하나의 형식에 불과한 것입니다.

그러므로 세례 받은 것을 자랑거리로 들고 나와서는 안 됩니다. 가끔 보면 오래전에 세례를 받았다는 사실을 은근히 내세우는 성도들이 있는데, 이는 잘 몰라서 그런 것입니다. 우리는 예수님을 믿는 믿음으로만 구원받을 수 있습니다. 의롭다 함을 얻는 것, 구원받는 것은 세례와 무관하다는 사실을 잊어서는 안 됩니다. 그래야 유대인들이 빠졌던 오류를 피할 수 있습니다.

율법으로 구원받지 못함

셋째, 아브라함은 율법으로 의롭다 함을 받지 않았습니다. 만약 아브라함이 율법 조항을 잘 지켜서 하나님 앞에 의인으로 인정받았다면 그는 당연히 율법 시대에 살았어야 논리에 맞습니다. 그런데 창세기를 보면 아브라함이 살던 당시에는 하나님이 율법을 주시지 않았습니다.

하나님이 언제 율법을 주셨습니까? 아브라함이 믿음으로 의롭다 함을 받은 때로부터 430년이 지난 후였습니다. 무슨 재주로 그가 율법이라는 것을 알았겠습니까? 아브라함은 율법을 모르는 사람이었습니다. 그런데도 유대 사람들은 자기 조상 아브라함이 율법을 잘 지켜서 구원받았다고 믿었으니 이는 착각을 해도 보통 한 것이 아니었습니다.

> 아브라함이나 그 후손에게 세상의 상속자가 되리라고 하신 언약은 율법으로 말미암은 것이 아니요 오직 믿음의 의로 말미암은 것이니라 (13절).

여기서 "세상의 상속자가 되리라"는 약간 애매하게 들립니다. 이것은 가나안 땅을 아브라함이 낳을 후손에게 주시겠다고 한 하나님의 약속을 가리킵니다. 이 약속은 하늘의 별처럼 많은 후손을 주신다는 약속에 뒤따른 복이었습니다. 아브라함이 후손의 복이건, 가나안 영토의 복이건 복을 받을 수 있었던 이유는 하나님을 믿는 믿음 때문이지 어떤 행위 때문이 아니었습니다. 이 믿음의 원리는 아브라함이 의인으로 인정받는 구원의 문제까지 그대로 적용된 것입니다. 모두가 믿음으로 얻어진 것이며 율법을 지키느냐 안 지키느냐의 문제와는 무관했습니다.

믿음으로 구원받은 다윗

지금까지 우리는 아브라함에 대해서 살펴보았습니다. 그렇다면 다윗은 어떻게 의인으로 인정받았습니까? 그는 위대한 왕이었습니다. 그러나 인간적인 허물도 많은 사람이었습니다. 시편 32편을 보면 그는 하나님께 의로 여기심을 받는 사람의 행복에 대해 언급하고 있습니다. 바로 본문 7-8절 말씀입니다.

> 불법이 사함을 받고 죄가 가리어짐을 받는 사람들은 복이 있고 주께서 그 죄를 인정하지 아니하실 사람은 복이 있도다 함과 같으니라.

이 말씀은 다윗 자신의 신앙고백입니다. 그는 자기가 무조건 용서받은 사람이라고 이야기합니다. 이 말씀의 핵심이 무엇입니까? 하나님 편에서 무조건 다윗의 죄를 용서해주셨다는 것입니다. 시편 32편은 다윗이 죄를 짓고 난 뒤 처절하게 고통스러워하는 모습을 생생히 묘사하고 있습니다. 그는 뼈가 쑤시고 살갗이 타들어가는 고뇌를 안은 채 잠을 이루지 못하고 괴로워했습니다. 그러다가 문득 떠오르는 진리가 있었습니다. 하나님이 죄를 용서해주셔야만 평안을 얻을 수 있을 뿐, 혼자서는 아무리 몸부림쳐도 소용이 없다는 사실입니다.

따지고 보면 다윗도 죄를 짓지 않았기 때문에 의롭게 된 사람이 아닙니다. 자기의 죄 문제를 잘 처리했기 때문에 하나님의 인정을 받은 것이 아닙니다. 하나님이 무조건 불쌍히 여기시고 모든 허물을 덮어주셨기 때문에 의인이 될 수 있었습니다. 이런 의미에서 다윗도 아브라함처럼 믿음으로 의롭다 함을 받은 사람입니다.

오직 예수를 믿음으로!

그러므로 신구약을 통틀어 구원의 방법은 하나뿐입니다. 오직 믿음으로 의롭다 함을 받는 것입니다. 구약의 성도들이나 신약의 성도들이나 모두 다 믿음으로 의롭다 함을 받습니다. 이 사실을 웅변조로 말하는 것이 바로 히브리서 11장입니다. 여기에는 믿음으로 구원받은 구약의 위대한 성도들이 열거되어 있습니다. 그중에 할례를 받지 않은 믿음의 선배가 아벨, 에녹, 노아 세 사람이고 율법을 모르던 시대에 살았던 성도가 일곱 사람(아브라함, 사라, 이삭, 야곱, 요셉, 모세의 부모)입니다. 또 율법을 받은 후에 살았던 성도가 여덟 사람(모세, 라합, 기드온, 바락, 삼손, 입다, 다윗, 사무엘) 나옵니다. 그런데 그들을 통칭하여 이렇게 말씀하십니다.

이 사람들은 다 믿음을 따라 죽었으며 약속을 받지 못하였으되 그것들을 멀리서 보고 환영하며…(히 11:13).

그들은 하나님의 약속이 이루어지는 것을 직접 보지는 못했지만, 그것을 믿음으로 바라보고 살다가 하나님 나라에 들어간 사람들입니다. 구약시대의 성도들은 다 이와 같이 믿음으로 구원받았습니다.

이런 의미에서 볼 때 그들은 우리 주변에 구름같이 둘러싼 허다한 증인과 같습니다. 오직 믿음으로만 죄를 용서받고 구원 얻을 수 있다는 것을 자신의 영웅적인 생애로 증거하는 사람들입니다. 그들이나 우리나 하나님께 죄를 용서받기 위해서는 "믿음의 주요 또 온전하게 하시는 이인 예수를" 바라보는 것 이외에는 다른 길이 없습니다(히 12:2).

믿기만 하면 의롭다 함을 받는 진리를 실감 나게 가르쳐주는 말씀이 있습니다. 아브라함과 다윗의 예를 들어 설명하시던 하나님은 그것만으로 안심할 수 없으셨는지 이어서 노동 법칙을 가지고 다시 한 번 우리를 깨우쳐주십니다.

> 일하는 자에게는 그 삯이 은혜로 여겨지지 아니하고 보수로 여겨지거니와 일을 아니할지라도 경건하지 아니한 자를 의롭다 하시는 이를 믿는 자에게는 그의 믿음을 의로 여기시나니(4-5절).

이 말씀이 의미하는 바와 같이, 일해서 받는 삯은 정당한 대가일 뿐 선물이 아닙니다. 그러나 아무 일도 하지 않았는데 일당을 받는다면 그 사람에게는 큰 선물이 될 것입니다. 우리가 잘 아는 대로 노동자는 일한 만큼 임금을 받습니다. 임금을 받은 사람은 그것을 당연한 사실로 여기기 때문에 특별히 감사할 필요가 없습니다. 하지만 일을 변변치 않게 했거나 전혀 하지 않았는데도 임금을 받게 된다면 아주 황송하게 생각할 것입니다. 일에 대한 대가가 아니기 때문입니다. 거저 받은 셈이므로 은혜가 되는 것입니다.

우리가 하나님 앞에 의롭다 함을 받는 것도 마찬가지입니다. 자격 없는 사람이 받기 때문에 하나님의 선물인 것입니다. 5절에서 "일을 아니할지라도"라는 말씀이 나오는데 이것은 의롭게 살지 못한다는 뜻입니다. "경건하지 아니한 자"는 성품이 깨끗하지 못한 사람이라는 뜻입니다. "믿음을 의로" 여기신다는 말은 우리가 예수님을 믿기만 하면 하나님께서 우리 구좌에 예수님의 의를 갖다 넣으시고 예수님의 구좌에는 우리의 죄를 갖다 넣으신다는 특별한 의미가 있습니다.

그리고 '여기다'라는 말에는 참으로 귀중한 의미가 있습니다. 이 단어는 약간 모호한 것까지 합하면 4장에서 11회나 나오는데 하나님이 '아예 그대로 인정해버린다'는 뜻을 가지고 있습니다. 즉, 우리가 의롭게 살지 못했으나 의롭게 산 사람으로 인정하시고 깨끗한 성품이 아닌데도 깨끗한 사람으로 인정해버린다는 것입니다.

하나님은 우리가 누구인가를 묻지 않고, 우리가 무엇을 했는가를 따지지 않고 '우리를 대신하여 피 흘려주신 예수님'을 믿기만 하면 의롭다고 인정해주시는 분입니다. 이것이야말로 일을 하지 않고 하루종일 빈둥거린 노동자가 분에 넘치는 일당을 주니까 염치없이 받아 가는 것과 무엇이 다릅니까?

〈바라바〉라는 영화를 보면, 빌라도가 예수님과 바라바를 세워놓고 군중에게 누구를 원하느냐고 묻는 장면이 나옵니다. 대제사장의 사주(使嗾)를 받은 군중들은 바라바를 풀어달라고 했습니다. 바라바는 살인자요 민란을 일으킨 인물입니다. 로마법에 따르면 죽어 마땅한 사형수였습니다. 그런데 빌라도가 갑자기 그에게 무죄를 선언하고 그를 풀어주었습니다. 그 순간 바라바는 너무나 놀랐습니다. 그는 아마 제정신이 아니었을 것입니다. 영화에서 바라바 역을 맡은 안소니 퀸의 표정이 아직도 제 기억에 남아 있습니다. 넋이 나간 듯 어리벙벙해하는 표정으로 무슨 소린지 알아들을 수 없는 말을 중얼거리며 걸어나오는 그의 연기는 한마디로 일품이었습니다.

우리는 모두 바라바와 같은 처지에 놓인 사람입니다. 믿음으로 의롭다 함을 받았다는 은혜가 무엇입니까? 죽을 줄 알았던 자가 죽지 않고 살아 나오는 얼떨떨함, 감격, 흥분을 말합니다.

멀린 캐로더스라는 목사님이 있습니다. 그는 《감옥생활에서 찬송생활로》라는 유명한 책을 남겼습니다. 이 책은 70년대 교계에서 베스트셀러였습니다. 캐로더스는 굴곡이 많은 생을 살았던 사람입니다. 그의 이력을 보면 '어떻게 이런 사람이?' 하고 놀랄 정도로 부끄러운 과거가 있습니다. 그는 감옥을 자기 집처럼 드나들었습니다. 어두운 시절에 그가 겪었던 이야기를 한 토막 소개하겠습니다.

캐로더스는 감옥생활을 하던 중 잠시 동안 교도소 밖에서 지낼 수 있는 혜택을 얻었습니다. 그런데 감옥으로 다시 돌아가야 할 날짜가 점점 다가오자 마음이 무거워졌습니다. 그래서 기간을 연기해 보려고 담당 검사를 찾아갔습니다. 찾아온 용건을 말하자 검사는 눈이 휘둥그레지면서 "당신은 아직도 그 사실을 모르고 있소?" 하고 묻는 것이었습니다. 이어서 검사는 이렇게 말했습니다. "멀린 캐로더스, 축하하오. 트루먼 대통령이 특별사면령을 내렸소. 당신의 전과 기록이 말소되었으니 이제 나가서 행복하게 살기 바라오."

캐로더스는 매우 기뻤습니다. 자기가 예전에 전쟁터에서 세운 공적으로 말미암아 특별사면을 받았던 것입니다. 그는 전과자요, 포악한 공수부대 대원이요, 유명한 도박꾼이요, 게다가 암시장 거래꾼으로 소문난 인물이었습니다. 범죄 경력도 다양했습니다. 그렇지만 자기의 훌륭한 공로를 인정받아 모든 죄를 용서받고 풀려났습니다. 그러나 하나님의 자녀인 우리는 어떻습니까? 우리는 그리스도가 흘리신 보혈의 공로로 사면을 받습니다. 우리의 공로는 필요 없습니다. 오직 예수님을 믿음으로 의롭다 함을 받을 수 있습니다.

그런데 가끔 믿음으로 의롭다 함을 받는 이 선물을 놓고 체면(?)을 차리는 자들이 있습니다. "나 같은 것이 어떻게 용서받을 수 있습니까? 얼마나 죄를 많이 지었는데요. 하나님 기다려주세요. 좀 떳떳해지면 받겠습니다. 지금은 부끄러워서 손을 못 내밀겠어요." 이렇게 말하는 사람이 가끔 있습니다.

이런 사람을 보고 겸손하다고 하면 안 됩니다. 그는 크게 잘못하고 있습니다. 하나님은 이런 부류의 사람을 싫어하십니다. 아브라함을 보세요. 아내 사라를 데리고 애굽에 갔을 때 얼마나 비열하게 행동했는지 모릅니다. 아내가 궁중으로 끌려가는 것을 보면서 자기 목숨 하나 부지해보려고 야비하게도 오빠니 누이니 하는 거짓말을 늘어놓았습니다.

그런데 하나님은 그의 죄를 온통 무시해버리고 믿음 하나로 그를 의롭다 인정하셨습니다. 아브라함은 "하나님, 나 같은 것이 어떻게 용서받을 수 있겠어요? 과거 애굽에서 얼마나 나쁜 짓을 많이 했는지 몰라요" 하면서 하나님 앞에 구실을 들고 나오지 않았습니다. 그에게는 무조건 순종하는 믿음이 있었습니다.

예수 믿는 자만이 누리는 행복

캐로더스 목사님에 대해 좀 더 이야기하겠습니다. 그는 할아버지의 강요로 교회에 나왔습니다. 처음에는 마지못해 예배에 참석했지만 시간이 지날수록 그의 마음이 변화되기 시작했습니다. 마침내 그는 예수님을 믿게 되었습니다. 과거를 불문하고 믿기만 하면 의인으로 받아주시는 하나님 앞에 드디어 무릎을 꿇었습니다. 그는 하나님의 은혜에 깊이 감격했습니다. 얼마나 그 기쁨이 충만했던지 아주 딴사람이 되었습니다.

그는 애지중지하며 들고 다니던 돈 가방을 챙겨 들었습니다. 그 속에는 불법으로 모아둔 막대한 현금과 수표가 들어 있었습니다. 그 돈 가방을 들고 화장실로 달려갔습니다. 1950년대니까 아마 수세식 화장실이 아니었나 봅니다. 그는 가방을 열고 돈과 수표를 한 움큼씩 집어서 변기 속에 던졌습니다. 몇 번을 그렇게 하자 어느새 가방이 텅 비었습니다. 이때 그의 가슴에는 형언할 수 없는 기쁨의 파도가 출렁대기 시작했습니다. 훗날 그는 이때를 회상하며 이렇게 고백했습니다. "돈뭉치가 변기 속에 던져질 때마다 내 가슴속에는 기쁨이 해일처럼 넘쳐흘렀다."

드디어 그는 돈의 노예에서 해방되었습니다. 그를 수년 동안 나쁜 데로 끌고 다녔던 돈의 손아귀에서 풀려난 것입니다. 아귀다툼을 하며 매달렸던 정욕의 덩어리를 집어던지자 놀라운 평화가 찾아왔습니다. 그의 마음이 세상의 것이 아닌 하늘의 것으로 충만해졌습니다. 그는 난생처음 진정한 행복을 맛보았습니다. 이것이 믿음 하나로 죄 용서를 받은 사람에게 찾아오는 하나님의 복입니다.

사랑하는 형제자매 여러분, 캐로더스의 사건을 남의 이야기로 듣지 맙시다. 이런 일이 당신에게도 얼마든지 일어날 수 있습니다. 이 신칭의의 진리를 머리로만 인정하면 안 됩니다. 우리 마음에서 새로운 역사가 일어나야 합니다.

예수님을 믿고 죄를 용서받으면 마음에 행복이 찾아옵니다. 마음을 짓누르던 무거운 짐이 가벼워지는 것을 느낍니다. 알 수 없는 평안함이 밀물처럼 밀려오는 것을 느낍니다. 불안과 고통에서 벗어나 마음껏 해방감을 맛보게 됩니다. 할렐루야를 외치며 뛰고 싶은 기쁨이 생깁니다. 이것이 하나님의 자녀가 누리는 행복입니다. 아브라함도 이 행복을 가지고 살았습니다. 다윗도 이 행복을 가지고 살았습니다. 오늘날 우리도 이 행복을 느끼며 살고 있습니다.

자격도 없고 경건하지 않음에도 무조건 우리를 의롭다고 인정해 주시는 하나님을 찬양합시다. 이 놀라운 은혜를 깨달은 자는 가난해도 찬송할 수 있고, 실패해도 기뻐할 수 있는 사람으로 바뀝니다. 당신에게 이런 행복, 이런 감격이 넘치고 있습니까? 성령께서 의롭다 함을 받은 자의 행복을 회복시키는 은혜가 있길 바랍니다.

13

아브라함은 이렇게 믿었다

로마서 4장 18-25절

18 아브라함이 바랄 수 없는 중에 바라고 믿었으니 이는 네 후손이 이 같으리라 하신 말씀대로 많은 민족의 조상이 되게 하려 하심이라 19 그가 백 세나 되어 자기 몸이 죽은 것 같고 사라의 태가 죽은 것 같음을 알고도 믿음이 약하여지지 아니하고 20 믿음이 없어 하나님의 약속을 의심하지 않고 믿음으로 견고하여져서 하나님께 영광을 돌리며 21 약속하신 그것을 또한 능히 이루실 줄을 확신하였으니 22 그러므로 그것이 그에게 의로 여겨졌느니라 23 그에게 의로 여겨졌다 기록된 것은 아브라함만 위한 것이 아니요 24 의로 여기심을 받을 우리도 위함이니 곧 예수 우리 주를 죽은 자 가운데서 살리신 이를 믿는 자니라 25 예수는 우리가 범죄한 것 때문에 내줌이 되고 또한 우리를 의롭다 하시기 위하여 살아나셨느니라

아브라함은 믿음으로 의롭다 함을 받은 대표적인 인물로 성경에 기록되어 있습니다. 다시 말해 모든 믿는 자의 조상이 된다는 말입니다. 이런 의미에서 그의 믿음은 우리가 함께 추구해야 할 구원 얻은 믿음의 이상형이라고 할 수 있습니다.

우리는 본문을 통해서 "네가 구원받기를 원하느냐? 아브라함의 믿음을 가져라"라고 권고하시는 하나님의 음성을 들을 수 있습니다. 아브라함이 어떤 믿음을 가졌기에 그처럼 대단하게 인정받는 것일까요? 설교자들이 믿음이라는 주제를 다룰 때마다 아브라함의 믿음을 예로 들지 않는 경우가 거의 없을 정도입니다. 그러므로 아브라함의 구원 얻은 믿음이 어떤 것이었느냐는 주제는 우리의 흥미를 끌기에 충분하다고 할 수 있습니다.

구원은 '단순한 믿음'으로 충분하다

> 약속하신 그것을 또한 능히 이루실 줄을 확신하였으니 그러므로 그것이 그에게 의로 여겨졌느니라(21-22절).

아브라함은 하나님이 자기에게 약속하신 것을 반드시 지킬 수 있는 능하고 성실하신 분이라고 믿었습니다. 하나님은 아브라함의 이 믿음을 보고 그를 의로운 자로 인정하셨습니다. 그렇다면 이것이 아브라함에게만 해당되는 말씀일까요?

> 그에게 의로 여겨졌다 기록된 것은 아브라함만 위한 것이 아니요 의로 여기심을 받을 우리도 위함이니 곧 예수 우리 주를 죽은 자 가운데서 살리신 이를 믿는 자니라(23-24절).

하나님께서 아브라함을 의롭게 여기신 목적은 똑같은 믿음을 가진 우리 모두를 의롭다고 하시기 위해서였습니다. 동시에 구원받기를 원하면 반드시 아브라함과 같은 믿음을 가져야 한다는 것을 가르쳐주는 데도 그 목적이 있었습니다.

우리는 가끔 구원받는 믿음에 대해 혼란을 일으키는 경우가 있습니다. 어떤 지도자는 "믿기만 하면 됩니다. 다른 것 필요 없습니다. 오직 믿기만 하십시오"라고 가르칩니다. 반면에 어떤 지도자는 "단순히 믿는 것만으로는 안 됩니다. 입으로만 고백하면 무슨 소용이 있습니까? 삶의 변화가 있어야 합니다. 예수 믿는 사람답게 반드시 순종이 따라야 합니다"라고 가르치는 것을 볼 수 있습니다.

우리는 이런 이야기를 들을 때마다 마음이 우왕좌왕하기 쉽습니다. 어떤 때는 믿기만 하면 된다는 말에 마음이 쏠리다가도 또 어떤 때는 순종하고 헌신해야 한다는 말이 더 가슴에 와닿습니다. 이것은 우리가 분명히 짚고 넘어가야 할 중요한 문제임에 틀림없다고 봅니다.

최근 2~3년 동안 이 문제를 놓고 복음주의 진영에서 성경학자들

사이에 열띤 논쟁이 계속되고 있습니다. 대표적인 예로 댈러스 신학교 교수인 제인 하지스를 들 수 있습니다. 그는 요한복음 6장 47절 말씀을 인용하면서 단순한 믿음을 강조합니다. "진실로 진실로 너희에게 이르노니 믿는 자는 영생을 가졌나니." 그는 이 구절에서 '믿는다'라는 단어가 남녀노소, 빈부귀천, 식자와 무식자를 막론하고 누구나 이해할 수 있는 '단순한 믿음'을 가리킬 뿐이라고 주장합니다. 누구나 믿기만 하면 되는 이 '단순한 믿음'을 도리어 복잡하게 설명하는 것은 '오직 믿음으로 구원 얻는 진리'를 혼탁하게 만들 위험이 있다고 경고합니다.

그러나 이 주장에 대해 존 맥아더 목사는 마태복음 7장 21절 말씀을 인용하면서 반박합니다. "나더러 주여 주여 하는 자마다 다 천국에 들어갈 것이 아니요 다만 하늘에 계신 내 아버지의 뜻대로 행하는 자라야 들어가리라." 그는 이 말씀이 의미하는 바와 같이 구원받는 참믿음에는 반드시 회개와 순종이 따라야 한다고 주장합니다. 입으로 믿음을 고백한 사람에게는 주님께 전적으로 위탁하는 삶이 따라와야 하는데 그렇지 못하면 그의 믿음은 거짓일 수밖에 없다는 것입니다.

그렇다면 과연 누구의 말이 옳습니까? 제 생각에는 어느 편이 옳다, 그르다 단정 지을 문제가 아니라고 봅니다. 성경을 주의해서 읽어보면 우리가 이 두 가지 견해에 똑같이 관심을 기울여야 한다는 것을 발견할 수 있기 때문입니다.

이해하기 쉽도록 간단한 예를 들어보겠습니다. 예수님이 골고다 언덕에서 십자가에 못 박히실 때 주님의 오른편에 강도가 있었습니다. 그 행악자가 죽음을 목전에 두고 "예수여 당신의 나라에 임하실 때에 나를 기억하소서"(눅 23:42)라고 간청하자 예수님이 그의 믿음을 보시고 "내가 진실로 네게 이르노니 오늘 네가 나와 함께 낙원에 있으리라"(눅 23:43)라고 약속하셨습니다. 결국 그 강도는 구원을 받은 것입니다.

그러나 그가 예수님을 믿은 것은 극히 짧은 시간의 사건이었습니다. 강도는 해가 질 무렵까지 살아 있었으나 안식일이 시작되는 시간을 넘길 수 없어 로마 군병이 그의 다리를 꺾어 죽였습니다. 그러므로 그의 믿음은 고작해야 반나절의 역사를 가질 뿐입니다. 이것은 정말 단순한 믿음이었습니다. 그 믿음이 진짜인지를 확인할 수 있는 열매를 기다릴 여유가 전혀 없었습니다. 그럼에도 그는 구원받았습니다. 이 같은 강도의 예를 보면 단순히 믿고 구원받는다는 말이 틀린 것은 아닙니다.

그러나 데마라는 사람을 보면 또 생각이 달라질 수 있습니다. 데마는 십자가 위의 강도와 너무 대조되는 인물이라 할 수 있습니다. 그는 예수 믿고 은혜를 받아서 사도 바울을 따라다니며 섬겼습니다. 나중에는 감옥까지 따라가서 노사도를 시중들던 뜨거운 믿음의 소유자였습니다. 그가 시종일관 믿음을 지켰다면 얼마나 좋았겠습니까? 그런데 불행히도 그는 중도에 타락하고 말았습니다. 바울은 이 사실을 이렇게 기록하고 있습니다. "데마는 이 세상을 사랑하여 나를 버리고 데살로니가로 갔고"(딤후 4:10).

데마와 같은 사람은 구원받을 수 없습니다. 예수님을 믿는다고 입으로 고백만 해서 무슨 의미가 있습니까? 진정한 회개와 순종이 없는 믿음은 거짓 믿음입니다. 주님께 전적으로 위탁하는 제자의 삶이 따라와야 그 믿음은 구원받을 수 있습니다. 이런 관점에서 볼 때 우리는 믿음을 지나치게 단순화하거나 또는 지나치게 복잡화하는 극단을 피해야 한다는 것을 알 수 있습니다.

이런 의미에서 구원은 단순한 믿음으로 족합니다. 그러나 이 단순함의 중요성을 강조하려다가 참된 믿음에 뒤따라오는 자연스러운 열매를 필요 없다고 부인하면 절대로 안 될 것입니다. 아브라함의 믿음은 우리에게 구원받는 믿음의 본질이 무엇인가를 깨우쳐주는 귀한 진리가 됩니다.

이제부터 아브라함의 믿음이 가진 특성을 살펴보겠습니다.

아브라함의 믿음의 특성

'그럼에도 불구하고'의 믿음

첫째로 아브라함의 믿음은 '바랄 수 없는 중에 바라고 믿는 것'을 의미했습니다.

> 아브라함이 바랄 수 없는 중에 바라고 믿었으니…(18절).

이 말씀을 좀 더 실감 나게 바꾼다면 '희망이 전혀 보이지 않았는데도 믿었다'는 의미가 될 것입니다. 좀 더 인간적인 표현을 한다면 '믿어서는 안 될 것을 믿었다'는 말이라고 할 수 있습니다. 그런데 18절과 19절의 배경을 검토해보면 두 개의 이야기가 같은 시대에 있었던 사건이 아니라는 것을 알 수 있습니다. 19절은 아브라함이 100세가 되었을 때의 이야기입니다. 반면에 18절은 그보다 약 20년 정도 거슬러 올라가 아브라함이 80세 전후였을 때의 사건을 이야기하는 것으로 볼 수 있습니다. 창세기 15장을 보면 자세한 내용을 알 수 있습니다. 당시 아브라함의 처지는 대단히 막막했습니다. 그가 기댈 만한 데가 아무것도 없었습니다. 하나님의 약속을 믿고 가나안으로 들어온 지 5~6년의 세월이 흘렀지만 그에게 아무런 일도 일어나지 않았습니다.

그런데 어느 날 밤, 천사가 찾아와 아브라함을 바깥으로 불러냈습니다. 밤하늘은 은가루를 뿌려놓은 듯이 반짝이는 별들로 가득했습니다. 이때 하나님은 셀 수 없이 많은 별들을 가리키면서 아브라함에게 말씀하셨습니다.

> … 하늘을 우러러 뭇별을 셀 수 있나 보라… 네 자손이 이와 같으리라(창 15:5).

이 약속의 말씀을 본문 18절에서는 "네 후손이 이 같으리라"라고 간략하게 인용했습니다. 하나님이 아브라함에게 하셨던 이 약속이 지난 수천 년 역사를 통해 얼마나 놀랍게 성취되었는지 도저히 말로 표현할 수 없을 정도입니다. 하늘에 떠 있는 별들이 무색할 만큼 아브라함의 후손이 번창한 것을 알 수 있습니다. 자세히 따져볼까요? 아브라함의 혈통을 받은 유대 민족만 해도 지난 4천 년 동안 이 세상에 얼마나 많이 태어났습니까? 그 수는 도저히 감을 잡을 수 없을 정도입니다. 지금도 이스라엘 민족이 약 1,500~2,000만 명이라고 합니다.

그뿐만 아닙니다. 아브라함처럼 믿음으로 의롭다 함을 받은 그의 영적 자손들은 얼마나 많겠습니까? 상상하기 어려울 정도의 숫자가 아닌가 생각합니다. 지금도 15~16억이나 되는 그리스도인이 세계 도처에 살고 있습니다. 그리고 앞으로 이 세상에 태어날 유대인과 그리스도인이 얼마나 될지는 아무도 예상할 수 없습니다. "모든 민족을 제자로 삼으라" 하신 주님의 말씀에 비추어 볼 때, 아브라함의 후손이 어마어마할 것은 틀림없습니다. 이것을 보면 하나님께서 하늘의 별을 가리키며 "네 자손이 이 같으리라"라고 하신 약속이 절대 거짓이 아니었다는 것을 알 수 있습니다.

그러나 당시 밤하늘의 별을 바라보던 아브라함에게는 그 약속이 매우 황당하게 들렸을 것입니다. 놀림을 당하는 것처럼 언짢은 기분이 들었을지도 모릅니다. 하나님의 약속을 희망을 가지고 믿기에는 그의 현실이 너무 암담했습니다. 고령에 접어든 부부의 육체적 조건을 보아도 믿기 어려웠고, 자식 하나 없는 처지를 놓고 보아도 불가능한 이야기로 들렸을 것입니다. 그런데도 놀라운 사실은 아브라함이 이를 믿었다는 것입니다. 여기에 아브라함의 믿음이 갖는 위대성이 있습니다.

이렇게 믿을 수 없는 상황에서도 믿는 이 믿음을 일컬어 '그럼에도 불구하고의 믿음'이라고 합니다. 말씀하시는 하나님을 빼놓고는 근거가 전혀 없는데도 굳게 믿는 이 믿음을 하나님이 얼마나 귀하게 보셨는지 모릅니다. 그렇기 때문에 하나님은 아브라함의 죄나 허물을 보지 않으셨습니다. 이 믿음 하나로 그를 무조건 의롭다고 인정하셨습니다. 아브라함이 어떻게 그처럼 조건 없는 믿음을 가질 수 있었을까요? 여기에는 그럴 만한 근거가 있습니다. 그가 하나님에 대해 분명한 지식을 갖고 있었기 때문입니다.

> … 그가 믿은 바 하나님은 죽은 자를 살리시며 없는 것을 있는 것으로 부르시는 이시니라(17절).

아브라함은 하나님을 전능자, 절대 주권자, 신실하신 분으로 알

왔기 때문에 아무 조건 없이 믿을 수 있었습니다. 죽은 자를 살리고 무에서 유를 창조하며 한번 하신 약속은 반드시 지키는 신실하신 하나님으로 알고 있었기 때문에 무조건 믿을 수 있었습니다. 하나님이 말씀하셨다는 그 사실 하나가 믿기에 충분한 조건이 되었던 것입니다. 이것이 '바랄 수 없는 중에 바라고 믿는 믿음'입니다.

우리가 구원받기 위해서 필요한 믿음 역시 아브라함의 경우나 전혀 다름이 없습니다. 우리 역시 '바랄 수 없는 중에 바라고 믿는 것'이어야 합니다. 우리 입장에서 말하면 믿음의 대상을 우리 눈으로 확인하고 믿는 것이 아닙니다. 또 어떤 증거가 뚜렷이 손에 잡혀서 믿는 것도 아닙니다. 예수님이 과연 믿을 만한 분인가 하고 논리적으로 따져보고 믿는 것도 아닙니다.

언제 우리가 한 번이라도 예수님을 만난 적이 있나요? 그분이 십자가에 못 박히는 현장에 가보기를 했나요? 그분이 부활하는 것을 목격한 적이 있나요? 전혀 없습니다. 그러니까 우리 편에서 볼때는 믿을 수 없는 것을 믿는 것입니다. 이것이 믿음입니다. 그러므로 히브리서 저자는 이렇게 말했습니다.

> 믿음은 바라는 것들의 실상이요 보이지 않는 것들의 증거니(히 11:1).

우리가 보지 못하는 것을 바라는 것이 믿음입니다.

> … 곧 예수 우리 주를 죽은 자 가운데서 살리신 이를 믿는 자니라 (24절).

이 말씀은 우리 주 예수님을 죽은 사람 가운데서 살리신 하나님을 믿어야 구원받을 수 있다는 말입니다.

> 예수는 우리가 범죄한 것 때문에 내줌이 되고 또한 우리를 의롭다 하시기 위하여 살아나셨느니라(25절).

예수님은 우리 죄 때문에 죽음을 당하셨고 우리가 의롭다는 인정을 받게 하시려고 다시 살아나셨습니다. 우리는 예수님이 십자가에서 못 박혀 죽으셨다는 사실을 역사적인 사건으로 긍정할 수 있습니다. 지성인치고 이것을 부인하는 자는 없습니다. 그러나 그 죽음이 바로 나의 죄 때문이라는 사실을 믿는 것은 불가능합니다. 그리고 죽은 자가 부활했다는 이야기는 눈으로 직접 확인하기 전에는 믿지 않는 것이 정상이요, 그렇게 하는 게 지혜롭다고 여기는 것이 우리 인간입니다. 하물며 그분이 부활하심으로 내가 의롭다 함을 받을 수 있다는 말을 믿을 사람이 어디 있겠습니까? 이런 의미에서 복음의 내용 자체는 인간 편에서 볼 때 바랄 수 없는 것을 바라는 것과 다름없습니다.

그럼에도 우리는 믿어야 합니다. 왜 그렇게 해야 합니까? 하나님의 말씀이니까 믿어야 합니다. 이것이 믿는 이유입니다. 솔직히 우리가 처음 예수 믿을 때 얼마나 알고 믿습니까? 만족할 만큼 알아서 믿는 사람은 아무도 없습니다. 잘 모르지만 하나님께서 말씀하셨다고 하니까 믿는 것입니다.

그러므로 예수님을 믿는다는 것은 대단한 기적입니다. 믿음이라는 것은 크든 작든 엄청난 기적입니다. 이 기적을 일컬어 하나님의 은혜라고 합니다. 우리가 예수님을 믿는다는 것은 '바랄 수 없는 중에 바라고 믿은' 아브라함의 기적이 우리에게 일어났음을 의미합니다. 비록 우리의 믿음이 나약하다 할지라도 그 믿음을 과소평가하면 안 됩니다. 아무리 작은 믿음이라도 참된 믿음이라면 그것은 최대의 기적입니다. 바랄 수 없는 것을 바라게 하셨으니 하나님의 선물이요, 은혜가 아닐 수 없습니다.

> … 만일 너희에게 믿음이 겨자씨 한 알 만큼만 있어도 이 산을 명하여 여기서 저기로 옮겨지라 하면 옮겨질 것이요…(마 17:20).

겨자씨는 육안으로 보기 어려울 정도로 그 크기가 작습니다. 그런데 우리에게 겨자씨 한 알만큼의 믿음만 있어도 못할 일이 없다고 주님이 말씀하셨습니다. 아무리 작은 믿음이라도 바랄 수 없는 중에 바라는 믿음은 정말 귀한 것이요, 대단한 것입니다. 우리에게 이 기적의 씨앗인 믿음을 주신 하나님께 감사합시다.

확신하는 믿음

둘째로 아브라함의 믿음은 '약속하신 그것을 또한 능히 이루실 줄을 확신하는 자리까지 발전하는 것'을 의미했습니다. 이는 21절의 내용을 그대로 인용한 말입니다. 아브라함의 믿음을 한마디로 표현하면 '확신하는 자리까지 발전하는 믿음'이라고 할 수 있습니다.

> 그가 백 세나 되어 자기 몸의 죽은 것 같음과 사라의 태의 죽은 것 같음을 알고도 믿음이 약하여지지 아니하고(19절).

당시 아브라함의 나이가 백 세라고 했습니다. 정확하게 말하면

99세입니다. 아브라함이 하나님께 의롭다 함을 받은 지도 20년이란 세월이 흘렀습니다. 아브라함과 사라의 몸은 날이 갈수록 노쇠하는데 자식이 생길 기미는 전혀 보이지 않았습니다. 그 부부가 얼마나 답답한 나날을 보냈겠습니까? 아브라함이 자기 몸을 '죽은 것 같다'고 표현한 것만 보아도 그의 심정을 충분히 읽을 수 있습니다. 이것은 완전히 절망스러운 상태를 의미합니다. 당시 그의 입장에서는 그럴 수밖에 없었을 것입니다.

그런데 자기 몸을 죽은 고목 같다고 생각하던 그를 염두에 두고 창세기 25장을 한번 읽어보십시오. 웃음이 절로 나올 것입니다. 거기에 보면 아내 사라가 죽자 아브라함이 재혼을 했습니다. 게다가 백 세 때 자기 몸이 죽은 것 같다고 말하던 노인이 37년이 지난 그때부터 무려 아들을 6형제나 낳았습니다. 사람의 생각만 가지고 죽은 고목이니 가망이 없느니 하고 미리 절망하는 것이 얼마나 가소로운 일인지 다시 한 번 느끼게 해줍니다. 이것을 보면 하나님의 능력과 지혜는 참으로 놀랍습니다. 전혀 불가능하게 보였지만, 하나님은 하신다고 하면 140세에도 자식을 낳게 하실 수 있습니다.

하나님이 아브라함에게 약속을 주시고 나서 왜 20년이 지나도록 자식을 주시지 않았을까요? 몇 년 지나지 않아 자식을 하나 주셨다면 아브라함이 얼마나 좋아했겠습니까? 그의 주변에 있는 가나안 사람들은 하나님을 믿지 않아도 자식을 수두룩하게 잘도 거느리며 살고 있었습니다. 아브라함이 그들을 얼마나 부러워했겠습니까? 그는 자식을 간절히 소원했습니다. 그런데도 하나님은 20년 동안이나 아브라함에게 자식을 허락하지 않으셨습니다. 이런 것을 보면 우리의 얕은 생각으로는 도저히 하나님의 심정을 읽을 수가 없습니다.

그러나 하나님의 계획에는 우리가 알 수 없는 오묘한 섭리가 있습니다. 하나님이 아브라함에게 그렇게 하신 데에는 깊은 뜻이 숨어 있었던 것입니다. 아브라함은 모든 믿는 자들의 조상이 되어야 할 막중한 위치에 놓여 있었습니다. 그의 믿음은 모든 사람에게 귀감이 되어야 했습니다. 불순한 것이 하나도 들어 있지 않아야 했습니다. 이러한 목적을 달성하기 위해 하나님이 택하신 수단은 그를 절망 상태까지 가도록 하는 것이었습니다. 인간이 기댈 수 있는 방법이나 여건, 가능성 등이 다 사라질 때까지 기다리기로 한 것입니다. 그래서 어떻게 되었습니까? 인간적으로 기댈 만한 환경이나 손을 쓸 만한 도구가 하나도 남아 있지 않은 빈손이 되어버렸습니다.

놀라운 사실은 그런 상황에서 아브라함의 믿음이 최고로 좋아졌다는 것입니다. 하나님은 절대로 실패하지 않으십니다. 그분이 기대하셨던 그대로 되었던 것입니다. 정말 놀라운 일입니다.

> 그가 백 세나 되어 자기 몸이 죽은 것 같고 사라의 태가 죽은 것 같음을 알고도 믿음이 약하여지지 아니하고 믿음이 없어 하나님의 약속을 의심하지 않고 믿음으로 견고하여져서 하나님께 영광을 돌리며(19-21절).

여기서 우리가 주목해야 할 점이 하나 있습니다. 믿음이 성장하는 것은 하루아침에 되지 않는다는 사실입니다. 창세기에 기록되어 있는 아브라함의 일대기를 주의 깊게 읽어보세요. 아브라함의 믿음이 약해질 때가 여러 번 있었다는 사실을 발견할 수 있을 것입니다. 하나님으로부터 자손이 별처럼 번창하리라는 언약을 받은 지 얼마 지나지 않아서 그는 의심하기 시작했습니다. 1, 2년이 지났는데도 소식이 없자 아브라함 부부는 초조해졌습니다. 특히 사라의 마음이 더 조급해졌습니다.

어느 날 그는 안달이 난 나머지 남편에게 자기 하녀인 하갈을 취해서 자식을 얻는 것이 어떻겠느냐고 간청했습니다. 이 제안은 믿음이 흔들리면서 생각해낸 인간적인 꾀라고 할 수 있습니다. 믿음이 강해지는 것이나 약해지는 것도 가장 가까운 사람의 영향을 받기 쉬운 법입니다. 아브라함은 사라의 믿음 없는 말을 듣고 자기도 모르게 마음이 흔들렸습니다. 결국 그는 첩을 얻어서 아들 이스마엘을 낳았습니다.

아브라함이 의심했던 흔적을 또 찾아볼 수 있습니다.

> 아브람이 이르되 주 여호와여 무엇을 내게 주시려 하나이까 나는 자식이 없사오니 나의 상속자는 이 다메섹 사람 엘리에셀이니이다 아브람이 또 이르되 주께서 내게 씨를 주지 아니하셨으니 내 집에서 길린 자가 내 상속자가 될 것이니이다(창 15:2-3).

아브라함이 얼마나 믿음 없는 소리를 했습니까?

> 아브라함이 엎드려 웃으며 마음속으로 이르되 백 세 된 사람이 어찌 자식을 낳을까 사라는 구십 세니 어찌 출산하리요 하고 아브라함이 이에 하나님께 아뢰되 이스마엘이나 하나님 앞에 살기를 원하나이다 (창 17:17-18).

아브라함은 여전히 의심하고 있습니다.

> 사라가 속으로 웃고 이르되 내가 노쇠하였고 내 주인도 늙었으니 내

게 무슨 즐거움이 있으리요(창 18:12).

아브라함과 사라가 줄줄이 의심하는 것을 볼 수 있습니다. 그럼에도 성경은 무엇이라고 합니까? 믿음 없이 의심하지 않고 나중에는 반드시 된다는 확신을 얻는 자리까지 나아갔다고 합니다.

아브라함에게 있어 오랜 기다림의 과정은 믿음을 흔들고 의심하게 만드는 시험과 자주 싸워야 하는 긴장의 나날이었지만 동시에 강한 믿음, 의심하지 않는 순수한 믿음을 만들어가는 성숙기였다고 할 수 있습니다. 우리도 구원받기 원한다면 우리의 믿음이 오랜 연단을 통해 확신하는 자리까지 자라야 합니다. 지금 당장 천국이 우리 눈앞에 나타나지 않는 이유도 우리의 믿음을 위해서라는 것을 알아야 합니다.

일반적으로 믿음이 좋으면 의심하지 않는다고 생각하는 경향이 있습니다. 이것은 잘못된 생각입니다. 의심하니까 믿음이 없다고 말하는 것 역시 잘못입니다. 이런 생각은 모두 마귀의 속삭임이요, 꾐이라고 할 수 있습니다. 의심하는 것과 믿는 것은 별개의 문제입니다. 믿음은 의심에서 반드시 해방되는 것을 의미하지 않습니다. 로이드 존스는 이런 말을 했습니다. "어떤 의미에서는 자기의 의심을 극복하고 그 의심에 대해 대답하게 하는 것이 믿음이다."

정말 공감이 가는 말입니다. 똑같은 햇살을 받아도 진흙은 굳지만 왁스는 녹아내립니다. 이와 마찬가지로 여러 가지 시련을 당하는 과정에서 진짜 믿음은 점점 더 강해지지만 거짓 믿음은 왁스처럼 녹아 없어지는 것입니다. 참된 믿음이란 아브라함처럼 믿었다 의심했다 하는 시련을 극복함으로써 얻을 수 있습니다. 그런 과정을 거치면서 결국은 견고하고 확신에 찬 믿음으로 성장하는 것입니다.

제가 전도사 시절에 겪은 이야기를 잠깐 할까 합니다. 주일학교를 맡아 지도하고 있을 때였습니다. 교사 중에 믿음 좋은 자매가 있었습니다. 그는 모든 면에 있어서 모범이 되는 교사였습니다. 그런데 그 자매가 어느 날 저녁에 갑자기 저를 찾아왔습니다. 심각한 문제를 안고 상담을 요청한 것입니다.

그 자매는 하고 싶지 않은 이야기를 저에게 마지못해 털어놓았습니다. "전도사님, 저에게는 기억하고 싶지 않은 과거가 있어요. 제가 고3 때 아버지의 사업이 실패하는 바람에 집안이 완전 거덜났어요. 저는 그때 충격을 이기지 못해 가출을 했어요. 그런데 그만 나쁜 건달에게 붙잡혀서 본의 아니게 동거를 하게 되었지요. 반년 가까이 그렇게 생활하며 고민하다가 예수 믿고 그 생활을 청산할 수 있었습니다. 그것이 벌써 5, 6년 지난 일이에요. 그런데 큰일이 났어요. 맞선을 보자는 남자가 나타났어요. 저는 예수님을 믿고 내 모든 죄를 용서받았다는 확신을 가지고 있었어요. 그러나 당장 맞선을 본다고 생각하니 마음이 여간 불안하지 않아요. 제 모든 과거를 완전히 용서받지 못한 것 같아요. 제가 결혼을 해도 되는 걸까요? 전도사님, 저는 어떻게 하면 좋을까요?"

그 자매의 말을 듣고 병아리 전도사가 얼마나 난감했는지 모릅니다. 뭐라고 시원한 대답을 해주어야 하는데 너무 심각한 문제라서 그런지 얼른 대답이 나오지 않았습니다. 예수 믿으면 모든 죄를 용서받는다고 강단에서는 자신 있게 가르쳤지만 막상 실제적인 문제에 부딪히고 보니 확신 있는 대답이 쉽게 나오지 않았습니다. 그래서 그 자매에게 대답할 시간을 좀 달라고 해놓고는 부랴부랴 저의 은사님을 찾아갔습니다. 도저히 저 혼자서 결정을 내릴 수가 없었기 때문입니다. 은사님께 자초지종을 말했지만 그분도 즉시 답변을 하시지는 못했습니다.

우리는 한참 고민하다가 결국 기도하는 심정으로 결론을 내렸습니다. 아무리 추악한 과거가 있다 할지라도 하나님께 한 번 그 죄를 용서받았다면 새로운 출발을 해도 된다는 것이었습니다. 그길로 저는 초조하게 기다리고 있는 자매에게 달려가 용기를 가지고 새 출발을 하라는 답변을 주었습니다. 그 자매는 마음에 평강을 얻고 새로운 인생을 설계했습니다. 드디어 결혼을 해서 지금은 행복하게 잘 살고 있습니다.

이처럼 믿음을 약하게 하려는 시험은 우리를 항상 따라다닙니다. 그러면 의심하는 것이 잘못된 것입니까? 아닙니다. 용서받을 수 없는 죄인이 용서받았다는 사실은 얼마나 엄청난 은혜입니까? 감당할 수 없을 만큼 큰 은혜를 받다 보니 때로는 순간적으로 의심이 들 수 있습니다. 그러나 이 의심을 통해 우리의 믿음이 자란다는 것을 믿어야 합니다. 의심과 싸우다 보면 나중에는 의심과 싸우지 않는 자리까지 가게 됩니다. 불순한 것이 다 제거되고 완전한 믿음의 자리까지 가게 되는 것입니다.

하나님의 은혜로 자라는 믿음

끝으로 아브라함이 25년간 믿음의 시련을 잘 견디고 확신하는 자리까지 발전할 수 있었던 것은 자기의 노력 때문이 아님을 우리는 기억해야 합니다. 아브라함의 생애를 훑어보면 그가 믿음이 약해지거나 의심의 덫에 걸려 고통스러워할 때마다 하나님이 방문하셨다는 사실을 발견할 수 있습니다.

하나님은 아브라함이 의심할 때마다 그를 찾아오셔서 그에게 언약의 말씀을 재확인하고 격려해주셨습니다. 그리고 아브라함에게 의심한다고 나무라신 예도 찾아볼 수 없습니다. 왜 후처를 취해 아들을 낳았느냐고 질책하시지도 않았습니다. 인간이란 원래 의심하기 쉬운 존재임을 잘 아셨기 때문일까요? 하기야 열두 제자들 역시 3년 동안 "왜 의심하느냐?"라는 핀잔을 듣고 살았습니다. 하나님의 은혜가 없이는 참된 믿음을 가질 수 없는 것이 우리 인간입니다.

이런 의미에서 의심할 때마다 아브라함을 찾으신 하나님의 방문은 은혜 중의 은혜라 아니할 수 없습니다. 20절과 21절에 "견고하여져서"와 "확신하였으니"라는 말이 나옵니다. 이 말은 수동태 동사입니다. 이것은 무엇을 의미합니까? 믿음은 우리의 자력으로 자라는 것이 아니라 하나님의 은혜가 따라야 자랄 수 있다는 것을 가르쳐 주고 있습니다.

믿음은 우리 스스로 강하게 할 수 없습니다. '믿습니다'를 아무리 연달아 외쳐보았자 믿음이 견고해지는 것이 아닙니다. 아브라함처럼 하나님과 깊이 만나는 은혜를 통해서 믿음이 강해진다는 것을 꼭 명심하기 바랍니다.

사랑하는 형제자매 여러분, 우리는 천국 문에 들어서는 순간까지 바랄 수 없는 것을 바라는 믿음의 항해를 계속해야 할 것입니다. 우리의 믿음이 확신의 자리까지 가려면 수많은 의심의 파도를 넘어야 가능합니다. 때로는 믿음이 약해지는 항해를 계속해야 할지도 모릅니다.

그러나 우리가 이 사실을 늘 염두에 두고 신앙생활을 한다면 설령 믿음이 약해질 때에도 쓰러지지 않을 것입니다. 의심이 날 때에도 주저앉지 않게 될 것입니다. 시시때때로 말씀 앞에 앉아서 하나님과 깊이 만나야 합니다. 시시때때로 무릎 꿇고 하나님께 도움을 받아야 합니다. 이런 과정을 통해서 우리의 믿음도 아브라함처럼 확신의 자리까지 갈 수 있습니다. 우리 모두가 이 믿음을 통해서 하나님 나라에 당당하게 걸어 들어가는 복을 누리길 바랍니다.

14
당신은 하나님과 화평을 누리고 있는가

로마서 5장 1-11절

1 그러므로 우리가 믿음으로 의롭다 하심을 받았으니 우리 주 예수 그리스도로 말미암아 하나님과 화평을 누리자 2 또한 그로 말미암아 우리가 믿음으로 서 있는 이 은혜에 들어감을 얻었으며 하나님의 영광을 바라고 즐거워하느니라 3 다만 이뿐 아니라 우리가 환난 중에도 즐거워하나니 이는 환난은 인내를, 4 인내는 연단을, 연단은 소망을 이루는 줄 앎이로다 5 소망이 우리를 부끄럽게 하지 아니함은 우리에게 주신 성령으로 말미암아 하나님의 사랑이 우리 마음에 부은 바 됨이니 6 우리가 아직 연약할 때에 기약대로 그리스도께서 경건하지 않은 자를 위하여 죽으셨도다 7 의인을 위하여 죽는 자가 쉽지 않고 선인을 위하여 용감히 죽는 자가 혹 있거니와 8 우리가 아직 죄인 되었을 때에 그리스도께서 우리를 위하여 죽으심으로 하나님께서 우리에 대한 자기의 사랑을 확증하셨느니라 9 그러면 이제 우리가 그의 피로 말미암아 의롭다 하심을 받았으니 더욱 그로 말미암아 진노하심에서 구원을 받을 것이니 10 곧 우리가 원수 되었을 때에 그의 아들의 죽으심으로 말미암아 하나님과 화목하게 되었은즉 화목하게 된 자로서는 더욱 그의 살아나심으로 말미암아 구원을 받을 것이니라 11 그뿐 아니라 이제 우리로 화목하게 하신 우리 주 예수 그리스도로 말미암아 하나님 안에서 또한 즐거워하느니라

로마서 안에는 그 중요성으로 보아 가히 성경의 노른자위라고 불러도 좋을 부분이 몇 군데 있습니다. 오늘 본문인 5장 1절부터 11절까지의 내용이 그중 하나입니다. 이 말씀은 깊은 의미를 내포하고 있으며, 맛은 꿀송이처럼 달콤합니다. 우선 처음 두 절을 마음으로 음미하면서 소리 내어 읽어보면 이 말이 지나치지 않다는 것을 알게 될 것입니다.

> 그러므로 우리가 믿음으로 의롭다 하심을 받았으니 우리 주 예수 그리스도로 말미암아 하나님과 화평을 누리자 또한 그로 말미암아 우리가 믿음으로 서 있는 이 은혜에 들어감을 얻었으며 하나님의 영광을 바라고 즐거워하느니라(1-2절).

얼마나 따뜻하고 감미로운 말씀인지요! 여기에서 우리는 의롭다 함을 받은 즉시 날마다 맛보며 즐길 수 있는 하나님의 은혜가 무엇인지를 배우게 됩니다.

다시 한 번 1-2절의 말씀을 주의해서 봅시다. 세 가지의 기막힌 은혜를 발견할 수 있습니다. 하나님과 화평을 누리는 은혜, 믿음으로 서 있는 이 은혜에 들어가는 은혜, 하나님의 영광을 바라고 즐거워하는 은혜입니다. 모두 세상을 사는 우리가 땅 위에서 실제로 체험할 수 있는 은혜입니다.

그리고 3절부터 11절까지는 이 세 가지 은혜를 누리게 된 근거에 대해 설명하고 있습니다. 이와 같은 내용 때문에 성경학자들은 5장 1절부터 11절까지의 말씀을 '이신칭의의 결과', '이신칭의의 열매' 혹은 '이신칭의의 확신'이라고 말합니다.

하나님과 더불어
화평을 누리는 은혜

지금까지 말씀을 통해서 배운 바와 같이 우리는 원래 하나님과 평화로운 관계를 가질 수 없는 존재였습니다. 하나님의 심판을 피할 수 없는 죄인이었습니다. 다시 말해 하나님과 우리는 서로 가까이 접근할 수 없는 상극(相剋)이었습니다. 이 사실을 단적으로 표현하는 말이 10절에 나옵니다. "곧 우리가 원수 되었을 때에." 하나님은 창조자요, 우리는 피조물입니다. 창조자 앞에서 피조물은 형편없는 약자에 지나지 않습니다. 그런데 둘 사이가 원수지간이 되었으니 약자인 피조물의 처지에서 어찌 그 마음이 평안할 수 있겠습니까? 만일 그래도 평안하다고 떠벌린다면 그것은 어불성설일 것입니다.

그런데 우리가 예수님을 믿자마자 하나님과 우리 사이의 관계에는 말로 형언할 수 없는 기적이 일어났습니다. 하나님께서는 더 이상 우리를 죄인으로 보지 않으십니다. 대신 우리를 의인으로 보십니다. 만일 우리가 여전히 죄인으로 남아 있다면 하나님과 우리 사이는 계속해서 서로 가까이할 수 없는 적대 관계로 남을 것입니다. 그러므로 하나님이 우리를 의인으로 보신다는 것은 하나님 편에서 그 적대 관계를 청산하셨다는 의미가 됩니다.

그뿐입니까? 한 걸음 더 나아가 우리를 사랑받는 아들의 위치에까지 세워주셨습니다. 하나님은 더 이상 우리에게 날마다 진노하시는 분이 아닙니다. 멀리서 보기만 해도 도망가야 할 그런 분이 아닙니다. 항상 얼굴을 마주 대하고 다정하게 사랑을 주고받을 수 있는 사이가 되었습니다. 그 넓고 따뜻한 품에 안겨서 우리의 모든 시름을 달랠 수 있는, 아빠와 아들의 관계가 형성된 것입니다. 이것이 하나님과 화평을 누리는 은혜입니다.

칭의는 믿음으로 받는 은혜입니다. 반면에 하나님과 화평을 누리는 것은 칭의의 결과로 따라오는 은혜라고 할 수 있습니다.

예수님을 믿으면 마음이 평안해집니다. 하나님을 생각하면 마음에 기쁨이 솟아납니다. 여건이 달라져서 그런 것이 아닙니다. 환경이 바뀐 것도 아니지만 하나님이 나의 모든 죄를 용서하시고 사랑하신다는 것을 받아들일 때 마음이 평안해진다는 말입니다. 비록 죄인임에도 의인으로 대우받는다는 사실이 워낙 엄청난 사건이기 때문에 한순간에 우리 마음에서 대변혁이 일어나는 것입니다. 이는 공포가 평안으로 바뀌는 변혁입니다.

그러므로 예수님을 믿는데 이런 평안이 찾아오지 않는다면 그는 무엇인가 잘못된 사람이라 할 수 있습니다. 화평은 칭의의 결과로 나타나는 것입니다. 믿음으로 의롭다 함을 받은 사람에게는 반드시 하나님으로 더불어 화평하는 은혜가 따라옵니다. 칭의를 뿌리라고 한다면 하나님과 화평을 누리는 것은 열매라고 할 수 있습니다.

우리나라와 북한 사이에 열린 남북 고위급 회담에서도 쌍방 간에 의견 대립이 있었지만 조정을 거친 결과 합의 문서가 작성되었습니다. 그리고 양쪽 총리들이 조인을 한 합의서가 발표되었습니다. 이 합의서는 어디까지나 정치인들끼리 주고받는 문서라 할 수 있습니다. 우리는 실제로 그 합의서를 보지 못했지만 매스컴을 통해서 소식을 듣고 신뢰하는 것입니다.

그런데 그 합의서의 내용을 듣는 순간부터 무엇인가 우리의 의식 세계에 변화가 일어나고 있다는 것을 감지할 수 있었습니다. 나도 모르게 전쟁에 대한 불안감이 고개를 숙이는 듯한 느낌을 받게 됩니다. 40여 년이 넘도록 서슬 퍼렇게 서로 으르렁대던 적대감이 조금씩 누그러드는 것을 느낄 수 있습니다. 하나뿐인 아들을 155마일 휴전선 앞으로 보내놓고 밤낮으로 신변을 염려하던 부모는 자기도 모르게 안도의 한숨을 내쉬게 됩니다.

이렇게 감정의 변화가 일어나는 것은 합의서를 신뢰한다는 실제적인 증거입니다. 조인한 사실을 분명히 알면서도 이렇게 평안해지는 감정의 변화가 오지 않는다면 합의서 자체를 믿지 않는 것으로 보아야 합니다.

이 예화에 빗대어 말하자면, 하나님과 예수님 사이에 합의서가 조인되었다고 할 수 있습니다. 이를테면 하나님은 예수 믿는 우리를 다시는 원수로 대하지 않겠다고 약속하셨으며, 예수님은 자기의 피로 그 합의서에 도장을 찍으신 것입니다. 이는 하나님과 우리를 대신한 예수님 사이에 일종의 화목 증서가 교환된 것으로 볼 수 있습니다. 우리는 이 증서를 신뢰해야 합니다. 이것이 믿음입니다. 따라서 누구든지 믿으면 반드시 마음에 변화가 일어납니다. 그것은 밀물처럼 밀려드는 영혼의 평안입니다. 하나님으로 더불어 화평을 누리는 은혜입니다.

1절의 "화평을 누리자"는 '화평을 누리고 있다'로 번역할 수도 있습니다. 둘 중 어느 것이 더 좋은 표현이라고 생각합니까? 상관은 없지만 굳이 고른다면 저는 후자를 택하고 싶습니다. 누구든지 예수님을 믿으면 그 마음에 자연적으로 평화가 찾아오기 때문입니다. 그러니까 '누리고 있다'고 하는 쪽이 훨씬 자연스럽습니다. 화평을 '누리자'라고 하면 좀 어색한 느낌이 듭니다. 마치 우리가 화평을 거절할 수도, 받아들일 수도 있다는 뉘앙스를 풍길 수 있습니다. 하나님과 누리는 화평은 원한다고 찾아오는 은혜가 아니지 않습니까? 이것은 선택의 문제가 결코 아닙니다. 그러므로 예수님을 믿고 의롭다 함을 받으면 하나님과 더불어 화평을 누리는 것은 자연스러운 귀결이요 또 당연한 권리입니다.

　어떻습니까? 우리 모두에게 하나님과 더불어 화평을 누리는 이 은혜가 있어야 하지 않겠습니까? 스스로에게 '나는 이 평안을 아는가?' '나는 이 평안을 누리고 사는가?' 한번 물어보세요. 이 평안은 참으로 놀라운 것입니다. 아무리 몸이 괴롭고 고달파도 가슴속에서 은은히 전달되는 평안입니다. 아무리 힘든 일이 태산처럼 쌓여 있어도 촉촉히 가슴을 적실 수 있는 평안입니다. 당신에게 이 평안이 있습니까? 우리 주변에는 주일학교 학생으로부터 어른에 이르기까지, 예수님을 갓 믿었거나 오래 믿었거나, 이 평안을 누리며 사는 사람이 적지 않습니다.

　제가 시무하는 교회 신문에 〈경아의 오른팔〉이라는 제목의 기사가 난 적이 있습니다. 고3, 꿈 많은 여고 시절에 단백질이 빠져나가는 불치병인 신증후군을 앓고 있는 소녀의 이야기입니다. 제가 그 기사를 읽고, 또 게재된 사진을 보며 얼마나 충격과 도전을 받았는지 모릅니다.

경아는 중환자실에서 마치 꺼져가는 등불처럼 힘든 투병생활을 했습니다. 그런데 설상가상으로 오른팔이 썩어 들어가기 시작했습니다. 결국은 그 팔을 절단해야 했습니다. 우리 교회의 어린 자녀가 이런 병고에 시달리고 있다는 소식을 접하면 담임목사는 마음이 참 아프고 고통스럽습니다. 경아가 아무 탈 없이 완치된다면 얼마나 좋겠습니까?

경아는 한동안 예수님을 믿지 않았습니다. 그러다가 병상에서 예수님을 다시 영접했습니다. 그런데 저를 놀라게 한 것은 수술 후 찍은 사진에서 오른팔을 절단한 채 왼손으로 턱을 괴고 맑게 웃는 경아의 평안한 얼굴이었습니다. 사진 설명에는 "예수님의 부활을 믿었기에 팔을 절단하러 들어갈 때도 담담했어요"라는 글귀가 붙어 있었습니다. 이것은 초자연적인 평안입니다. 정말로 신비한 평안입니다.

잔인하리만큼 갈기갈기 찢긴 이 어린 소녀의 마음을 그토록 평안하게 붙들고 있는 능력은 어디서 오는 것일까요? 이것은 우리가 두고두고 연구해도 그 끝을 찾지 못할 만큼 심오한 것이라 할 수 있습니다. 그러나 우리는 압니다. 우리는 말할 수 있습니다. 예수님 때문에 하나님과 화평을 누리는 자만이 누릴 수 있는 은혜라는 것을 말입니다.

하나님과의
화평을 해치는 두 가지

반면에 아직도 이 평안이 무엇인지 모르는 분들이 있을 것입니다. 오랫동안 교회를 다녔습니다. 예수님을 의심하지 않고 믿습니다. 그러나 마음에 평안이 없는 분들이 있습니다. 하나님으로부터 의롭다 함을 받았으므로 하나님과 화목하게 되었다는 사실을 주저하지 않고 고백하지만 막상 하나님과 더불어 평안을 누리느냐고 물으면 대답하기를 꺼리는 분들이 있습니다. 어떤 때는 평안을 느끼지만 쉽게 그 평안이 깨져버린다고 실토하는 형제가 있습니다. 나름대로 기도하고 성경을 읽으며 애를 써보지만 마음속에서 일어나는 갈등과 불안, 공포 등이 사라지지 않는다고 안타까워하는 형제도 있습니다.

이런 형제들은 은혜 밖에서 맴돌고 있는 사람입니다. 어떤 의미에서는 비정상적인 자리에 있다고 할 수 있습니다. 예수님을 믿어도 평안이 없다면 정상이 아닙니다. 하루빨리 하나님과 화평을 누리는 자리로 돌아와야 합니다. 그렇게 하기 위해 무엇이 내 마음의 평안을 빼앗아가는지 찾아야 합니다. 개인에 따라서 그 이유가 다양할 수 있습니다. 그러나 본질적으로 따지면 죄책감과 완벽주의로 인해 생기는 갈등을 그 원인으로 들 수 있을 것입니다.

죄책감

죄책감이란 과거에 범한 죄로 인해서 양심적으로 당하는 고통과 불안을 말합니다. 우리는 이 세상을 살면서 알게 모르게 죄를 지을 때가 많습니다. 그런데 어떤 죄는 한 번 회개하는 것으로 죄책감이 사라지기도 합니다. 반면에 어떤 죄는 수십 년이 흘러도 계속 쇠못으로 찌르듯 양심의 고통을 안겨줍니다. 회개도 수십 번 했습니다. 똑같은 죄를 짓고 있는 것도 아닙니다. 그럼에도 고통과 두려움이 사라지지 않습니다.

이런 사람은 스스로 이런 생각에 빠집니다. '내가 지은 죄는 용서받을 수 없어. 설혹 용서를 받는다고 해도 그 대가를 톡톡히 치러야

해.' 이것은 일종의 자학에 가까운 자기 정죄라 할 수 있습니다.

이 죄책감은 몸의 통증과 흡사한 데가 있습니다. 우리 주변에는 불치병으로 사형선고를 받은 사람들이 있습니다. 그들 가운데 어떤 사람은 죽는 순간까지 극심한 고통을 이기지 못해서 몸부림치는 것을 봅니다. 환자가 통증을 호소하면 간호사는 진통제를 투여합니다. 여러 번 진통제를 투여했는데도 통증이 가라앉지 않으면 결국 모르핀 같은 강한 성분의 약을 사용합니다. 하지만 그것도 잠시뿐 또다시 통증이 찾아옵니다. 제가 아는 암 환자는 2년 동안 이 무서운 통증과 싸우다 세상을 떠났습니다.

예수님을 믿은 후에도 사라지지 않는 죄책감은 잔인하기가 질병으로 인한 통증과 조금도 다르지 않습니다. 용서받은 은혜를 묵상하거나 찬양할 때에는 잠시 사라지는 것 같습니다. 그러나 시간이 흐르면 또다시 슬그머니 찾아옵니다. 잠재의식 속에는 일신상에 무슨 좋지 않은 일이 생기지 않을까 하는 불안이 떠나지 않습니다. 그렇게 전전긍긍합니다.

그러다가 조그마한 사고라도 덜컥 나면 자기의 죗값이라며 스스로를 정죄해버립니다. 이것은 자기가 자기를 용서하지 못하는 영혼의 고통이라 할 수 있습니다. 참으로 무서운 고문입니다. 이와 같은 잔인한 죄책감에서 자유함을 얻지 못한 채 수십 년 동안 교회를 다니는 분들이 적지 않습니다. 혹시나 당신이 바로 그 사람은 아닌지요? 주님께서 불쌍히 여기시기를 바랍니다.

완벽주의

다음으로 하나님과의 화평을 해치는 완벽주의에 대해 생각해보겠습니다. 완벽주의란 믿음으로 의롭다 함을 얻었다는 의식이 자기 안에서 자주 노출되는, 옛 자아의 추태를 못 보는 버릇을 말합니다. 원하는 만큼 거룩해지고 싶은데 그렇지 못한 데서 오는 갈등은 마음의 평안을 빼앗아갑니다. 예수 믿는 사람답게 온유하고 후덕한 인간미가 있으면 얼마나 좋을까요?

그런데 믿지 않는 사람과 비교해서 별로 구별이 안 되는 생각, 말, 행동을 하는 자신을 볼 때 구역질이 나는 것입니다. 또 습관적으로 자주 범하는 소소한 죄를 끊지 못해 괴로워하다가 결국은 자기 혐오증에 빠져듭니다. 이것은 자기와의 씨름입니다.

바울도 이런 갈등을 겪었습니다. 로마서 7장 24절을 보세요. "오호라 나는 곤고한 사람이로다 이 사망의 몸에서 누가 나를 건져내랴." 이와 같이 자신의 영적 상태가 마음에 들지 않아 스스로 괴롭히는 사람은 하나님과 화평을 누리는 은혜를 간직하기 어렵습니다. 갈등이 끊이지 않는 마음에 어찌 평안이 자리를 잡을 수 있겠습니까?

죄의 고통에서 벗어나라

죄책감이나 완벽주의를 가지고 고민하는 것이 무엇이 나쁘냐고 반문할지도 모릅니다. 오히려 바람직한 영적 예민함으로 보아야 하지 않느냐고 생각할 수도 있습니다. 물론 그 자체가 악은 아닙니다. 경우에 따라 큰 유익을 가져다줍니다. 나쁜 짓을 하고도 용서받았다고 떠들면서 고통스러워하는 빛이 안 보이는 사람보다 훨씬 바람직한 편이라고 할 수 있습니다. 그리고 감각이 없는 사람보다 건강하다고 할 수 있습니다.

그러나 아무리 유익하다 해도 의롭다 함을 받은 자가 누릴 가장 큰 행복을 앗아간다면 좋은 것이라 할 수는 없습니다. 이런 의미에서 죄책감과 완벽주의에 대한 반응은 나쁘다기보다는 매우 불행한 일이라고 하는 편이 옳을 것입니다.

하나님은 우리의 과거가 깨끗해서 의롭다고 하신 분이 아닙니다. 하나님은 우리가 완전하기 때문에 의인으로 취급하시는 것이 아닙니다. 단지 예수님을 믿기 때문에 우리의 과거, 현재, 미래의 모든 죄를 단번에 사하셨습니다. 동시에 우리를 무조건 의롭다고 하셨습니다. 하나님은 우리의 크고 작은 죄를 가리지 않고 다 용서하고 잊었다고 하십니다. 그런데 우리는 왜 과거의 죄에 매여 고통스러워합니까? 왜 현재의 자기 모습을 혐오하며 고통스러워합니까?

골로새서 2장 13절을 보십시오. 하나님은 "우리의 모든 죄를" 사했다고 말씀하십니다. 여기에 나오는 '모든'이라는 말은 의미가 참 깊습니다. 우리가 말하는 '모든'과 하나님이 말씀하시는 '모든'은 조금 다른 데가 있습니다. 가령 어떤 형제가 내게 잘못했을 때 "이제 당신의 모든 죄를 다 용서하겠소" 한다면 여기에서 '모든'은 조건적이며 제한적인 의미를 가지고 있습니다. 우리가 지금 알고 있는 범위 내에서 그의 잘못을 용서해준다는 말이기 때문입니다. 하지만 미처 몰랐던 잘못이 있거나 또다시 잘못을 범한다면 문제가 달라집니다. 그런 경우에는 "아니, 이게 대체 어떻게 된 거요?" 하고 안색을 싹 바꾸며 따질지도 모릅니다.

반면에 하나님의 '모든'은 이렇게 한정된 것이 아닙니다. 우리의 모든 죄를 용서하셨다고 할 때 그 '모든'은 과거, 현재, 미래에 걸쳐 모든 시간을 초월해서 우리가 지은 죄를 모두 다 사해주신다는 말입니다. 다시 말하면 우리가 과거에 지은 죄, 지금 짓고 있을 수도 있는 죄, 미래에 지을지도 모르는 죄까지 포함해서 모든 죄를 다 용서하신다는 것입니다. 하나님의 시간은 항상 현재입니다. 시간을 창조하신 하나님에게는 과거, 미래가 없습니다.

그러므로 한번 모든 죄를 용서하셨으면 그 용서는 영원토록 현재의 용서로 유효한 것입니다. 하나님이 "네가 그렇게 악한 짓을 할 줄 몰랐어. 그것만은 용서할 수 없어. 그것만은 예외야"라고 말씀하실 수 있다고 생각합니까? 아닙니다. 하나님은 우리의 큰 죄나 작은 죄, 과거의 죄나 현재의 죄, 그 어떤 것도 문제 삼지 않으시고 무조건 용서하시는 분입니다. 그렇다면 어떤 특정한 죄를 끌어안고 씨름한다는 것이 얼마나 어리석은 일입니까?

우리가 상식적으로 생각해도 죄책감과 완벽주의 때문에 평안을 빼앗긴다는 것은 어리석은 일입니다. 세상 법에도 일사부재리의 원칙이라는 것이 있습니다. 똑같은 죄를 가지고 이중으로 벌할 수는 없습니다. 공범이 아닌 이상 똑같은 죄를 가지고 두 사람을 벌할 수는 없습니다. 세상의 법도 이와 같은 원칙이 적용되는데 하물며 모든 법의 근원이 되시는 하나님께서 똑같은 죄 때문에 우리를 다시 벌한다는 것은 상상도 할 수 없는 일입니다.

하나님이 예수님에게 죗값을 물으실 때는, 우리에게 다시 묻지 않겠다는 의도를 가지고 계신 것입니다. 예수님이 이미 우리의 죗값을 홀로 감당하고 십자가에서 심판을 다 받으셨는데 우리를 다시금 징벌하신다는 것은 상식으로도 통하지 않는 이야기입니다. 이것을 아는 사람이 죄책감을 가지고 고통스러워한다면 그것은 바보 같은 짓입니다.

저는 이 저주스러운 죄책감과 완벽주의에 매여 씨름하는 것이 얼마나 무서운 일인가를 경험을 통해서 잘 알고 있습니다. 저는 어렸을 때 말씀을 잘못 배웠습니다. 예를 들면 이런 것입니다. "예수 믿은 다음에 짓는 죄는 훨씬 크고 악한 죄다. 용서를 받는 것과 벌을 받는 것은 별개의 문제다. 알고 짓는 죄는 사할 방법이 없다."

당시 교회가 성결을 지나치게 강조하다가 정도를 벗어났는지 모르지만 하여튼 이 잘못된 가르침은 저를 얼마나 고통 속으로 몰아넣었는지 모릅니다. 저는 모태신앙입니다. 그러니 제가 살면서 지은 죄는 전부 다 예수님을 믿고 나서 지은 죄가 됩니다. 예수님을 모르고 지은 죄는 하나도 없습니다. 결국 저의 죄는 더 크고 악한 죄가 된 셈이었습니다. 그리고 회개했지만 저는 평생 벌을 받아야 하는 처지가 되었습니다.

어디 그뿐입니까? 저는 죄인 줄 모르고 지은 것은 거의 없습니다. 죄라는 것을 알면서 지었으니 하나님의 용서를 받지 못할 죄인이 되고 만 것입니다. 이런 처지에 있는 제가 어찌 마음에 평안이 있을 수 있었겠습니까? 정말 불행한 일이었습니다. 진리를 잘못 배운다는 것이 한 개인을 이렇게 무참히 짓밟아버린다는 사실을 알아야 합니다.

우리는 처음부터 하나님의 말씀을 바로 배워야 합니다. 마음에 평안이 없는 분들은 어디엔가 그 원인이 있을 것입니다. 그 원인이 어디에 있는지 살펴보십시오. 만일 저와 같이 잘못 배워서 그렇다면 이 시간 진리를 바로 깨닫길 바랍니다. 또한 반드시 그 고통에서 해방되고 하나님과 더불어 평안을 누리는 자가 되어야 합니다.

하나님과 화평을 누리는 비결

그러면 좀 더 구체적으로 하나님과 더불어 화평을 누릴 수 있는 비결에 대해 생각해보겠습니다. 우리는 그 비결을 하나님의 말씀 속에서 찾을 수 있습니다. 1절을 다시 한 번 주목하십시오. 매우 중요한 말씀이 들어 있습니다.

> … 우리 주 예수 그리스도로 말미암아….

간단한 말씀이지만 이것이 비결입니다. 우리가 화평을 누릴 수 있는 것은 예수님 때문입니다. 우리가 작은 죄만 짓고 큰 죄를 안 지었기 때문에 화평을 누리는 것이 아닙니다. 우리의 죄가 전부 모르고 지은 것이기 때문에 화평을 누리는 것이 아닙니다. 우리가 완벽해서 화평을 누리는 것도 아닙니다. 우리가 하나님 앞에 철저히 회개했기 때문에 화평을 누리는 것도 아닙니다. 우리에게 불완전한 데가 보이지 않아서 화평을 누리는 것이 아닙니다. 우리가 하나님과 화평을 누릴 수 있는 이유는 예수 그리스도 때문입니다.

예수 그리스도가 어떤 분입니까? 다시 한 번 확인해볼 필요가 있습니다. 로마서 4장은 예수님에 대해 매우 심오한 사실을 이야기하고 있습니다.

> 예수는 우리가 범죄한 것 때문에 내줌이 되고 또한 우리를 의롭다 하시기 위하여 살아나셨느니라(롬 4:25).

예수님은 우리의 죄 때문에 십자가에서 희생된 분입니다. 그리고 삼 일 만에 살아나셔서 우리의 모든 죄를 사하시고 우리를 의롭다고 하신 분입니다.

> 우리가 아직 연약할 때에 기약대로 그리스도께서 경건하지 않은 자를 위하여 죽으셨도다(6절).

예수님은 우리가 경건하지 않을 때 우리의 연약함을 다 짊어지고 십자가에서 죽으신 분입니다.

> 우리가 아직 죄인 되었을 때에 그리스도께서 우리를 위하여 죽으심으로 하나님께서 우리에 대한 자기의 사랑을 확증하셨느니라(8절).

예수님은 우리가 죄인일 때에 그 죗값을 대신 짊어지고 십자가에서 죽으심으로 하나님의 사랑을 우리에게 안겨주신 분입니다.

> 그러면 이제 우리가 그의 피로 말미암아 의롭다 하심을 받았으니 더욱 그로 말미암아 진노하심에서 구원을 받을 것이니(9절).

예수님은 우리를 하나님의 진노에서 벗어나게 하신 분입니다.

> 곧 우리가 원수 되었을 때에 그의 아들의 죽으심으로 말미암아 하나님과 화목하게 되었은즉…(10절).

예수님은 자신의 죽음을 통해 원수 된 우리를 하나님과 화목하게 하신 분입니다. 우리는 이 예수님으로 말미암아 하나님과 화평을 누리게 되었습니다. 우리의 평안은 전적으로 십자가에서 죽으신 예수님이 가져다준 은혜요, 선물입니다.

그럼에도 우리는 예수님보다 자기 자신에 더 비중을 많이 두는 나쁜 버릇이 있습니다. 예수님을 생각해야 할 자리에 자기를 놓고 더 예민하게 살피는 경향이 있습니다. 과거의 죄를 돌아볼 때에도 예수님 생각은 안 하고 하나님과 일대일로 대면하는 자기 자신만 생각하려고 합니다. 우리는 하나님과 독대하려는 버릇이 있습니다.

이것은 하나님과 직접 담판하려고 하는 무모한 행동입니다. 입으로는 예수 공로를 말하지만 실제로는 예수님을 따돌리고 하나님 앞에 자기 혼자 들어가기를 잘합니다.

한번 생각해봅시다. 하나님은 완전히 거룩하시고 우리는 완전히 더러운데 하나님의 절대 신성과 우리의 절대 죄성이 마주치면 어떻게 될까요? 공포, 갈등, 두려움밖에 남을 것이 더 있겠습니까? 우리는 예수님을 보아야 합니다. 오직 예수님만이 하나님을 찾는 문입니다. 그러므로 내 과거의 죄를 생각할 때도 하나님 앞에서 나를 보지 말고 예수님 안에 있는 나 자신, 예수님 안에 있는 나의 죄를 볼 줄 알아야 합니다. 우리는 자기를 정죄하기 전에 예수님이 나를 위하여 모든 죗값을 치르신 사실을 믿고 그분을 보아야 합니다. 이렇게 예수님을 보는 것이 자기를 용서하는 길이요 하나님과 화평을 누리는 길입니다.

죄책감이 일어날 때는 즉시 예수님을 보아야 합니다. 자신의 불완전함 때문에 괴로울 때도 즉시 예수님을 보아야 합니다. 하나님과 화평하려면 쉬지 말고 믿음의 주요 또 온전케 하시는 예수 그리스도만 바라보아야 합니다. 절대로 눈을 돌려 자신을 보지 말아야 합니다. 마귀가 곁에서 북을 치고 장구를 쳐도 예수 그리스도에게서 눈을 떼지 말아야 합니다.

하나님과 화평을 누리는 기쁨

부에노스아이레스교회를 담임하고 있는 후안 카를로스 오르티즈 목사는 《제자입니까》(두란노 역간)라는 저서로 잘 알려진 분입니다. 그분은 목회와 저술 활동을 할 동안 편두통으로 심하게 고생을 했다고 합니다. 일주일에 두세 번씩 편두통이 발

작을 하면 정신착란을 일으키고 심지어는 졸도까지 했습니다. 강단에서 설교를 하다가 편두통 때문에 기절해서 병원으로 옮겨진 일도 세 번이나 있습니다. 그래서 남미나 유럽, 미국 등지에서 유명하다는 정신과 의사, 신경과 의사를 찾아다니며 좋다는 약은 다 먹어보고 심지어 신유의 은사를 받은 분들을 찾아가서 기도를 받기도 했지만 아무런 소용이 없었습니다.

그런데 그는 어느 날 골로새서 2장 13절 말씀을 읽다가 마음에 번쩍 은혜의 빛이 비치는 것을 느꼈습니다. "모든 죄를 사하시고"라는 말씀 중에서 '모든'이라는 말에 갑자기 마음이 얼어붙어버렸습니다. 그는 마음속으로 하나님께 질문했습니다. "주님, 이 말씀의 의미는 제가 아직 짓지도 않은 죄까지 다 용서해주셨다는 뜻입니까? 그렇다면 주님은 이대로의 저 자신을 받아주신다는 말입니까?" 그의 마음속에 하나님의 대답이 들렸습니다. "너는 설교자가 아니냐? 이때까지 그것도 모르고 있었느냐, 이 어리석은 자야."

그때까지 그는 예수 믿으면 모든 죄를 용서받는다는 사실을 머리로만 알고 있었을 뿐 그것이 마음에 와닿지 않았습니다. 유명한 설교자요, 신학 교수였지만 그때까지 하나님과 화평을 누리는 기쁨을 만끽하지 못한 것입니다.

오르티즈 목사는 때때로 자신의 언행과 심사가 마음에 안 들어 괴로워했다고 합니다. '나는 왜 이럴까?' 하고 자책하는 날이 많았습니다. 성격을 보아도 형편없고 과거의 죄를 생각하면 치가 떨리고 현재의 허물을 생각할 때 자신을 도무지 용납할 수 없었습니다. 그래서 날마다 자기 자신과 씨름하고 혈투를 벌였습니다.

그런데 하나님이 모든 죄를 용서해주셨다는 말씀을 읽자 그의 마음에 주님의 음성이 들려왔습니다. "너의 문제가 무엇인지 아니? 너는 지금 내가 용서하고 받아들인 너를 스스로 받아들이지 않고 있어. 내 아들 예수의 피가 나에게는 충분하고 만족스러운 것인데 그것이 너에게는 불만족스럽다는 것이지. 내가 만족스러워하는 예수의 피가 너에게 불만족스럽다니 너는 대체 누구냐? 너는 나보다 더 거룩하냐?"

드디어 그는 자기를 용서하는 것이 행위와 상관없다는 것을 깨닫기 시작했습니다. 그는 더 이상 죄책감을 가지고 갈등하지 않기로 했습니다. 더 이상 완벽주의 때문에 괴로워하지 않기로 했습니다. 오직 십자가의 공로만 바라보기로 했습니다. 이 진리에 눈을 뜨자 그의 마음에 놀라운 평안이 찾아왔습니다. 그는 신비스러운 행복감에 흠뻑 젖었습니다. 그래서 참 의미심장한 말을 했습니다. "나는 나 자신을 껴안아주었다." 드디어 자기와의 싸움이 끝난 것입니다. 그로부터 3주 후에 그의 편두통이 깨끗이 사라졌다고 합니다. 그리고 수년이 지났는데도 다시 편두통으로 고생하는 일이 없다고 합니다.

사랑하는 형제자매 여러분, 우리는 어떤 경우에라도 예수님만 바라봅시다. 애를 한둘 키워본 분들은 누구나 잘 아는 사실이 하나 있습니다. 낯가림을 막 시작하는 아기가 엄마한테 안겨 있을 때 곁에 가서 "이리 온" 하고 팔을 벌려보십시오. 아기는 금방 엄마 쪽으로 고개를 획 돌려버릴 것입니다. 다시 반대편에서 가서 "이리 온" 하고 불러보십시오. 다시 한 번 냉정하게 고개를 획 돌려버릴 것입니다.

우리가 마귀를 대할 때도 이와 같이 대적해야 합니다. 마귀가 내 과거의 죄를 들고 와서 "이리 온" 하면 즉시 예수님을 향해서 고개를 돌려야 합니다. 또 마귀가 반대편에 와서 나의 완전치 못한 것을 가지고 "이것 좀 봐!" 하면 주저하지 말고 주님을 바라보아야 합니다. 우리 주 예수 그리스도로 말미암아 우리가 하나님과 화평을 누린다는 사실을 한시라도 잊지 않는 것이 최선입니다. 그러므로 우리는 아무리 사랑이 많으신 하나님이라 할지라도 예수님 없는 하나님은 생각하지 말아야 합니다. 예수님 없는 구원도 생각하지 말아야 합니다. 예수님 없는 거룩이나 예수님 없는 천국도 생각지 말아야 합니다. 예수님이 없다면 하늘의 황홀한 복이 우리에게는 전부 두려움과 고통이 될 뿐입니다. 예수 그리스도를 통하여 그것들을 볼 때만 우리의 복이요, 기쁨이 되는 것입니다. 얼마나 고마운 주님이신지 모릅니다. 어찌 그분한테서 한시인들 눈을 뗄 수 있습니까? 그러므로 히브리서 저자가 권면한 말씀대로 살아야 합니다. 그러면 반드시 하나님과 화평을 누리는 복된 성도가 되어 험한 나그네 길을 밝고, 힘차게 걸어갈 수 있을 것입니다.

믿음의 주요 또 온전하게 하시는 이인 예수를 바라보자…(히 12:2).

15

당신은 은혜의 보좌로 나가고 있는가

로마서 5장 1-11절

1 그러므로 우리가 믿음으로 의롭다 하심을 받았으니 우리 주 예수 그리스도로 말미암아 하나님과 화평을 누리자 2 또한 그로 말미암아 우리가 믿음으로 서 있는 이 은혜에 들어감을 얻었으며 하나님의 영광을 바라고 즐거워하느니라 3 다만 이뿐 아니라 우리가 환난 중에도 즐거워하나니 이는 환난은 인내를, 4 인내는 연단을, 연단은 소망을 이루는 줄 앎이로다 5 소망이 우리를 부끄럽게 하지 아니함은 우리에게 주신 성령으로 말미암아 하나님의 사랑이 우리 마음에 부은 바 됨이니 6 우리가 아직 연약할 때에 기약대로 그리스도께서 경건하지 않은 자를 위하여 죽으셨도다 7 의인을 위하여 죽는 자가 쉽지 않고 선인을 위하여 용감히 죽는 자가 혹 있거니와 8 우리가 아직 죄인 되었을 때에 그리스도께서 우리를 위하여 죽으심으로 하나님께서 우리에 대한 자기의 사랑을 확증하셨느니라 9 그러면 이제 우리가 그의 피로 말미암아 의롭다 하심을 받았으니 더욱 그로 말미암아 진노하심에서 구원을 받을 것이니 10 곧 우리가 원수 되었을 때에 그의 아들의 죽으심으로 말미암아 하나님과 화목하게 되었은즉 화목하게 된 자로서는 더욱 그의 살아나심으로 말미암아 구원을 받을 것이니라 11 그뿐 아니라 이제 우리로 화목하게 하신 우리 주 예수 그리스도로 말미암아 하나님 안에서 또한 즐거워하느니라

약 1세기 전 인물로서 우리가 설교를 통해 자주 들었던 조지 뮬러라는 기도의 영웅이 있습니다. 그분의 기록을 보면 어떻게 계산을 했는지 모르지만 일생 동안 2만 5천 번의 기도 응답을 받았다고 합니다. 이것은 그가 은혜받고 기도하기 시작한 20세 전후부터 80세가 넘기까지 매일 한 번씩 응답을 받았다는 말이나 다름이 없습니다.

그는 자기 돈 한 푼 없이 일생 동안 만 명 이상의 고아를 먹여 살렸다고 합니다. 한 명의 고아를 성탄 때나 연말에 도와주는 일도 우리는 이리 계산하고 저리 계산하고 하는데 어떻게 만 명이 넘는 고아들을 평생 먹여 살릴 수 있었을까요? 또한 그는 중국에 200만 권 이상의 성경과 300만 권 이상의 신앙 도서를 보냈다고 합니다. 그리고 평생 10만 명의 주일학교 학생들을 교육했다고 합니다. 그래서 그를 잘 알지 못하는 불신자들은, 그에게 분명히 숨겨놓은 막대한 재산이 있을 것이라고 수군거렸다는 것입니다.

조지 뮬러가 81세 때 신학교 특강 강사로 초빙되어 갔습니다. 그날 신학생들이 "돈 한 푼 없이 어떻게 일생 동안 그렇게 넘치도록 받아 일할 수 있었는지 그 비결을 말해주십시오"라고 하자 그는 앞아 있던 의자에서 일어나 무릎을 꿇고 의자에 팔을 기대고 기도하는 모습을 보인 다음 "이것이 나의 비결입니다"라고 했다는 유명한 일화가 전해지고 있습니다.

똑같은 기도를 하는데도 어쩌면 그 사람은 그토록 놀라운 응답을 받으면서 살았을까요? 참 부러운 이야기입니다. 그래서 기도하면 조지 뮬러를 생각하게 되고, 그의 일대기를 읽을 때마다 '기도는 능력이 있구나. 기도는 참 놀라운 성도의 특권이구나. 기도의 응답은 정말 엄청나구나' 하는 생각을 갖게 됩니다.

믿음으로 의롭다 함을 얻은 하나님의 자녀가 세상에서 누릴 수 있는 복이 여러 가지 있겠지만 그중에서 본문 2절에 있는 말씀을 중심으로 하나님께 기도하는 자의 복에 대해 살펴보려 합니다. 이 험하고 더럽고 악하고 마음대로 안 되는 세상에서 예수 믿는 사람이 누릴 수 있는 큰 복과 특권이 무엇이냐고 묻는다면 저는 서슴지 않고 기도라는 대답을 하고 싶습니다. 하나님 앞에 기도할 수 있는 사람이 되었다는 것, 이것만큼 자랑스러운 일이 어디 있겠습니까? 기도를 통해서 필요한 것을 조지 뮬러처럼 얼마든지 얻어낼 수가 있으니 말입니다. 그렇지 않습니까?

내가 할 수 없는 것을 다 할 수 있도록 해주신다는데 그것만큼 좋은 것이 어디 있습니까? 이 시간 우리는 '기도 응답' 하면 먼 나라 사람 이야기할 것 없이 "나를 보시오!"라고 외칠 수 있을 만큼 이 복을 누리고 있는지 생각해볼 필요가 있습니다. 그런 점에서 오늘 본문은 대단히 중요합니다.

그로 말미암아

> 또한 그로 말미암아 우리가 믿음으로 서 있는 이 은혜에 들어감을 얻었으며…(2절).

얼핏 보기에는 별로 어렵지 않은 의미인 것 같은데 실은 그 의미가 곧장 마음에 들어오지 않는 것을 알 수 있습니다. 이런 말씀은 자주 읽으면서 곱씹어 생각해야 합니다. 제가 조금 풀어서 다시 한 번 이야기하겠습니다. "또한 예수 그리스도로 말미암아 우리가 믿음으로 지금 서 있는 이 은혜를 주신 하나님 아버지께 들어감을 얻었다." 여기서 '얻었다'라는 동사를 '얻고 있다'라는 현재형으로 사용해도 틀리지 않습니다.

이렇게 읽으니까 무슨 말씀인지 조금 감이 잡히는 것 같지 않습니까? 여기서 먼저 우리가 생각해야 할 것은 '들어감을 얻었다'라는 말씀입니다. 이것은 누구한테 계속해서 가까이 접근할 수 있는 자세 혹은 특권을 말합니다. 그리고 접근을 하되 한 번 들어갔다 나오는 것으로 끝나는 것이 아니라 반복적으로 출입할 수 있는 행위를 강조하고 있습니다. 하루 열 번 스무 번도 좋고 1년 365일은 물론이고 일평생 드나들 수 있다는 의미입니다. 이것이 기도입니다. 물론 들어감을 얻은 은혜 안에는 마지막 날 우리가 하나님 나라에 들어가서 구원을 얻는 것을 포함하고 있습니다. 그러나 그것보다 우리가 이 험한 세상을 살면서 시시때때로 누릴 수 있는 기도의 특권을 더 앞세우고 있는 말씀이라고 생각합니다.

예수님은 십자가에서 우리 죄를 위하여 6시간 이상 무서운 고통과 씨름하시다가, 다 이루었다고 소리치며 운명하셨습니다. 이때에

성전에 있는 큰 휘장이 둘로 찢어졌습니다. 그 휘장은 대제사장 외에는 아무도 하나님이 계시는 지성소에 접근할 수 없도록 하기 위해 쳐 있었습니다.

그러나 예수님이 십자가에서 죽으시는 그 순간 휘장이 둘로 찢어지면서 그 사이로 누구든지 하나님 앞에 들어갈 수 있는 큰 길이 열렸습니다. 기도의 길이었습니다. 기도할 수 있는 길이 열린 것입니다. 그래서 결국 기도는 '그로 말미암아' 할 수 있게 되었습니다. 다시 말해서 예수 그리스도 때문에 우리가 하나님 앞에 언제든지 나아가 기도할 수 있는 은총을 입은 것입니다.

1절부터 11절까지 유의해서 읽어보세요. 예수님이 십자가에서 죽으심을 네 번이나 반복해서 말씀합니다. 8절에서는 뭐라고 합니까? "우리가 아직 죄인 되었을 때에 그리스도께서 우리를 위하여 죽으심으로 하나님께서 우리에 대한 자기의 사랑을 확증하셨느니라." 이 말씀은 우리가 언제든지 그분께로 나아가면 반가이 맞아주실 사랑의 품이 활짝 열려 있다는 의미가 됩니다.

기도가 무엇입니까? 하나님의 사랑의 품을 향해 나아가는 것입니다. 누가 그렇게 만들었습니까? 우리를 위해 피 흘리신 예수 그리스도입니다. 9절에서는 뭐라고 합니까? 예수님이 우리를 위하여 피를 흘리심으로 하나님이 우리를 향해 항상 진노하시는 그의 감정을 거두셨다고 합니다. 우리가 하나님께 나아가는 데 방해가 되는 장애물이 말끔히 사라진 것입니다.

10절에서는 우리가 아직 원수, 즉 하나님과 도무지 상종할 수 없는 관계에 있을 때 예수님이 십자가에서 죽으심으로 우리는 이제 원수로서가 아니라 모든 죄를 용서받은 의인으로서 하나님 앞에 언제든지 나아가 구할 수 있게 되었다고 말씀합니다. 이런 의미에서 예수 그리스도는 우리를 하나님 앞으로 인도하는 안내자요, 중보자요, 대제사장이 되시는 것입니다. 베드로전서 3장 18절은 이 사실을 좀 더 명료하게 가르쳐줍니다.

> 그리스도께서도 단번에 죄를 위하여 죽으사 의인으로서 불의한 자를 대신하셨으니 이는 우리를 하나님 앞으로 인도하려 하심이라 육체로는 죽임을 당하시고 영으로는 살리심을 받으셨으니.

단지 우리가 구원받고 천국에 들어가는 것만을 이야기하는 것이 아닙니다. 이 세상에 살 동안 하나님 앞에 언제든지 기도하는 자로 나갈 수 있도록 해주셨다는 의미입니다.

내 이름으로 주시리라

그러므로 우리는 기도할 때마다 우리의 중보자 되신 예수 그리스도를 의지하며 그분의 이름을 받들고 하나님께로 나아가게 됩니다.

> 그날에는 너희가 아무것도 내게 묻지 아니하리라 내가 진실로 진실로 너희에게 이르노니 너희가 무엇이든지 아버지께 구하는 것을 내 이름으로 주시리라(요 16:23).

우리가 예수님의 인도를 받아 기도할 때마다 하나님 앞에 나아가 구하면 하나님은 우리에게 두 가지를 주신다고 약속하셨습니다. 성경에 보면 주신다고 약속하신 것이 수없이 많은데, 이는 두 가지로 요약할 수 있습니다.

첫째, '모든 것'을 주신다고 약속하셨습니다. 하나님은 모든 것을 다 가지고 계십니다. 갖지 못한 것이 하나도 없습니다. 그러니까 모든 것을 주실 수 있습니다. 로마서 8장 32절을 보면 이 말이 틀림없다는 것을 알게 됩니다.

> 자기 아들을 아끼지 아니하시고 우리 모든 사람을 위하여 내주신 이가 어찌 그 아들과 함께 모든 것을 우리에게 주시지 아니하겠느냐.

둘째, '좋은 것'을 주신다고 약속하셨습니다. 모든 것을 주셔도 나쁜 것이면 곤란합니다. 하나님께는 좋은 것만 있으니까 그렇게 약속하셨습니다. 그분이 가진 것 중에서 나쁜 것은 하나도 없습니다. 마태복음 7장 9-10절을 보면 예수님은 참 기막힌 비유를 가지고 우리에게 이 사실을 깨우쳐주십니다.

> 너희 중에 누가 아들이 떡을 달라 하는데 돌을 주며 생선을 달라 하는데 뱀을 줄 사람이 있겠느냐.

모든 것과 좋은 것, 이것이 기도하는 자가 기대하는 것입니다. 어떻게 보면 하나님께서 자기 말에 스스로 책이 잡힌 것처럼 보이지만 이는 어디까지나 인간적인 표현입니다. 좋은 것은 모두 다 주겠다고 약속하셨으니 하나님 편에서는 빠져나갈 길이 없습니다. 자기가 한 약속을 책임져야 합니다. 그래서 우리는 더 신이 나 "내놓으세요" 하며 요구할 수 있는 것입니다. 얼마나 놀라운 일입니까? 그러므로 기도는 우리가 세상에서 누릴 수 있는 매일의 영광이요, 기쁨이요, 행복이 아닐 수 없습니다.

담대하게 기도할 수 있는 두 가지 이유

예수를 믿음으로
의인의 신분이 되었기 때문에

다음으로 우리가 함께 생각해야 할 것이 있습니다. 바로 2절에 나오는 "우리가 믿음으로 서 있는 이 은혜"입니다. 이것은 예수님을 믿음으로 의롭게 된 우리의 신분을 영원토록 변함없이 보장해주시는 은혜를 가리키고 있습니다. 우리는 예수님을 믿음으로 모든 죄를 용서받았습니다. 그러나 일시적인 용서인지 영원한 용서인지 어떻게 알겠습니까? 그런데 본문 말씀은 이 점에 대해 불안해할 필요가 전혀 없다는 뜻입니다. 한 번 용서하시면 영원히 용서받기 때문입니다. 이것이 지금 우리가 믿음으로 서 있는 이 은혜입니다.

우리는 예수님을 믿음으로 의롭다 함을 얻고 의인의 신분이 되었습니다. 이 신분은 영원히 흔들리지 않는 하나님의 선물입니다. 우리는 이 은혜에 서 있습니다. 우리는 믿음으로 하나님의 사랑을 독차지하는 자녀가 되었습니다. 이것 역시 영원토록 보장되는 행복입니다. 우리는 지금 이 은혜에 서 있는 것입니다. 흔들릴 수 없는 은혜입니다. 만약 우리의 신분이 보장되지 않거나 오늘은 용서를 받았지만 내일 어떻게 될지 모른다고 하면, 불안해서 어떻게 하나님 앞에 마음 놓고 나아가 기도하겠습니까? 이와 같은 불안과 의심을 가을바람에 날리는 가랑잎처럼 쫓아버리는 것이 우리가 믿음으로 서 있는 은혜입니다.

하나님께서 의롭다 함을 얻은 우리의 신분을 변함없이 보장하시는 이유가 무엇이라고 생각합니까? 그분 앞에 당당하게 나와 기도

할 수 있도록 하기 위함인 것 같습니다. 그래서 하나님이 기도하는 우리를 향해 즐겨 사용하시는 말이 있습니다. 그것을 두 마디로 요약할 수 있습니다. '당당하게'와 '담대하게'입니다. 그러므로 에베소서 3장 12절을 외워두면 크게 도움이 될 것입니다.

> 우리가 그 안에서 그를 믿음으로 말미암아 담대함과 확신을 가지고 하나님께 나아감을 얻느니라.

할렐루야! 하나님이 좋아하시는 기도의 태도가 무엇입니까? 담대하게 구하는 것입니다. 히브리서 4장 16절에도 같은 의미의 말씀이 있습니다.

> 그러므로 우리는 긍휼하심을 받고 때를 따라 돕는 은혜를 얻기 위하여 은혜의 보좌 앞에 담대히 나아갈 것이니라.

만일 우리가 은혜의 보좌 앞으로 당당하게 나가서 담대하게 기도할 수 있는 신분상의 보장을 받지 못한다면, 기도가 얼마나 힘들고 떨리는 일이 되겠습니까? 황금 덩어리를 주며 하라고 해도 도망갈 것입니다. 누가 거룩하고 두려우신 하나님 앞에 나가기를 좋아하겠습니까?

구약의 한 사건이 이 사실을 이해하는 데 도움이 될 것 같습니다. 다윗 왕에게는 열 명 가까운 아들이 있었습니다. 그 가운데서 제일 잘생긴 아들이 압살롬이었습니다. 그는 장자가 아니었습니다. 가만히 보면 성경에서는 장자가 잘되는 확률보다 막내가 잘되는 확률이 더 큰 것 같습니다. 왜 그런지 이해하기 어렵지만 부인할 수 없는 사실입니다. 다윗이 낳은 아들 중에서도 장자는 아주 흐리멍덩했고 압살롬은 똑똑했습니다. 잘생긴 데다 머리도 잘 돌아갔던 것 같습니다.

압살롬에게는 배다른 형이 있었는데 그의 이름은 암논이었습니다. 그는 인물이 출중했던 압살롬의 누이동생을 겁탈했습니다. 이 사건 후 압살롬은 원한을 품고 '이놈 어디 두고 보자' 하며 기다렸는데, 마침 적당한 때가 와서 자기 신하를 시켜 암논을 죽였습니다. 그리고 겁이 나니까 이웃 나라 그술 왕에게 도망가서 3년 동안 망명생활을 했습니다.

그동안 다윗 왕은 도망간 아들을 은근히 그리워했습니다. 3년쯤 지나니까 더 보고 싶어져서 간혹 자기 심정을 신하들에게 내비치곤 했습니다. 그러자 곁에 있던 군대 장관 요압이 눈치를 채고는 압살롬을 그술에서 데려왔습니다. 요압이 왕에게 왕자 압살롬이 지금 예루살렘에 도착했다고 아뢰었더니 그만 다윗 왕이 마음이 달라져버렸습니다. 형을 죽이고 도망간 놈이라고 생각하니 갑자기 괘씸한 생각이 울컥 치밀어 올랐던 것입니다. "자기 집에 가 있으라 그래. 나는 아직 볼 생각이 없어. 궁전에 들어오지 못하도록 해."

예루살렘으로 올라가면 아버지를 뵐 줄 알았던 압살롬에게는 청천벽력과 같은 일이었습니다. 그래서 집에서 매일 처량하게 세월을 보내고 있었습니다. '내일쯤 불러주실까?' 아무리 기다려도 소식이 없었습니다. 일주일이 지나고 한 달이 지나도 자기더러 오라고 하는 연락이 없었습니다. 반 년이 지나고 일 년이 흘렀지만 아무런 기별이 없었습니다. 날마다 아버지가 계시는 왕궁을 쳐다보면서 언제 내가 아버지 앞에 갈꼬 하며 탄식만 하고 있었습니다.

이렇게 2년 가까이 기다리던 압살롬은 어찌나 화가 나던지 더 이상 참을 수가 없었습니다. 그래서 부하들을 시켜 한창 익어가는 요압의 보리밭에다 불을 질러버렸습니다. 요압이 달려와서 "이게 무슨 짓이오?" 하며 왕자에게 항의했더니 압살롬이 이렇게 대꾸했습니다. "아니, 당신이 나를 데리고 왔으면 아버지 얼굴을 뵙게 만들어야지 2년이 지나도록 소식이 없으니 내가 무슨 짓을 못하겠소?" 그러자 요압이 왕에게 왕자의 말씀드리고 통촉하기를 빌었습니다. 그제야 다윗의 마음이 동정으로 바뀌어서 아들을 불러들이고 입을 맞추었습니다.

한번 생각해보세요. 만약에 우리 하나님이 다윗처럼 이랬다 저랬다 하는 분이시면 어떻게 되겠습니까? 다윗처럼 감정이 덜 풀려서 마음이 왔다 갔다 하면 우리가 기도할 수 있겠습니까? 어제는 기도하라고 했다가 오늘은 무릎을 꿇고 "하나님 아버지" 하니까 "이놈아, 아버지가 뭐냐?"라고 호통을 치신다면, 어떻게 그 앞에 다시 나갈 수 있겠습니까? 감사합시다. 우리 하나님은 다윗 왕처럼 이랬다 저랬다 하는 분이 아닙니다. 한번 믿음으로 의롭다고 우리를 인정해주시면 끝까지 인정해주시는, 참 좋은 아버지가 되십니다. 그러므로 우리가 당당하게 나아가는 것입니다.

우리 예수님은 군대 장관 요압처럼 무력하고 무책임한 중보자가 아닙니다. 왕자를 데리고 왔으면 아버지를 뵙도록 끝까지 책임을 져주어야지 데려다 놓고 2년 동안 이러지도 못하고 저러지도 못하면서 우물쭈물하는 중보자가 아니라는 말입니다. 주님은 우리의 오른팔을 끌고 당당히 아버지 되신 하나님 앞으로 언제든지 데려가실 수 있습니다. 우리의 입장은 압살롬처럼 초라하지 않습니다. '언제 나를 불러주실까?' 하고 날마다 기다리는 처지가 아닙니다. 우리가 기도하고 싶다면 언제든지 하나님께 나아갈 수 있습니다. 당당한 왕자의 걸음걸이로 말입니다.

캐서린 마샬이라는 유명한 기도의 영웅이 이런 말을 했습니다. "우리가 기도 학교에 입학하려면 질문 두 가지에 답을 하기만 하면 된다. 첫째는 '네가 꼭 필요한 것이 있느냐?'다. 이 질문에 '예, 있습니다'라고 답한다. 둘째는 '필요한 것을 네 힘으로 도무지 얻을 수가 없느냐? 네가 그렇게 무력하다고 느끼느냐?'라는 질문이다. 여기에 대해 '예, 그렇게 느낍니다'라고 쓰면 된다. 그다음에는 그 답안지를 들고 당당하게 예수님의 이름으로 하나님 앞에 나아가라."

옳은 말입니다. 필요한 것이 있을 때마다, 내 힘으로 도무지 해결할 수 없다고 생각할 때마다 당당하게 하나님 앞에 나아갈 수 있는 길이 기도입니다. 그리고 담대하게 달라고 기도하는 것이 우리의 입장입니다. "주여, 좋은 것, 모든 것 주신다고 약속하지 않으셨습니까? 내놓으십시오." 이것이 우리가 기도하는 태도입니다.

이런 의미에서 기도는 구걸 행위가 아닙니다. 기도가 "주여, 믿습니다"라고 하면서 애걸복걸 통사정하는 것처럼 보이나요? 물론 그렇게 해야 할 경우가 없는 것은 아닙니다. 우리가 구하는 기도 제목이 심각할 때는 자연히 그런 태도가 생깁니다. 그러나 우리가 꼭 명심할 것은 간청하는 기도라고 해서 당당하게 나가 담대하게 구하는 것과 다르다고 생각하면 안 된다는 사실입니다. 간청을 할 때에도 우리는 당당해야 합니다. 하나님이 이것을 원하십니다. 자식이 자기 앞에서 비굴해지는 것을 좋아하는 부모가 없듯이 하나님 아버지 역시 그런 모습을 보고 싶어 하지 않으십니다.

우리가 누구입니까? 예수를 믿음으로 의롭다 함을 얻은 하나님의 아들입니다. 한번 인정해주었으면 끝까지 인정해주는 것이 우리 아버지입니다. 한번 사랑한다 했으면 끝까지 사랑하시는 분입니다. 기도할 때마다 모든 것을, 좋은 것을 주시는 하나님 아버지를 잊지 말아야 합니다. 무릎 꿇을 때마다 당당하게 담대하게 구하는 것을 소홀히 하지 마십시오. 우리 곁에 항상 예수 그리스도가 계십니다.

기도함으로
하나님의 일을 이루기 때문에

우리가 당당하게 나아가서 담대하게 구할 수 있는 이유가 또 하나 있습니다. 본문에는 나타나 있지 않지만 중요한 것입니다. 이렇게 질문하면 금세 알 수 있습니다. "만일 우리가 기도하지 않았다면 일어날 수 없는 일이 기도하면 일어날 수 있는가?" 그렇다면 하나님의 뜻을 우리가 바꾼다는 이야기가 될지도 모릅니다. 하지만 하나님의 뜻을 바꾸는 것이 아닙니다. 아무리 우리가 기도를 열심히 해도 하나님의 그 완전하신 뜻을 변개시킬 수는 없습니다.

그러나 이 질문에 대해 우리는 주저하지 않고 "그렇습니다"라고 해야 합니다. 기도하지 않았다면 일어날 수 없는 일이 기도하면 일어날 수 있습니다. 왜 그렇습니까? 하나님께서 자기의 뜻을 이 땅 위에 펴시는 방법이 다양하지만, 그중에서도 기도를 통해서 펴기를 특히 기뻐하시기 때문입니다.

그러므로 기도하는 것은 그분의 뜻을 이루는 일이 됩니다. 하나님의 뜻이 있는데 내가 구함으로써 그 뜻이 이루어지는 것입니다. 반대로 내가 구하지 않아서 그 뜻이 이루어지지 않을 수도 있습니다. 이런 의미에서 우리는 당당하게 기도할 수 있습니다. 그래서 주님은 우리에게 "뜻이 하늘에서 이루어진 것같이 땅에서도 이루어지이다"라고 기도할 것을 가르쳐주셨습니다.

사랑하는 형제자매들이여, 기도하는 자세를 바꾸고 싶지 않습니까? 비굴한 자세에서 당당한 자세로, 애걸복걸하는 자세에서 담대하게 구하는 자세로 바꾸길 바랍니다. 우리가 구하지 아니하면 일어나야 할 일이 일어나지 않을 수 있음을 잊지 마십시오. 반면에 기도하면 일어나지 않을 것 같은 일이 일어난다는 사실을 명심하십시오. 이런 의미에서 기도는 만능입니다. 기도는 하나님이 하실 수 있는 일이면 무엇이든지 일어나게 만듭니다. 우리가 기도함으로 하나님은 일을 하시는 것입니다.

제가 시무하는 교회의 신문에 개척 10년사를 통해서 나누고 싶은 이야기들을 엮은 시리즈가 실린 적이 있었습니다. 저는 그 내용을 읽으면서 많이 웃고 속으로 다시 한 번 감탄했습니다. 1979년 3월이면 교회가 오락가락할 때였습니다. 저녁 집회도 모였다가 못 모였다가, 새벽 기도도 했다가 못 했다가, 정말 오락가락했습니다. 앞길이 막막하던 상황이었습니다. 그런데 놀라운 사실은 예배 시간이면 제가 자주 제 꿈을 이야기했다는 것입니다. 그 꿈이란 다름이 아니라 교회가 좀 더 발전하면 제자훈련 세미나를 하겠다는 것이었습니다.

저는 기억이 통 안 나는데 들은 분들의 말이니 거짓이 아닐 것입니다. 사실 개척할 때부터 아름다운 평신도들을 조금만 훈련시키면 교회 안에서는 참 다양한 분야에서 자기의 역할을 잘 감당할 수 있는 지도자로, 사회에 나가면 예수님의 복음을 능력 있게 증거할 수 있는 소명자로 만들 수 있다는 것이 저의 소신이요 철학이었습니다. 할 수만 있다면 우리 교회를 통해서 평신도 훈련을 시켜보고 열매가 좋으면 세미나를 열어서 다른 목사님들과 받은 은혜를 나누고 싶었습니다.

제가 이런 이런 꿈 이야기를 할 때마다 2부 찬양대에 앉아 계시던 이 모 집사님 같은 초창기 멤버들은 좀 삐딱하게 들었는지 다음과 같이 말했습니다. "아무 말 없이 듣고는 있었지만 목사님의 과욕이라고 생각했어요. 교회당 월세 내는 것에서나 벗어날 꿈을 꾸시지 하고 생각했지요." 충분히 그런 생각을 할 수 있었다고 봅니다. 당시에는 매달 몇십만 원씩 나가는 월세를 힘겨워하고 있었으니 말입니다.

그런데 이 집사님이 한 다음 말이 중요합니다. "하지만 지금에 와서 돌아보면 기도했던 꿈이 이루어졌어요. 그 꿈은 옥 목사님의 것이 아니라 하나님의 것이었다고 보여져요."

돌이켜 생각해보면 저의 꿈은 하나님의 뜻이었고 그렇기 때문에 놀랍게 응답해주셨다고 할 수 있습니다. 지난 몇 년 동안 이 세미나가 국내외적으로 수많은 목회자들의 가슴속에 제자훈련 목회 철학의 불을 지피는 데 큰 몫을 했기 때문입니다. 한번 생각해보세요. 너무나 크고 광대한 하나님의 일 가운데 제자훈련의 꿈은 아주 사소한 것일 수 있습니다. 그러나 아주 작은 분야지만 제가 이 꿈을 가지고 기도하지 않았다면, 교회가 기도하지 않았다면, 아무 일도 일어나지 않았을 것입니다.

얻지 못함은
구하지 아니하기 때문이요

사랑하는 형제자매 여러분, 기도하지 않는 사람을 제일 이상히 여기는 분이 하나님입니다. 아들을 보고 무엇이든지 좋은 것은 다 줄 테니 언제든지 아쉬우면 아빠를 부르라고 했는데 문밖에 얼씬거리지도 않고 고생만 지지리 한다면 아버지가 이상하게 생각하지 않겠습니까?

예수님이 자기 고향 나사렛에 갔을 때 사람들은 예수님을 믿지 않았습니다. 며칠 전에 야이로라는 사람의 딸을 살리셨다는 소문이 떠들썩하게 알려졌고 열두 해나 혈루병으로 앓던 여자가 예수님의 옷자락을 만져서 나았다는 이야기가 전염병처럼 퍼져 있었지만 나사렛 사람들은 예수님을 믿지 않았습니다.

그 결과가 무엇입니까? 예수 그리스도께서 일을 도무지 할 수가 없었습니다. 마가복음 6장 6절을 보면 이렇게 기록되어 있습니다.

> 그들이 믿지 않음을 이상히 여기셨더라.

오늘도 기도를 잘 하지 않고 밖에서 기웃기웃하기만 하는 성도를 보며 주님은 이상하다고 생각하실 것입니다. 대궐 안에만 들어가면 우리 하나님 아버지가 계십니다.

> … 천지에 있는 것이 다 주의 것이로소이다…(대상 29:11).

우리에게는 우리가 좋아하는 부(富)와 귀(貴)를 다 가지신 아버지가 계십니다.

> 여호와께 능하지 못한 일이 있겠느냐…(창 18:14).

무엇이나 마음만 먹으면 다 하시는 전능하신 하나님이 거기에 계십니다.

> 나의 하나님이 그리스도 예수 안에서 영광 가운데 그 풍성한 대로 너희 모든 쓸 것을 채우시리라(빌 4:19).

우리의 필요한 것을 언제든지 공급해주시고 채워주시는 우리 아버지가 거기 계십니다. 들어가서 구하기만 하면 무엇이든지 주시며 좋은 것을 주겠다고 약속하신 아버지가 계십니다. 그런데 왜 들어가지 않는 것입니까? 기도에 게으른 분들은 자신이 비정상이라는 사실을 인정해야 합니다.

기도의 응답은 항상 돌이 아니고 떡이라는 것을 믿어야 합니다. 1년 동안 열심히 자식을 위해서 기도했고 아이도 열심히 기도하며 공부했는데 그만 대학 시험에 낙방했습니다. 떡입니까, 돌입니까? 기도하는 사람은 주저하지 않고 말할 수 있습니다. "떡입니다!" 열심히 1년 동안 기도하면서 준비하고 시험을 봤는데 떨어졌다면 그것은 떡이지 돌이 아닙니다.

우리 하나님이 언제 돌이나 뱀을 주신다고 하신 적 있습니까? 좋은 대학에 합격하는 것이 한 사람의 인생을 좌우하는 것은 아닙니다. 하나님은 우리 끝을 놓고 보시는 분이지 한 치 앞만 보시는 분은 아니지 않습니까? 대학에 낙방한 아이가 한생을 살면서 알게 될 때가 올 것입니다. '그때 떨어진 것이 하나님의 뜻이었구나. 하나님은 나에게 돌이 아니라 떡을 주셨구나.'

예수 안 믿는 남편을 위해서 날마다 기도하고 있는데 남편한테 좋지 않은 일만 자꾸 일어납니다. 그러면 남편의 일은 기도의 응답으로 주시는 하나님의 떡임을 믿으면 됩니다. 하나님이 분명히 좋은 것을 주시겠다고 약속하셨습니다. 우리가 열심히 기도해서 나타난 결과는 무조건 좋은 것으로 받아들여야 합니다. 하나님은 이런 사람을 사랑하십니다.

그러므로 담대히 들어가서 구합시다. 구하지 아니해서 일어나지 않는 것은 내 탓이요, 구하지 아니해서 뱀을 얻었거나 돌을 얻은 것은 내 탓이요, 구하지 아니해서 손해 보는 것도 내 탓입니다.

> … 너희가 얻지 못함은 구하지 아니하기 때문이요(약 4:2).

> 또한 그로 말미암아 우리가 믿음으로 서 있는 이 은혜에 들어감을 얻었으며…(롬 5:2).

그렇습니다. 들어감을 얻은 기도의 특권, 우리가 지금 서 있는 이 은혜를 힙입어 당당하게 들어가 담대하게 구해서 무엇이나 좋은 것을 누릴 수 있는 이 특권을 팥죽 한 그릇에 팔아넘기지 말길 바랍니다.

16

당신은 영광을 바라고 즐거워하는가

로마서 5장 1-11절

1 그러므로 우리가 믿음으로 의롭다 하심을 받았으니 우리 주 예수 그리스도로 말미암아 하나님과 화평을 누리자 2 또한 그로 말미암아 우리가 믿음으로 서 있는 이 은혜에 들어감을 얻었으며 하나님의 영광을 바라고 즐거워하느니라 3 다만 이뿐 아니라 우리가 환난 중에도 즐거워하나니 이는 환난은 인내를, 4 인내는 연단을, 연단은 소망을 이루는 줄 앎이로다 5 소망이 우리를 부끄럽게 하지 아니함은 우리에게 주신 성령으로 말미암아 하나님의 사랑이 우리 마음에 부은 바 됨이니 6 우리가 아직 연약할 때에 기약대로 그리스도께서 경건하지 않은 자를 위하여 죽으셨도다 7 의인을 위하여 죽는 자가 쉽지 않고 선인을 위하여 용감히 죽는 자가 혹 있거니와 8 우리가 아직 죄인 되었을 때에 그리스도께서 우리를 위하여 죽으심으로 하나님께서 우리에 대한 자기의 사랑을 확증하셨느니라 9 그러면 이제 우리가 그의 피로 말미암아 의롭다 하심을 받았으니 더욱 그로 말미암아 진노하심에서 구원을 받을 것이니 10 곧 우리가 원수 되었을 때에 그의 아들의 죽으심으로 말미암아 하나님과 화목하게 되었은즉 화목하게 된 자로서는 더욱 그의 살아나심으로 말미암아 구원을 받을 것이니라 11 그뿐 아니라 이제 우리로 화목하게 하신 우리 주 예수 그리스도로 말미암아 하나님 안에서 또한 즐거워하느니라

하나님은 우리 모두의 아버지십니다. 그분이 우리가 어떻게 생활하기를 바라시는지 생각해본 적이 있습니까? 우리가 펴놓은 말씀을 보면, 하나님은 우리가 어떤 형편에 처하든지 항상 기뻐하며 살기를 원하십니다. 하나님은 믿음으로 죄 사함을 받은 자기 자녀가 원망과 탄식으로 일그러진 모습을 보이는 것을 싫어하십니다.

우리가 기쁘게 사는 것을 하나님이 얼마나 원하시는지는 예수님이 십자가의 죽음을 앞두고 제자들에게 들려주신 말씀을 보면 확실히 알 수 있습니다. 주께서 십자가에 달리실 운명의 순간이 임박해 오자 제자들은 깊은 슬픔에 빠졌습니다. 그때 주님은 제자들을 위로하셨습니다.

> 너희는 마음에 근심하지 말라 하나님을 믿으니 또 나를 믿으라 내 아버지 집에 거할 곳이 많도다 그렇지 않으면 너희에게 일렀으리라 내가 너희를 위하여 거처를 예비하러 가노니(요 14:1-2).

주님이 이렇게 위로하신 까닭이 어디에 있었을까요? 요한복음

15장 11절을 보면 그 이유를 알 수 있습니다.

> 내가 이것을 너희에게 이름은 내 기쁨이 너희 안에 있어 너희 기쁨을 충만하게 하려 함이라.

주님이 갖고 계신 기쁨이 제자들의 마음에도 넘치게 하기 위해서라고 말씀하고 있습니다.

우리가 이 말씀을 이해하기란 대단히 어렵습니다. 선생님이 십자가에서 무참하게 처형당할 위기를 만났는데 어떻게 제자들이 기뻐할 수 있겠습니까? 십자가에서 참혹하게 죽음을 당할 처지에 놓인 분의 마음에 어떻게 기쁨이 있을 수 있습니까? 그러나 주님의 마음에는 기쁨이 있었습니다. 왜냐하면 하나님이 원하시는 죽음을 앞에 놓고 있었기 때문입니다. 주님은 십자가 지는 것을 기뻐하셨습니다. 그리고 제자들에게 이 기쁨을 전하고 싶어 하셨습니다. 그렇다면 주님은 우리를 향해 똑같은 소원을 가지고 계시지 않겠습니까?

> … 하나님의 영광을 바라고 즐거워하느니라(2절).

이 말을 바꾸어서 다시 이렇게 읽어봅시다. "나는 이 세상을 살 동안 하나님의 영광을 바라고 즐거워해야 한다." 옳습니다. 이것이 바로 하나님께서 우리에게 원하시는 삶의 방식입니다.

'하나님의 영광을 바란다'는 말씀에는 두 가지 의미가 있습니다. 먼저 영광 중에 계시는 우리 주님을 만나 뵙기를 고대하는 소망을 가리킵니다. 다음은 하나님의 영광을 함께 누리고 싶어 하는 소원을 말합니다.

'하나님의 영광을 바란다'의 두 가지 의미

영광 중에 계시는
주님 뵙기를 고대함

첫째로 영광 중에 계시는 우리 주님을 만나는 것에 대해 생각해봅시다. 십자가에서 승리하여 하나님 우편에 앉으신 주님을 우리가 세상에 살면서 직접 볼 수는 없습니다. 물론 우리가 성경을 펼 때마다 하나님의 찬란한 영광을 읽을 수 있는 것은 사실입니다. 성령께서는 우리가 믿음을 가지고 기록된 말씀 안에서 살아 계시는 주님의 영광을 보며 경배하고 기뻐할 수 있도록 인도하십니다. 그러나 이것이 장차 우리 눈으로 직접 주의 영광을 보는 것과 같을 수는 없습니다.

어떤 경우에는 하나님이 독특한 방법을 허락하실 때도 있습니다. 스데반은 육신의 눈을 가지고 하나님의 영광을 직접 보았습니다. 그는 돌에 맞아 순교하기 직전, 하늘 문이 열리고 하나님과 그 곁에 서신 예수 그리스도의 영광스러운 모습을 올려다보는 엄청난 복을 누렸습니다. 그때 그는 너무 좋아서 소리쳤습니다.

> 말하되 보라 하늘이 열리고 인자가 하나님 우편에 서신 것을 보노라 한대(행 7:56).

하나님이 보시기에 필요하다면 우리도 스데반처럼 특별한 은총을 누릴 수 있을 것입니다. 사도 바울이 삼층천에 올라가서 하나님의 영광을 본 것처럼 말입니다. 그러나 오늘날에는 신비하고 독특한 방법을 하나님께서 잘 사용하지 않으십니다. 가나안에 정착한 이스라엘 자손에게 자신의 영광을 보여주기 위해 다시 한 번 호렙산에 강림하지 않으신 것과 같습니다. 지금은 성경을 보면서 그분의 영광을 바라고 기뻐하는 간접적인 방법으로 족합니다. 그러므로 하나님의 영광을 우리 눈으로 직접 확인하는 것은 우리 앞에 남아 있는 큰 소망입니다. 또한 우리가 매일 고대하고 사모해야 하는 일입니다.

하나님의 영광을
함께 누리고 싶어 함

둘째로 하나님의 영광을 함께 누리는 자가 된다는 것에 대해 생각해봅시다. 이것은 우리가 하나님과 직접 대면하고 함께 사는 영광을 의미합니다. 하나님이 사람과 직접 대면하시는 방법에는 두 가지가 있습니다. 자신을 우리 모습으로 바꾸어 만나는 방법과 우리를 자기처럼 영광스러운 모습으로 바꾸어 만나는 방법입니다.

구약시대에 아브라함을 만나러 오신 하나님은 인간의 모습을 하고 찾아오셨습니다. 그래서 얼굴과 눈을 마주 대고 쳐다보면서 이야기를 할 수 있었습니다. 그래야 만날 수 있기 때문입니다. 그리고 예수님 역시 우리를 만나러 오실 때 초라한 우리의 모습 그대로 찾아오셨습니다.

그런데 하나님이 계속 그런 방법을 쓰시지는 않을 것입니다. 하나님이 낮아지셔서 우리처럼 초라한 모습으로 찾아오시는 일은 한 번으로 끝났습니다. 우리 앞에 다른 방법이 남아 있습니다. 그것은 우리가 예수님처럼 변화되어 그분을 만나는 것입니다.

우리가 잘 알다시피 인간은 범죄함으로 하나님의 영광을 잃어버렸습니다.

> 모든 사람이 죄를 범하였으매 하나님의 영광에 이르지 못하더니(롬 3:23).

우리가 범죄한 다음부터 흙으로 빚어진 우리의 육체도 영혼과 함께 부패했습니다. 지금 우리의 몸이 아무리 건강하다고 할지라도 원래 우리의 몸과는 다르다는 것을 알아야 합니다. 우리가 범죄한 다음부터 우리의 몸이 얼마나 쇠약해졌는지 감기만 걸려도 맥을 못 추고 조금만 아파도 민망한 몰골이 되곤 합니다. 노동의 수고, 해산의 고통 그리고 온갖 풍상을 겪으며 살기 때문에 그렇게 아름답고 싱싱하던 청춘 남녀의 영광도 낙엽처럼 시들어버리는 것이 우리 인생입니다. 우리의 육체에는 진정한 아름다움이 없습니다. 아름답다는 평가는 상대적인 미(美)에 지나지 않습니다. 그 안에는 부패의 씨앗이 숨어 있어서 우리 몸을 시들게 하고 추하게 만듭니다. 사람이 점점 나이를 먹으면 그 몸은 저절로 늙고 병들며 종국에는 썩게 됩니다. 성경은 이것 때문에 삼라만상이 함께 탄식하며 고통스러워한다고 말합니다.

> 피조물이 다 이제까지 함께 탄식하며 함께 고통을 겪고 있는 것을 우리가 아느니라 그뿐 아니라 또한 우리 곧 성령의 처음 익은 열매를 받은 우리까지도 속으로 탄식하여 양자 될 것 곧 우리 몸의 속량을 기다리느니라(롬 8:22-23).

이것이 피할 수 없는 우리의 현실입니다. 그런데 놀라운 사실은 이와 같이 부패의 씨앗을 가지고 있는 우리 육체가 하나님을 만나 뵙는 순간에 그분처럼 영광스러운 몸을 입게 된다는 것입니다. 우리는 범죄함으로 하나님의 영광을 잃어버렸지만 예수 그리스도는 우리의 영광을 다시 회복시키셨습니다. 우리는 비록 육신을 입고 이 세상에 살고 있지만 믿음의 눈으로 장차 예수님의 모습처럼 변화될 우리 자신을 내다보고 있습니다.

> 사랑하는 자들아 우리가 지금은 하나님의 자녀라 장래에 어떻게 될지는 아직 나타나지 아니하였으나 그가 나타나시면 우리가 그와 같을 줄을 아는 것은 그의 참모습 그대로 볼 것이기 때문이니(요일 3:2).

하나님의 나라에서 영광을 누릴 우리 모습을 미리 내다보게 하는 말씀입니다. 또 빌립보서를 봅시다.

> … 우리의 낮은 몸을 자기 영광의 몸의 형체와 같이 변하게 하시리라 (빌 3:21).

이 말씀 또한 같은 내용이라고 할 수 있습니다. 이는 우리에게 남아 있는 기막힌 영광의 소망입니다. 그래서 우리 몸이 하나님 앞에 변화받는 것을 놓고 성경에는 '양자가 된다', '복을 받는다', '영화롭게 된다', '하늘의 처소를 덧입는다'라는 말로 표현하는 것을 볼 수 있습니다. 이 영광은 세상의 것이 아닙니다. 흙으로 빚어진 육신의 것도 아닙니다. 다시 지음받은 새 몸의 영광입니다. 그러므로 '하나님의 영광을 바란다'는 말에는 하나님을 직접 뵙는다는 소망이 있으며, 흠과 티가 없는 모습으로 하나님 앞에 서는 날을 고대한다는 의미가 있습니다. 한마디로 말하면 하나님의 영광이 내 영광이 되는 날을 기다리는 것이라고 할 수 있습니다.

형언할 수 없는 하나님의 영광

캐나다의 로키산맥을 구경하기 위해서 여행을 준비하고 있는 학생이 있었습니다. 그는 아름다운 정경을 마음속에 그리며 그곳에 갈 날을 고대했습니다. 그런데 어떤 친구가 그곳 풍경이 너무나 아름답다고 하면서 로키산맥의 절경이 담긴 사진첩을 갖다 주었습니다. 그 학생은 사진첩을 받고 무척 기뻐했습니다. 그리고 그것을 한 장 한 장 들추어 보면서 그곳의 정경을 마음에 담아두었습니다. 이제 머지않아 그곳을 찾아 속속들이 구경할 수 있다는 사실이 그의 마음을 한층 들뜨게 했습니다.

오늘날 우리가 읽고 있는 이 성경 말씀이 마치 천국의 영광을 찍어놓은 사진첩과 같다고 할 수 있습니다. 그 사진첩, 즉 성경을 펴고 천국의 영광을 보는 사람은 자기도 모르게 "야 멋있다!" 하는 탄성을 지르게 됩니다. 이처럼 하나님의 영광을 바라보는 사람에게는 말로 표현할 수 없는 기쁨이 있습니다. 당신은 지금 이 기쁨을 누리고 있습니까? 그렇다면 당신은 믿음으로 의롭다 함을 받은 진짜 그리스도인입니다. 만약 당신에게 이 기쁨이 없다면 자신에게 문제가 있음을 인정할 필요가 있습니다. 왜냐하면 그것은 하나님의 영광을 바라보는 믿음의 눈이 어두워져 있다는 증거이기 때문입니다.

2절의 "즐거워하느니라"는 매우 강도가 높은 말입니다. 이 말에는 '기뻐 날뛰다', '으스대며 자랑하다'라는 의미가 있습니다. 기쁨의 정도가 얼마나 대단했으면 이렇게 강한 표현을 하겠습니까? 마태복음 17장에는 베드로와 야고보와 그의 형제 요한이 주님을 따라 헐몬산에 올라간 이야기가 기록되어 있습니다. 당시에 주님은 복음을 전하시느라 시달리고 지쳐서 몹시 초췌한 모습이었습니다. 비록 30대 초반의 나이라 해도 평소에 영양분이 많은 음식을 잡수시지도 못하고, 인생의 온갖 불행을 목격하며 매일 지치도록 전도 여행을 하셨고, 옷도 단벌이었기 때문에 그 차림이 항상 초라할 수밖에 없었습니다.

그와 같이 초췌한 예수님이 산으로 올라가시면서 갑자기 제자들 앞에서 모습이 변했습니다. 그 얼굴이 해같이 빛났습니다. 그 옷이 빛과 같이 희어졌습니다. 그리고 비슷한 모습을 한 모세와 엘리야가 예수님과 함께 앉아 담소를 나누었습니다. 그 모습을 베드로와 요한과 야고보가 보았습니다. 천국의 영광이, 하나님의 영광이 헐몬산 꼭대기에 내려온 것을 본 것입니다. 장차 그 나라에서 누리게 될 아름다운 영광이 그들의 눈앞에 실현된 것입니다. 제자들은 너무 좋아서 정신이 없었습니다. 그 기쁨이 얼마나 컸던지 베드로는 이렇게 간청했습니다.

… 주여 우리가 여기 있는 것이 좋사오니… (마 17:4).

자신들의 모습은 달라진 것이 없었지만 주의 영광을 직접 보자 그들은 정신을 잃을 정도로 환호했습니다. 장차 하나님 나라에 들어가면 우리 모습도 예수님처럼 변할 것입니다. 우리가 주님처럼 영광스러운 모습이 된다면 그 기쁨이 얼마나 클까요? 생각만 해도 가슴이 떨리지 않습니까?

환란 중에 즐거워하라

3절의 "이뿐 아니라"는 그 기쁨의 정도가 보통이 넘는다는 것을 말해줍니다. 어느 정도입니까? 환난을 받으면서 즐거워할 정도입니다. 환난이란 예수님을 믿기 때문에 받는 고난만을 의미하지 않습니다. 그것은 세상을 살면서 당하는 역경, 핍박, 가난, 질병, 실패 등 모든 곤고와 고통을 다 포함하는 말입니다. 믿음으로 의인이 된 사람이라고 해서 인생의 고통을 면제받는 것이 아닙니다. 그러나 믿음으로 의롭다 함을 받은 하나님의 자녀는 제아무리 어려운 고통 속에서도 하나님의 영광을 바라고 즐거워할 수 있습니다.

예수 믿는 사람이라고 해서 병이 나지 않습니까? 아닙니다. 교회를 다녀도 병들 수 있습니다. 예수 믿는 사람이라고 해서 경제적으로 다 풍족합니까? 아닙니다. 예수 잘 믿는 사람도 사업에 실패해서 재산을 날릴 수 있습니다. 예수 잘 믿는 사람이라고 해서 사랑하는 가족을 떠나보내는 비극을 당하지 않습니까? 아닙니다. 자식이 부모보다 먼저 죽는 불행을 당할 수도 있습니다. 또 배우자가 젊은 나이에 세상을 떠나 가족 모두가 가슴이 무너지는 듯한 슬픔을 맛볼 수도 있습니다. 하나님은 예수 잘 믿는 사람에게 어떤 고통도 당하지 않게 해주겠다고 약속하신 적이 없습니다.

우리는 본능적으로 고통을 좋아하지 않습니다. 우리는 어떤 형태의 환난도 두려워하며 피하려고 합니다.

무릇 징계가 당시에는 즐거워 보이지 않고 슬퍼 보이나…(히 12:11).

정말 공감 가는 말씀입니다. 우리는 어떤 형태의 고난도 좋아하지 않습니다. 우리 중에 늙는 것을 좋아할 사람이 있나요? 허약해져서 고통당하는 것을 좋아할 사람이 있나요? 아무도 없습니다. 이것이 우리의 솔직한 심정입니다.

저는 가끔 연세가 많으신 선배 목사님을 찾아 뵙고 인사를 드릴 때가 있습니다. 한평생 주님을 위해 헌신하는 삶을 사셨지만 노년이 되어 허약해지신 모습을 보면 참 가슴이 아픕니다. "목사님, 건강하게 오래오래 사세요" 하고 인사를 여쭈면 목사님은 활짝 웃으시면서 그렇게 좋아하실 수가 없습니다. '저분 마음에 정말 천국이 있나?' 하고 어리둥절할 정도로 좋아하시는 것을 보았습니다. 이것이 솔직하고 꾸밈없는 인간의 모습이라고 생각합니다.

그 목사님은 하나님 나라를 소망하는 기대감이 충만하신 분입니다. 하지만 사람은 누구나 죽는 것을 싫어합니다. 죽음을 기피하는 것은 인간의 본능입니다. 만약에 어떤 분이 저에게 "목사님, 장기간 병으로 고생하고 계시니 보기에 딱해요. 차라리 빨리 천국에 가셨으면 해요"라고 인사한다면 제 마음이 어떨까요? 물론 "예, 저도 그랬으면 좋겠어요"라고 답할지도 모릅니다. 그러나 속으로는 매우 섭섭하고 못마땅하게 여길 것이 틀림 없습니다. 이것은 인지상정이 아닐까 싶습니다.

고통 중에 임하시는
하나님의 은혜

이처럼 환난은 아무도 환영하지 않지만 하나님의 자녀에게는 특별한 의미를 지닙니다. 성경은 하나님의 영광을 바라고 즐거워하는 사람은 환난을 당해도 슬퍼하지 않고 오히려 즐거워한다고 말합니다. 그 이유가 무엇입니까? 주의 자녀가 당하는 환난에는 '프리미엄'이 따라오기 때문입니다. 다시 말하면 부가가치가 대단히 크다는 말입니다.

주의 자녀가 환난을 당하면 인내하게 되고, 인내하다 보면 연단을 받게 되고, 연단을 받다 보면 하나님의 영광을 바라는 소망이 더 커지게 됩니다. 환난을 모르고 지내던 평소보다 하나님의 영광이 더 크게 보입니다. 하나님의 영광을 바라보는 믿음의 눈이 더 밝아지기 때문에 환난을 당하지 않는 사람들이 맛볼 수 없는 독특한 기쁨을 체험하게 되는 것입니다. 이것이 환난을 당하는 자에게 주시는 하나님의 프리미엄입니다.

우리가 어떤 때는 가난해서 몹시 어려움을 당합니다. 그러면 자연히 돈에 대해 애착이 점점 약해집니다. "이놈의 세상, 돈이 있다고 행복한 게 아니야. 돈이 너무 많아도 근심 덩어리가 될 수 있어. 적당히 하나님 주시는 대로 살면 돼." 이렇게 생각이 바뀌니까 욕심이 서서히 누그러지는 것입니다. 가난이라는 연단을 통해서 마음속에 있는 불순물이 점차 제거되기 때문입니다. 부자로 살 때는 믿음의 눈이 침침해서 하나님의 영광이 잘 보이지 않았지만 환난을 통해 마음이 깨끗해지고 영안이 밝아지니까 하나님의 영광이 더 크게, 더 가까이, 더 분명히 보이게 된 것입니다. 돈이 없어서 괴롭기는 하지만 그 대신 하나님이 프리미엄을 주신 것입니다.

하나님은 우리가 환난을 당할 때 우리의 눈을 가리고 있는 욕심을 하나하나 거둬내고 점점 더 하나님의 영광스러운 모습을 밝히 보게 만드십니다. 그래서 우리 마음속에 기쁨의 생수가 터지는 영적 체험을 할 수 있는 것입니다.

저는 학창 시절에 병이 나서 한 5년을 앓은 경험이 있습니다. 그리고 최근 들어 또 몸이 신통치 않아 2년이 넘도록 고생하고 있습니다. 가끔 네다섯 가지 증상이 한꺼번에 나타나 고통스러울 때면 정말 살고 싶은 생각이 없어집니다. 기도도 안 나올 정도로 괴롭습니다.

그런데 제가 병을 앓으면서 확신할 수 있는 것은 내 영혼이 연단을 받는다는 사실입니다. 잡된 욕심이 사라지고 아웅다웅 다투던 마음이 깨끗이 정리되는 것을 느낍니다. 점점 내 영의 눈이 밝아지고 멀리 보이던 하나님이 가깝게 보이는 체험을 하게 됩니다. 이것이 환난 중에서 연단을 받는 것입니다. 비록 병들어 고생스럽지만 그 대신 신비스러운 기쁨이 찾아오는 것을 느낍니다. 주님이 주시는 새 몸을 입고 그분을 만나 뵐 그날을 마음속에 그려보면 가슴이 벅차오릅니다.

그럼에도 저는 이 본문을 가지고 설교를 준비하면서 울었습니다. 하나님은 저에게 세상이 모르는 기쁨을 넘치도록 부어주시려고 병이라는 환난을 주셨는데 저는 그 기회를 너무 많이 불평하면서 흘려보냈기 때문입니다. 이 얼마나 좋은 기회입니까? 성도는 고통을 받으면서도 하나님의 영광을 바라보고 즐거워할 수 있다는 사실을 가족에게, 교우들에게, 이웃들에게 증거할 수 있는 절호의 기회였는데 만족할 만큼 그렇게 하지 못했다는 가책이 제 마음을 짓눌렀습니다. 이미 2년이란 세월이 흘러가버렸습니다. '하나님 제가 너무나 좋은 기회를 놓쳤네요. 좀 더 연단 받을 수 있었고 하나님의 영광을 좀 더 가까이 보며 좋아할 수 있는 기회였는데 놓쳐버렸네요' 하고 생각하니까 저도 모르게 눈물이 나왔습니다.

사랑하는 형제자매 여러분, 혹시 가난해서 고생하고 있습니까? 병들어 고통받고 있습니까? 거기에는 반드시 하나님의 프리미엄이 따라옵니다. 대학 입시에 실패해서 고통스럽나요? 남편을 잃었나요? 아내를 잃었나요? 자식을 잃었나요? 가정에 남 모르는 우환이 있나요? 거기에 따라오는 하나님의 복을 믿기 바랍니다. 그런 것들이 우리에게 너무나 괴롭고 불행한 일임은 분명합니다. 하지만 하나님께서 인내하게 하시고, 연단하게 하시고, 하나님의 영광을 바라보는 소망의 눈을 활짝 열어주시려고 우리에게 허락하신 것임을 믿기 바랍니다.

　루마니아가 공산 치하에서 한참 어려움을 당할 때, 리처드 범브란트 목사님은 14년 동안 감옥살이를 했습니다. 죄수가 독방에서 혼자 견디는 것은 죽는 것보다 더 고통스러운 일이라는 말을 어떤 분으로부터 들은 적이 있습니다. 그런데 범브란트 목사님은 14년을 버틸 수 있었다니 기적이라 할 수 있습니다. 어떻게 살아남을 수 있었을까 하는 궁금증이 자연히 일어납니다.

　그가 출옥을 한 뒤에 저술한 책이 있습니다. 이 책에서 그는 비결이 무엇이었는가를 아름답게 고백하고 있습니다. "감옥에서 보낸 햇수가 제게 길게 여겨지지 않았던 것은 홀로 독방에 갇혀 있으면서도 믿음이나 사랑을 넘어선 어떤 기쁨을 하나님 안에서 발견했기 때문입니다. 그 기쁨이란 이 세상 그 어느 것에도 견줄 수 없는, 아주 깊고도 특이한 황홀경과 같았습니다. 그래서 제가 감옥에서 나왔을 때는 마치 수십 리에 뻗쳐 있는 평화롭고 아름다운 시골을 내려다볼 수 있는 산정에서 갑자기 평지로 내려온 것 같은 느낌을 받았습니다."

　여기서 우리는 그가 감옥 밖의 사람들보다 훨씬 행복하게 살았다는 것을 발견합니다. 그 이유가 무엇입니까? 환난을 통해 그 누구보다도 더 가까이 하나님의 영광을 보는 기쁨을 누렸기 때문입니다. 연단을 통해서 그의 마음이 깨끗해지고 오로지 하나님만을 바라보는 눈이 열렸기 때문입니다. 범브란트의 고백은 환난 중에서 연단을 받는 자에게 하나님의 특별한 은혜가 따라온다는 사실을 입증하는 좋은 예입니다.

기쁨의 비밀

그러므로 우리는 어떤 환난을 당해도 하나님의 영광을 바라보고 즐거워해야 합니다. 우리가 어려운 처지에 놓여 있으면서 천국을 바라고 기뻐하면 세상 사람들은 이상하게 생각할 것입니다. '오죽 답답하면 저렇게 위선을 할까, 오죽 궁하면 저렇게 히죽히죽 웃을까?' 하며 비웃을지도 모릅니다. 그러나 천만의 말씀입니다. 우리는 어떤 환난을 만나도 기뻐할 수 있습니다. 아무리 고통스러운 환경에서도 즐거워할 수 있습니다. 세상 사람들이 이 기쁨의 비밀을 어떻게 알겠습니까?

> 소망이 우리를 부끄럽게 하지 아니함은 우리에게 주신 성령으로 말미암아 하나님의 사랑이 우리 마음에 부은 바 됨이니(5절).

하나님은 우리 마음에 자기의 사랑을 넘치도록 부어주셨습니다. 하나님은 항상 우리에게 "나는 너를 사랑해. 내가 너를 얼마나 사랑하는지 아니?" 하고 말씀하십니다. 우리가 환난을 당할 때는 이 속삭임이 더 뚜렷하게 들립니다. 하나님이 무엇에 근거해서 그렇게 말씀하시는 것입니까?

> 우리가 아직 연약할 때에 기약대로 그리스도께서 경건하지 않은 자를 위하여 죽으셨도다 의인을 위하여 죽는 자가 쉽지 않고 선인을 위하여 용감히 죽는 자가 혹 있거니와 우리가 아직 죄인 되었을 때에 그리스도께서 우리를 위하여 죽으심으로 하나님께서 우리에 대한 자기의 사랑을 확증하셨느니라(6-8절).

우리가 연약할 때에 하나님께서는 자기 아들을 십자가에 못 박아 죽게 했습니다. 의인을 위하여 죽는 자가 가끔 있고 선인을 위하여 용감히 죽는 자도 가끔 있지만 경건하지 못한 자, 죄인 된 사람을 위하여 죽을 자는 세상에 아무도 없습니다. 그럼에도 예수 그리스도는 나 같은 죄인을 구원하시기 위해서 십자가에 못 박혀 죽으셨습니다. 하나님은 자기 아들을 버리고 대신 약한 우리를 품에 안으셨습니다. 이것이 그의 사랑입니다.

성령이 우리 마음에 하나님의 사랑을 부어주셨다는 말은 십자가를 통하여 하나님의 사랑을 깨닫게 하셨다는 의미입니다. 우리는 예수 믿고 나서 이 사랑을 알게 되었습니다. 하나님이 얼마나 나를 사랑하시는가를 비로소 알게 되었습니다. 그리고 그 사랑이 우리 마음에 사무쳐오는 것을 느낍니다.

우리가 환난 중에 기뻐하는 것이 절대로 부끄러운 일이 아닙니다. 이토록 큰 사랑을 받은 이상 우리가 바라는 영광을 하나님께서 반드시 주실 것이라고 확신하기 때문입니다. 하나님은 중도에 약속을 파기하는 분이 아닙니다. 새삼스럽게 우리 죄를 생각하시고 그 얼굴빛을 바꾸실 분이 아닙니다. 우리가 하나님의 영광을 기뻐하면서 훗날 그분 앞에 서면 "내 아들아, 세상에 있을 동안 고생했다. 내 영광에 참여해라. 내 모든 것을 너에게 주마" 하고 다정하게 맞아주실 것입니다.

하나님은 우리에게 가장 큰 사랑을 주셨고, 우리에게 천국의 영광을 약속하셨습니다. 따라서 우리는 그것 이상 더 좋고 소중한 것이 없음을 믿어야 합니다. 그리고 그 믿음대로 사는 모습을 보여주어야 합니다. 환난 중에도 기뻐하는 우리의 삶을 통해서 그렇게 할 수 있습니다.

우리는 가난해도 슬퍼하지 않습니다. 병으로 고생하고 있을지라도 비관하지 않습니다. 세상 일이 뜻대로 안 풀려도 원망하지 않습니다. 이와 같은 환난을 통해서 우리가 연단받으면 하나님의 영광을 더 가까이 볼 수 있기 때문입니다. 또한 우리를 사랑하시는 하나님이 우리에게 반드시 그 영광을 안겨주실 것이라고 확신하기 때문입니다.

그러므로 우리가 병을 앓으면서도 하나님의 영광을 바라고 기뻐하면 그 기쁨이 능력이 되어 종종 병마가 물러가는 것을 체험할 수 있습니다. 비록 가난하더라도 하나님의 영광을 바라보고 즐거워하면 환경을 극복할 수 있는 힘이 생깁니다. 자연히 부지런히 일하게 되고 일하다 보면 가난이 물러가는 경우도 있습니다.

대학에 낙방해서 쓰라린 고통을 안고 있는 학생이 하나님의 영광을 바라보고 기뻐한다면 그 과정을 재기하는 원동력으로 삼을 수 있습니다. 가정이 불행한 사람이 그 불행을 비관하지 않고 하나님의 영광을 바라고 즐거워한다면 그 상황이 가정을 행복하게 만드는 능력이 될 수 있습니다. 이 비결을 우리가 알아야 합니다.

유명한 기독교 변증가였던 C. S. 루이스는 다음과 같이 말했습니다. "예수 믿는 사람에게 있어 기쁨은 대문자로 표현할 수 있는 삶이다. 또한 진정으로 신뢰할 만한 기독교, 하나님을 영화롭게 하고 세상을 흔들어놓는 기독교는 그 중심에 기쁨을 갖고 있다." 왜 기쁨이 대문자로 표시됩니까? 대문자는 주목하게 할 때, 강조하고 싶을 때, 중요성을 나타내고 싶을 때에 사용합니다. 예수님을 믿는 우리가 이 세상 앞에 특별히 표가 나게 보여줄 만한 것이 있다면, 그것은 기쁨이어야 합니다. 세상 것으로 좋아하는 기쁨이 아니라 하나님의 영광을 바라고 기뻐하는 것입니다. "자, 보라. 나는 가난해도 즐거워한다.

나는 병들어도 하나님 앞에 기뻐하고 감사한다. 나는 이 세상에서 성공하지 못해도 기뻐하고 즐거워한다. 왜? 우리 주님의 영광이 내 앞에 있기 때문에…." 이것이 세상 사람들 앞에 내놓을 수 있는 우리 삶의 대문자입니다. 우리 삶에 이 기쁨이 있는 한, 우리는 어두운 주변을 환하게 밝힐 수 있습니다.

이 기쁨을 안고 사는 그리스도인이 많을수록 이 사회는 점차 밝아질 것입니다. 성령께서 우리 모두에게 하나님의 영광을 바라보고 즐거워하는 기쁨을 소유하도록 은혜 주시기를 바랍니다.

> 다만 이뿐 아니라 우리가 환난 중에도 즐거워하나니 이는 환난은 인내를, 인내는 연단을, 연단은 소망을 이루는 줄 앎이로다(3-4절).

17

아담 안에서 죽었고 예수 안에서 살았다

로마서 5장 12-21절

12 그러므로 한 사람으로 말미암아 죄가 세상에 들어오고 죄로 말미암아 사망이 들어왔나니 이와 같이 모든 사람이 죄를 지었으므로 사망이 모든 사람에게 이르렀느니라 13 죄가 율법 있기 전에도 세상에 있었으나 율법이 없었을 때에는 죄를 죄로 여기지 아니하였느니라 14 그러나 아담으로부터 모세까지 아담의 범죄와 같은 죄를 짓지 아니한 자들까지도 사망이 왕 노릇 하였나니 아담은 오실 자의 모형이라 15 그러나 이 은사는 그 범죄와 같지 아니하니 곧 한 사람의 범죄를 인하여 많은 사람이 죽었은즉 더욱 하나님의 은혜와 또한 한 사람 예수 그리스도의 은혜로 말미암은 선물은 많은 사람에게 넘쳤느니라 16 또 이 선물은 범죄한 한 사람으로 말미암은 것과 같지 아니하니 심판은 한 사람으로 말미암아 정죄에 이르렀으나 은사는 많은 범죄로 말미암아 의롭다 하심에 이름이니라 17 한 사람의 범죄로 말미암아 사망이 그 한 사람을 통하여 왕 노릇 하였은즉 더욱 은혜와 의의 선물을 넘치게 받는 자들은 한 분 예수 그리스도를 통하여 생명 안에서 왕 노릇 하리로다 18 그런즉 한 범죄로 많은 사람이 정죄에 이른 것 같이 한 의로운 행위로 말미암아 많은 사람이 의롭다 하심을 받아 생명에 이르렀느니라 19 한 사람이 순종하지 아니함으로 많은 사람이 죄인 된 것같이 한 사람이 순종하심으로 많은 사람이 의인이 되리라 20 율법이 들어온 것은 범죄를 더하게 하려 함이라 그러나 죄가 더한 곳에 은혜가 더욱 넘쳤나니 21 이는 죄가 사망 안에서 왕 노릇 한 것 같이 은혜도 또한 의로 말미암아 왕 노릇 하여 우리 주 예수 그리스도로 말미암아 영생에 이르게 하려 함이라

이 세상을 가리켜 고해와 같다고 말합니다. 사람은 대부분 70~80년이란 짧은 한 생을 삽니다. 그것도 허다한 문제를 안고 고통 속에서 허덕이다가 끝을 보는 경우가 많습니다. 그래서 동서고금을 막론하고 인생을 논하는 지혜자들이 많은 연구를 거듭해왔습니다. 그러나 아직도 해답을 찾지 못해 영원한 숙제로 남아 있는 문제들이 한두 가지가 아닙니다. 이를테면 '왜 사람은 죄인인가?', '죽음은 어디서 왔는가?', '구원의 길은 어디에 있는가?' 등입니다.

지금까지 어느 누구도 이런 질문에 명쾌한 대답을 하지 못했습니다. 종교나 철학의 지혜를 가지고도 풀지 못했습니다. 정치와 군사의 힘으로도 해결하지 못했습니다. 과학이나 경제가 제아무리 발전해도 이 문제를 해결할 수 없습니다. 그렇다면 이 문제를 풀 수 있는 열쇠가 없단 말입니까? 아닙니다. 오직 한 분만이 이 문제의 명확한 답변을 들려주고 계십니다. 바로 우리가 믿는 예수 그리스도입니다. 그분을 통해 시원한 해답을 얻게 된 것을 감사해야 합니다.

그러면 본문을 일별해봅시다. 주님께서는 먼저 아담과 우리의 관계를 토대로 말씀하십니다. 그런 다음 예수 그리스도와 우리 믿는 자의 관계를 가지고 설명하시는 것을 볼 수 있습니다.

> 하나님은 모든 사람이 구원을 받으며 진리를 아는 데에 이르기를 원하시느니라(딤전 2:4).

하나님께서는 모든 사람이 다 구원받고 진리를 알길 원하십니다.

> 진리를 알지니 진리가 너희를 자유롭게 하리라(요 8:32).

진리를 바로 배우십시오. 진리 위에 바로 서십시오. 그러면 그 진리가 우리를 모든 불안에서 자유롭게 합니다. 우리를 모든 의심에서 자유롭게 합니다. 이런 의미에서 우리는 성령의 도우심을 구하며 본문을 주목해야 하겠습니다.

죽음을 가져온 아담의 불순종

먼저 아담과 우리의 관계를 살펴봅시다. 아래에 나오는 "한 사람"은 누구를 가리키는 것일까요?

> 그러므로 한 사람으로 말미암아 죄가 세상에 들어오고 죄로 말미암아 사망이 들어왔나니…(12절).

성경을 그런 대로 아는 사람은 금세 아담이라는 것을 알아차릴 것입니다. 본문은 아담 한 사람 때문에 죄가 이 세상에 들어왔고 그 죄 때문에 죽음이 왔다고 말합니다.

창세기 2장을 보면 하나님께서 아담을 창조하신 다음에 그를 에덴동산 가운데 부르시고 직접 대면하여 말씀하시는 장면이 나옵니다.

> 여호와 하나님이 그 사람에게 명하여 이르시되 동산 각종 나무의 열매는 네가 임의로 먹되 선악을 알게 하는 나무의 열매는 먹지 말라 네가 먹는 날에는 반드시 죽으리라 하시니라(창 2:16-17).

왜 하나님께서 아담에게 이처럼 준엄한 명령을 내리셨다고 생각합니까? 피조물의 위치가 창조자와 무엇이 다른가를 가르쳐주기 위함입니다. 피조물은 하나님 앞에서 반드시 순종해야 하는 신분이라는 것을 가르치기 위한 명령이었습니다. 사람은 창조자 하나님께서 허락하신 범위 내에서만 자유로울 수 있으며 그것만이 행복할 수 있는 조건임을 알게 하는 데 그 명령의 목적이 있었습니다.

그러나 불행하게도 아담은 하나님의 그 준엄한 명령을 가볍게 여겼습니다. 그 결과 자기 아내와 함께 불순종하는 죄를 범하고 말았던 것입니다. 드디어 하나님의 무서운 심판이 내려졌습니다.

> 네가 흙으로 돌아갈 때까지 얼굴에 땀을 흘려야 먹을 것을 먹으리니…(창3:19).

그때로부터 아담은 죽은 자가 되고 말았습니다. 이것은 죽음의 선고였습니다.

창세기에 기록된 인간 타락의 이야기는 조금도 거짓이 없는 역사적 사실입니다. 그러나 본문에는 이해하기 어려운 이야기가 들어 있습니다. 그것은 로마서 5장 12절 중간에 나오는 "이와 같이"라는 말 때문입니다. '이와 같이'란 '이런 식으로'라는 뜻이 아닙니까? 따라서 이 한마디의 말은 내용을 대단히 중요한 결론으로 끌어가고 있습니다. 아담 한 사람이 죄를 지었는데 이런 식으로 '모든 사람이 죄를 지었다'는 것입니다. 그리고 그 결과 모든 사람에게 사망이 임했습니다. 아담과 우리를 똑같이 취급하는 것입니다. 이것은 받아들이기가 굉장히 어렵습니다. 어떻게 해서 '이와 같이'라는 논리가 성립될 수 있습니까? 왜 아담에게 내린 형벌이 우리에게도 똑같이 내려져야 한다는 말입니까?

우리가 선뜻 받아들이기 어려운 내용이라 '모든 사람이 죄를 지었다'는 말씀을 납득할 수 있도록 여러 갈래의 해석이 있음을 봅니다. 몇 가지 대표적인 예를 든다면, 아담이 받은 죄의 형벌이 모든 사람에게 임했다고 하는 해석이 있습니다. 또 아담이 범죄함으로 부패한 인간 본성을 우리가 유전적으로 물려받았다고 해석하는 사람도 있습니다. 또 아담이 죄짓는 것을 보고 그 행동을 모방해서 그 후손들이 스스로 죄를 짓고 있다는 의미로 해석하는 사람도 있습니다. 그리고 아담이 범죄할 때 우리도 함께 죄를 범했다고 해석하는 사람도 있습니다.

그러면 무엇이 가장 합당한 해석이라고 할 수 있을까요? 물론 해석마다 부분적으로 옳은 진리를 담고 있기는 합니다. 그러나 동시에 약점도 가지고 있습니다. 가장 본문에 가까운 해석을 찾으라고 한다면 아담이 범죄할 때 우리도 함께 죄를 범했다고 하는 마지막 해석을 들 수 있습니다.

'모든 사람이 죄를 지었다'는 내용을 잠깐 살펴봅시다. 여기에서 '모든 사람'은 전 인류를 가리킵니다. 그리고 '죄를 지었다'는 말씀은 단순 과거동사로 쓰여 있습니다. 이것은 현재 짓고 있는 죄나, 장차 범할 어떤 죄를 말하는 것이 아니라 과거에 꼭 한 번 범죄한 사건을 가리킵니다. 두말할 필요 없이 그 범죄는 아담의 불순종을 말하는 것이 틀림없습니다. 다시 말하면 아담이 죄짓는 자리에 우리도 함께 있었고 공범자 노릇을 했다는 것입니다. 이것을 19절에서도 같은 맥락으로 말씀하고 있습니다.

> 한 사람이 순종하지 아니함으로 많은 사람이 죄인 된 것같이….

여기에서도 '죄인이 되었다'는 동사는 과거형입니다. 이것은 동일한 시간 속에서 일어난 사건을 의미합니다. 곧 아담의 범죄가 우리의 범죄가 되었다는 뜻입니다. 이는 하나님의 선언입니다.

그러므로 '이와 같이 모든 사람이 죄를 지었다'는 말씀에 자꾸 쓸데없는 설명을 붙이려고 하면 안 됩니다. 아담이 죄짓는 자리에서 우리도 선악과를 먹은 것입니다. 그 결과 아담이 하나님으로부터 받은 벌을 우리 모두가 똑같이 받은 것입니다.

그러므로 하나님 말씀에서 인간을 죄인이라고 하는 것은 무슨 악을 행하였느냐, 아니냐 하는 문제와는 별개입니다. 그것은 행동 이전의 문제입니다. 숙명적으로 우리 모두는 죄인이라는 신분을 가지고 이 세상에 태어납니다. 그러므로 죄를 지어서 죄인이라기보다는, 죄인이기 때문에 죄를 짓는 자들입니다. 왜 그렇습니까? 우리 조상, 아담이 불순종했기 때문입니다. 그가 죄를 지을 때에 우리도 함께 그 자리에서 죄를 지었기 때문입니다. 이것을 신학적인 용어로 '원죄'라고 합니다.

원죄는 사람들이 받아들이기를 몹시 꺼리는 교리입니다. 더욱이 지적 수준이 높은 현대인들은 이 교리를 비합리적인 것으로 생각하고 노골적으로 거부 반응을 나타내는 경우가 많습니다. 파스칼은 그의 저서 《팡세》에서 이런 현대인의 심리를 정확히 갈파(喝破)하고 있습니다. "원죄는 인간의 눈으로 보면 매우 우스꽝스러운 개념이다. 이성을 가지고는 이것을 알 수 없다. 왜냐하면 원죄는 이성에 위배되는 것이며 이성은 자기의 방법으로 그것을 생각해낼 수도 없기 때문이다."

원죄의 증거-차별 없는 죽음

그러나 우리가 이 교리를 받아들일 수밖에 없는 뚜렷한 증거가 있습니다. 아무리 이성에 맞지 않는 교리라 할지라도 증거가 분명하다면 손을 들 수밖에 없는 것입니다. 그 뚜렷한 증거가 무엇인지 압니까?

> 죄가 율법 있기 전에도 세상에 있었으나 율법이 없었을 때에는 죄를 죄로 여기지 아니하였느니라 그러나 아담으로부터 모세까지 아담의 범죄와 같은 죄를 짓지 아니한 자들까지도 사망이 왕 노릇 하였나니…(13-14절).

어려워 보이는 말씀이기는 하지만 조금만 주의해보면 쉽게 이해할 수 있습니다. 우리가 잘 알다시피 하나님으로부터 율법을 받은 사람은 모세입니다. 그가 태어나기 이전에는 명문화된 율법이 없었습니다. 당시에 법이 있었다고 한다면, 그것은 양심의 법이라고 할 수 있습니다. 죄를 지으면 양심의 가책을 받습니다. 이것이 그들에게 유일한 법이었습니다. 그래서 모세 이전에는 사람을 죽이는 것을 가장 큰 죄로 여겼습니다. 그 밖의 다른 죄는 대수롭지 않게 생각했습니다.

13절의 '죄로 여기지 아니했다'는 말씀을 분명히 이해해야 합니다. 악을 행해도 죄가 되지 않았다는 의미가 아닙니다. 하나님께서 그들의 죄를 인정하지 않으셨다는 의미도 아닙니다. 그러면 무엇을 뜻하는 말입니까? 율법이 없었을 때는 사람들이 죄를 지어도 죄책감을 크게 느끼지 않았다는 뜻입니다. 로마서 7장 7절을 참고하면 더 분명하게 알 수 있습니다.

> 율법이 탐내지 말라 하지 아니하였더라면 내가 탐심을 알지 못하였으리라.

탐심이 죄라고 규정한 법이 없는 세상에서는 욕심을 품었다고 해서 그것 가지고 괴로워할 필요가 없습니다. 율법이 생겨 탐내지 말라는 명령을 받은 다음에야 그것이 죄인 줄 알게 된 것입니다. 그러므로 율법이 임하기 이전의 사람들은 욕심 내는 것 따위는 죄로 여기지 않을 만큼 가볍게 생각했음을 알 수 있습니다. 율법을 몰랐기 때문에 죄의식이 약했던 것입니다.

그다음 14절의 "아담의 범죄와 같은 죄를 짓지 아니한 자들"이라는 말씀을 봅시다. 이것은 모세 이전의 사람들이나 그 후의 우리들에게 동일하게 해당되는 이야기입니다. 모세 이전의 사람들이나 우리는 아담이 선악과를 따 먹는 자리에 있지 않았습니다. 우리는 실제적으로 그런 죄를 지은 적이 없습니다.

아담의 죄는 독특한 성격을 가지고 있습니다. 그가 범한 죄는 자기를 불러놓고 직접 하지 말라고 금하신 하나님의 명령을 어겼다는 데서 다른 죄와는 차이가 있다고 할 수 있습니다. 우리는 하나님을 직접 만난 일도 없고 그분의 음성을 직접 들은 일도 없습니다. 그러므로 죄를 지어도 아담의 입장과 같다고 볼 수는 없습니다. 한마디로 우리는 아담의 죄와 같은 죄를 범하지 않았습니다.

그럼에도 왜 하나님께서는 모든 사람이 죄를 지었다고 선언하시는 것입니까? 불합리한 처사가 아닙니까? 인간의 논리로 따지면 옳은 말입니다. 그러나 우리 주장이 틀렸다는 확실한 증거가 있습니다. 우리에게 죄인이라는 의식이 있든 없든 죽음이 우리 모두를 차별하지 않고 끌고 간다는 사실입니다. 한번 보십시오. 아담이 죄짓는 자리에 자기가 언제 있었느냐고 항변하던 자들도 다 죽었습니다. 그런 죄를 지은 일이 없다고 버티던 자들이 죽지 않았다는 말을 들었습니까? 누구나 죽는 것을 보면, 우리가 아담과 함께 죄를 범했다는 사실을 부인할 수 없을 것입니다.

왜 그렇습니까? 죽음은 아담이 범죄함으로 하나님이 내리신 벌이기 때문입니다. 왜 사람들이 죽음이라는 벌을 받습니까? 죄를 안 지었다면 그 벌도 임하지 않아야 합니다. 또 아담의 범죄에 동참하지 않았다면 죽지 말아야 합니다. 그런데 왜 죽느냐는 말입니다. 이처럼 죽는다는 것은 공범자라는 증거입니다.

세상에 갓 태어난 영아가 죽는 일이 있습니다. 한두 달도 안 된 핏덩어리가 무슨 죄를 지었겠습니까? 거짓말을 했나요? 남을 미워했나요? 눈을 한번 흘겨보기나 했나요? 그럼에도 어쩌다 죽는 경우가 있습니다. 죄를 안 범했는데 왜 죽습니까? 오늘 이 본문에 비추어보면 해답이 나옵니다. 죄인이니까 죽는 것입니다.

언제 죄를 범했습니까? 엄마의 배 속에서 범했습니까? 아닙니다. 아담이 죄지을 때 그 아기도 죄를 지은 것입니다. 누가 이 증거를 부인할 수 있겠습니까? 죄를 안 지었다면 어린아이가 살아야 하지 않겠습니까? 그런데 왜 죽느냐는 말입니다. 행위만으로 죄를 논한다면 죽어서는 안 되지 않겠습니까?

여기에서 말하는 '사망'은 육적 죽음과 영적 죽음을 포함하는 총체적 죽음입니다. 그리고 육신의 죽음은 영적 죽음을 나타내는 상징이라 할 수 있습니다. 사람이 한 번 죽는 것은 정해진 운명이라고 했습니다.

> 한 번 죽는 것은 사람에게 정해진 것이요…(히 9:27).

우리는 아담의 후손입니다. 죄인의 후손입니다. 그러니까 죽기 위해서 태어나는 사람들입니다. 왜냐하면 그의 범죄에 동참했기 때문입니다. 출생은 어떤 의미에서 죽음의 시작으로 볼 수 있습니다. 셰익스피어의 말이 옳습니다. "죽음을 제외하고는 아무것도 우리 것이라 부를 만한 게 없다."

우리에게 분명한 소유가 있다면 그것은 죽음입니다. 죽음은 한 사람도 빠짐없이 평등하게 나누어 가지는 재산입니다.

제가 확인한 적은 없지만, 프랑스에 가면 황제가 사용했던 아주 작은 침대가 박물관의 유물로 남아 있다고 합니다. 황제가 왜 일부러 조그마한 침대를 사용했는지 압니까? 누우면 죽을까 봐 겁이 나서 눕지 않으려고 기를 쓰고 작은 침대를 사용했다고 합니다. 참 불쌍한 사람입니다. 세상의 어떤 영화나 권력으로도 죽음을 당해낼 방법이 없는 것입니다.

아담의 대표성

그러면 우리에게 한 가지 의문이 생길 수 있습니다. 아담과 우리가 무슨 관계이기에 '이와 같이' 하면서 동일한 죄인 취급을 하느냐 이 말입니다.

하나님께서는 아담을 처음 창조하실 때 그를 자연적인 머리로, 인류의 대표로 세우셨습니다. 그러므로 하나님이 아담에게 주신 복은 아담 혼자서 독차지하는 것이 아닙니다. 그와 함께 그의 후손 전부가 받게 되었습니다.

> 하나님이 자기 형상 곧 하나님의 형상대로 사람을 창조하시되 남자와 여자를 창조하시고 하나님이 그들에게 복을 주시며 하나님이 그들에게 이르시되 생육하고 번성하여 땅에 충만하라, 땅을 정복하라, 바다의 물고기와 하늘의 새와 땅에 움직이는 모든 생물을 다스리라 하시니라(창 1:27-28).

그런데 인류의 대표자로서 아담이 차지한 위치 때문에, 그가 행한 범죄도 그 후손이 함께 담당하게 된 것입니다. 그래서 그가 죄를 범하자 후손인 우리 역시 그의 공범자가 되었습니다. 그가 사형선고를 받자 우리 역시 사형수 신세가 되었습니다. 아담의 대표성에 대해서는 우리가 왈가왈부하면 안 됩니다. 창조주 하나님이 그렇게 정하신 것을 피조물인 우리가 떠들어봤자 무슨 소용이 있겠습니까? 우리는 유구무언일 뿐입니다.

성경에 보면 이 대표성에 관한 이야기가 많이 나옵니다. 그 가운데 예를 하나 들어보겠습니다. 노아가 살던 시대에 하나님께서 진노하셔서 사람들을 홍수로 심판하셨습니다. 그때 살아남은 사람은 노아의 여덟 식구뿐이었습니다. 노아 가족은 방주에서 나와 농사를 짓기 시작했습니다. 그들은 포도나무를 심었는데 결실이 매우 좋았습니다. 그래서 포도를 가득 수확하여 술을 담갔습니다. 포도주가 알

맞게 익은 어느 날, 노아는 포도주를 따라 마셨습니다. 한 잔 두 잔 거듭하다 보니 나중에는 술이 술을 마시는 꼴이 되었고, 결국 노아는 술기운을 이기지 못하게 되었습니다.

우리가 잘 알다시피 술에 취한 사람은 여러 모양으로 주정을 부립니다. 예를 들면 고래고래 고함을 치는 사람, 부인을 두들겨 패는 사람, 자꾸 우는 사람, 아무 말없이 잠을 자는 사람 등입니다. 그런데 노아는 벌거벗는 형에 속했나 봅니다. 그는 만취해서 벌거벗고는 드러누워 잠에 곯아떨어졌습니다.

그에게는 세 아들이 있었습니다. 그중 '가나안의 아버지'인 함이 집에 돌아와 벌거벗고 누워 있는 노아를 발견했습니다. 아들이라면 어떻게 해야 하겠습니까? 얼른 덮을 것을 가지고 와서 아버지 몸을 가려야 하지 않을까요? 그런데 함이 좀 모자라는 사람이었던지 형제들에게 가서는 "아이고 우스워. 아버지가 벌거벗고 누워 계셔"라고 말한 것입니다. 다른 두 아들은 생각이 깊은 사람들이었는지 서로 의논을 하더니 큰 옷을 걸치고 뒷걸음질쳐 들어가 아버지의 몸을 덮어주었습니다.

나중에 노아가 술이 깨서 일어났습니다. 그는 세 아들이 한 일의 자초지종을 듣게 되었습니다. 그러자 아비의 부끄러운 모습을 이리저리 떠들고 다닌 아들 함이 괘씸하게 여겨졌습니다. 그는 대노해서 함을 불러 저주했습니다.

> 이에 이르되 가나안은 저주를 받아 그의 형제의 종들의 종이 되기를 원하노라 하고(창 9:25).

노아의 저주가 함에게만 임했다면 얼마나 좋겠습니까? 그런데 성경을 보면 그렇지 않습니다. 함에게 내린 저주가 그 후손들에게 그대로 임한 것을 알 수 있습니다.

> 애굽에서 큰 일을 행하신 그의 구원자 하나님을 그들이 잊었나니 그는 함의 땅에서 기사와 홍해에서 놀랄 만한 일을 행하신 이시로다(시 106:21-22).

성경은 애굽에서 사는 사람들이 함의 자손이라고 말합니다. 함의 후손은 아프리카 족속입니다. 오늘날 역사적으로 볼 때 아프리카 사람들만큼 종의 종이 된 신세가 또 있습니까? 노아의 저주가 함의 후손에게 그대로 임한 것이라는 사실을 빼고 무엇으로 이 역사적인 비극을 설명할 수 있다고 생각합니까?

제가 미국에서 공부할 때 아프리카에서 온 유학생과 대만 유학생이 말씨름을 벌이는 것을 본 적이 있습니다. 대만 학생이 "함은 바로 너희 아프리카 사람들이야"라고 하니까 아프리카 학생이 화가 나서 "어떻게 우리가 함의 자손이야? 증명해봐!" 하며 대들었습니다. 시편 106편을 제시하면 간단히 끝날 문제였습니다. 그런데 대만 학생은 지식이 얕았는지 증거를 대지 못하고 계속 논쟁만 벌였습니다.

함이 저주받았기 때문에 그의 후손들도 저주를 받았습니다. 이것이 바로 대표성이 미치는 영향이라 할 수 있습니다.

요즈음 언론에 일본군 위안부 문제가 자주 회자되고 있습니다. 너무 가슴이 아프고 너무 부끄럽고 너무 기가 막힌 이야기입니다. 저는 이처럼 치욕스러운 과거 이야기를 들으면서 침략자를 탓하기 전에 먼저 못난 우리 조상을 탓해야 한다는 생각을 했습니다. 일본은 19세기 후반부터 메이지유신으로 서구 문명을 받아들여 1, 2차

산업혁명을 성공적으로 완수했습니다. 그때 우리 조상은 무엇을 하고 있었습니까? 나라를 부강시킬 노력은 하지 않고 껍데기뿐인 양반 놀음을 하느라 허송세월을 보냈습니다. 우리 조상은 일본처럼 국제 정세에 대비하지 못했습니다. 그렇게 정신 빠진 조상을 두었기 때문에 꽃봉오리 같은 소녀들이 수모를 당한 것입니다.

열두세 살 먹은 여자아이들이 무슨 죄가 있습니까? 그들은 아직도 엄마 품속을 파고들어와 어리광을 부릴 나이가 아닙니까? 그들에게 죄가 있다면 오로지 조상을 잘못 만난 것이라 해야 합니다. 우리나라의 역사를 보아도 조상이 가진 대표성을 무시할 수 없다는 것을 알 수 있습니다.

우리가 죄인이 되고 죽음을 피할 수 없는 운명이 된 것은 아담 때문입니다. 신학 용어로 이것을 '죄의 전가'라고 합니다. 조상의 죄가 우리에게 넘어왔다는 의미입니다. 우리가 이것을 부인하면 안 됩니다.

그래서 본문은 인류의 조상 아담과 우리 사이에 형성된 이 끊을 수 없는 관계가 얼마나 중요한가를 다섯 번이나 반복해서 강조하고 있습니다. "한 사람의 범죄를 인하여 많은 사람이 죽었은즉"(15절), "심판은 한 사람으로 말미암아 정죄에 이르렀으나"(16절), "한 사람의 범죄로 말미암아 사망이 그 한 사람을 통하여 왕 노릇 하였은즉"(17절), "한 범죄로 많은 사람이 정죄에 이른 것같이"(18절), "한 사람이 순종하지 아니함으로 많은 사람이 죄인 된 것같이"(19절). 이와 같이 바울은 아담이 우리의 대표요 우리는 그의 후손임을 거듭거듭 강조하고 있습니다.

생명을 가져온
예수 그리스도의 순종

그러면 다음으로 예수 그리스도와 우리의 관계를 간단히 정리해봅시다. 14절 끝을 보면 "오실 자의 모형"이라는 말이 나옵니다. 아담은 오실 자의 모형입니다. 그리고 오실 자는 예수 그리스도를 가리킵니다. 즉, 아담이 인류의 대표인 것처럼 예수님도 새로운 백성의 대표가 된다는 말입니다. 아담이 인류의 머리인 것처럼 장차 오실 예수 그리스도는 믿는 자의 머리가 된다는 것입니다. 고린도전서 15장 22절은 여기에 대해서 더 분명하게 말씀하고 있습니다.

> 아담 안에서 모든 사람이 죽은 것같이 그리스도 안에서 모든 사람이 삶을 얻으리라.

'아담 안에서 죽었다'는 말과 '그리스도 안에서 살았다'는 말이 서로 대칭을 이루고 있습니다. 그래서 예수님을 제2의 아담이라고 부르기도 합니다.

> 그런즉 한 범죄로 많은 사람이 정죄에 이른 것같이 한 의로운 행위로 말미암아 많은 사람이 의롭다 하심을 받아 생명에 이르렀느니라(18절).

아담 한 사람의 범죄로 인하여 우리 모두가 죄인이라는 판정을 받았지만 예수 그리스도의 의로운 행동으로 모든 사람이 의롭다는 인정을 받아 영생을 누리게 되었다는 뜻입니다.

> 한 사람이 순종하지 아니함으로 많은 사람이 죄인 된 것같이 한 사람
> 이 순종하심으로 많은 사람이 의인이 되리라(19절).

아담의 불순종이 후손 모두의 순종으로 인정받아 의롭게 되었다는 것입니다. 아담은 불순종하여 인류에게 죽음을 가져왔지만 제2의 아담 예수님은 하나님께 순종함으로 인류에게 영원한 생명을 안겨주셨습니다.

그러면 '예수님이 순종하셨다'는 말에는 어떤 뜻이 있습니까? 갈라디아서 4장 4절이 이것을 설명하고 있습니다.

> 때가 차매 하나님이 그 아들을 보내사 여자에게서 나게 하시고 율법
> 아래에 나게 하신 것은.

예수님은 한 여자의 몸에서 태어나셨습니다. 그리고 스스로 율법 아래 태어나셨습니다. 율법을 만드신 하나님이셨지만 우리 대신 그 율법을 지키기 위해서 스스로 율법에 매이는 자가 되신 것입니다.

또 주님은 세례를 받으실 때 이렇게 말씀하셨습니다.

> … 우리가 이와 같이 하여 모든 의를 이루는 것이 합당하니라…(마
> 3:15).

여기에서 '모든 의를 이룬다'는 말은 하나님께 순종함을 의미합니다. 주님은 겟세마네 동산에서 십자가의 죽음을 앞에 두고 이렇게 기도하셨습니다.

> …나의 원대로 마시옵고 아버지의 원대로 하옵소서…(마 26:39).

아담은 자기 뜻대로 불순종했지만 예수님은 하나님의 뜻대로 순종하셨던 것입니다. 그러므로 주님의 순종은 능동적이며 자발적인 순종임을 알 수 있습니다. 그분은 불순종한 우리를 건져내기 위해 우리 대신 순종하셨습니다. 우리는 이 '대신 순종의 은혜'를 잊지 말아야 합니다. 예수님이 순종하심으로 우리는 전혀 순종하지 않고도 순종한 자에게 주시는 하나님의 은혜를 넘치도록 받게 된 것입니다. 15절이 이 사실을 분명히 말씀하고 있습니다.

> 그러나 이 은사는 그 범죄와 같지 아니하니 곧 한 사람의 범죄를 인하여 많은 사람이 죽었은즉 더욱 하나님의 은혜와 또한 한 사람 예수 그리스도의 은혜로 말미암은 선물은 많은 사람에게 넘쳤느니라.

우리가 얼마나 큰 은혜를 받았는지 모릅니다.

> 또 이 선물은 범죄한 한 사람으로 말미암은 것과 같지 아니하니 심판은 한 사람으로 말미암아 정죄에 이르렀으나 은사는 많은 범죄로 말미암아 의롭다 하심에 이름이니라(16절).

> 한 사람이 순종하지 아니함으로 많은 사람이 죄인 된 것같이 한 사람이 순종하심으로 많은 사람이 의인이 되리라(19절).

우리는 예수님의 '대신 순종' 때문에 의롭다 하는 선물을 받은 것입니다.

> 이는 죄가 사망 안에서 왕 노릇 한 것같이 은혜도 또한 의로 말미암아 왕 노릇 하여 우리 주 예수 그리스도로 말미암아 영생에 이르게 하려 함이라(21절).

예수님이 순종하심으로 이제 우리는 죽음의 종이 아니라 생명 안에서 왕 노릇 하는 사람이 되었습니다. 마땅히 죽어야 할 죄인이 영원한 생명을 얻게 된 것입니다.

아담과 예수 그리스도는 얼마나 대조적입니까? 아담은 우리를 죄인으로 만들었지만 예수님은 우리를 의인으로 만들었습니다. 그런데 우리는 이 둘 가운데 어느 한쪽이라도 의심하면 안 됩니다. 만약 우리가 아담의 대표성을 의심하여 부정한다고 합시다. 그러면 논리적으로 예수 그리스도가 우리의 대표가 되고 그분의 의가 우리에게 전가되었다는 것을 받아들일 수 없게 됩니다. 아담과 우리의 관계를 의심하면 예수 그리스도와 우리의 관계도 의심해야 한다는 말입니다.

아담의 범죄가 후손인 우리에게 정죄와 죽음이라는 확실한 결과를 가져왔듯이 그리스도의 순종은 믿음의 자녀 된 우리에게 칭의와 영생이라는 확실한 결과를 가져왔습니다. 아담 안에서 우리에게 일어난 일들이 사실인 것처럼 그리스도 안에서 일어난 모든 것이 사실임을 믿어야 합니다. 이것은 공식과 같습니다. 아담 안에서 죄인이 되었습니까? 예수님 안에서 의인이 되었습니다. 아담 안에서 죽었습니까? 예수님 안에서 살았습니다. 한쪽이 확실하면 다른 한쪽도 확실합니다. 우리는 이 사실을 반드시 믿어야 합니다. 믿어야 삽니다.

사랑하는 형제자매 여러분, 하나님의 자녀는 아담 안에서 예수님

안으로 옮김을 받았습니다. 그러므로 예수님 안에 있는 사람을 죄인이라고 하지 않습니다. 설혹 내일 죄를 지을지 모르지만 우리 모두는 의인의 신분으로 잘못을 범하는 것이지 죄인의 신분으로 잘못을 저지르는 것이 아닙니다. 우리가 죄를 범한다고 해도 어디까지나 하나님의 자녀로서 죄를 범하는 것입니다. 우리의 죄는 하나님의 사랑에 대한 거역이지 율법에 대한 거역이 아닙니다. 왜냐하면 예수님의 순종이 우리의 순종이 되었기 때문입니다.

우리가 아담 안에 있을 때 죽음이 우리를 지배했습니다. 그러나 우리가 예수님 안으로 옮김을 받은 이상 생명의 지배를 받습니다. 다음 말씀이 이를 증명해줍니다.

> 사망아 너의 승리가 어디 있느냐 사망아 네가 쏘는 것이 어디 있느냐 사망이 쏘는 것은 죄요 죄의 권능은 율법이라 우리 주 예수 그리스도로 말미암아 우리에게 승리를 주시는 하나님께 감사하노니(고전 15:55-57).

당신은 진실로 예수님을 믿는 사람입니까? 그렇다면 당신은 절대 죽지 않습니다. 하나님의 자녀에게는 죽음이 없습니다. 육신의 죽음이 있기는 하지만 성경은 우리 육신이 죽는 것을 '잔다'고 표현합니다.

> 우리가 예수께서 죽으셨다가 다시 살아나심을 믿을진대 이와 같이 예수 안에서 자는 자들도 하나님이 그와 함께 데리고 오시리라(살전 4:14).

육신의 생명이 떠나는 것은 영생으로 가기 위한 황금 마차를 타는 것입니다. 우리의 썩을 몸이 썩지 아니할 몸으로 덧입는 것입니다. 왜 그렇습니까? 우리 안에 계시는 예수님은 생명이시기 때문입니다. 아무도 우리에게서 이 영원한 생명을 빼앗지 못합니다. 주님이 말씀하셨습니다.

> 내가 그들에게 영생을 주노니 영원히 멸망하지 아니할 것이요 또 그들을 내 손에서 빼앗을 자가 없느니라(요 10:28).

우리 대신 자진하여 하나님께 순종하시고 아담의 불순종으로 인해 우리에게 임한 모든 저주와 형벌을 면제해주신 주님께 감사합시다. 우리를 아담 안에 두지 아니하시고 생명 되신 예수님 안으로 옮겨주신 하나님을 찬양합시다. 얼마나 좋으신 분인지요. 얼마나 고마우신 주님이신지요!

18

더욱 넘치는 은혜

로마서 5장 12-21절

12 그러므로 한 사람으로 말미암아 죄가 세상에 들어오고 죄로 말미암아 사망이 들어왔나니 이와 같이 모든 사람이 죄를 지었으므로 사망이 모든 사람에게 이르렀느니라 13 죄가 율법 있기 전에도 세상에 있었으나 율법이 없었을 때에는 죄를 죄로 여기지 아니하였느니라 14 그러나 아담으로부터 모세까지 아담의 범죄와 같은 죄를 짓지 아니한 자들까지도 사망이 왕 노릇 하였나니 아담은 오실 자의 모형이라 15 그러나 이 은사는 그 범죄와 같지 아니하니 곧 한 사람의 범죄를 인하여 많은 사람이 죽었은즉 더욱 하나님의 은혜와 또한 한 사람 예수 그리스도의 은혜로 말미암은 선물은 많은 사람에게 넘쳤느니라 16 또 이 선물은 범죄한 한 사람으로 말미암은 것과 같지 아니하니 심판은 한 사람으로 말미암아 정죄에 이르렀으나 은사는 많은 범죄로 말미암아 의롭다 하심에 이름이니라 17 한 사람의 범죄로 말미암아 사망이 그 한 사람을 통하여 왕 노릇 하였은즉 더욱 은혜와 의의 선물을 넘치게 받는 자들은 한 분 예수 그리스도를 통하여 생명 안에서 왕 노릇 하리로다 18 그런즉 한 범죄로 많은 사람이 정죄에 이른 것 같이 한 의로운 행위로 말미암아 많은 사람이 의롭다 하심을 받아 생명에 이르렀느니라 19 한 사람이 순종하지 아니함으로 많은 사람이 죄인 된 것같이 한 사람이 순종하심으로 많은 사람이 의인이 되리라 20 율법이 들어온 것은 범죄를 더하게 하려 함이라 그러나 죄가 더한 곳에 은혜가 더욱 넘쳤나니 21 이는 죄가 사망 안에서 왕 노릇 한 것 같이 은혜도 또한 의로 말미암아 왕 노릇 하여 우리 주 예수 그리스도로 말미암아 영생에 이르게 하려 함이라

지난 장에서 우리는 인류의 시조 아담이 장차 오실 예수 그리스도의 표상이 된다는 사실을 배웠습니다. 아담은 전 인류의 머리요 대표입니다. 반면에 예수 그리스도는 믿음으로 구원받는 하나님 백성의 머리요 대표가 되십니다. 우리는 불순종한 아담 안에서 함께 죄를 짓고 죽었습니다. 그러나 온전히 순종하신 예수님 안에서 의인으로 인정받고 살아났습니다. 이 위대한 복음을 깨닫는 사람마다 어찌 그 가슴에 감격이 넘치지 않겠습니까?

그러나 우리는 아담과 예수 그리스도가 일대일 대칭 관계를 이룬다는 식으로 단순히 이해하고 넘어가면 안 될 것입니다. 예수 그리스도와 아담을 평행선상에 놓고 보는 것으로 만족해서는 안 되는 이유가 있습니다. 예수 그리스도에게는 아담에게서 찾을 수 없는 그 이상의 무엇이 들어 있기 때문입니다.

　　　그러나 이 은사는 그 범죄와 같지 아니하니…(15절).

　　　또 이 선물은 범죄한 한 사람으로 말미암은 것과 같지 아니하니…(16절).

이렇게 '같지 아니하다'라는 말이 두 번 연속 나오는 것을 볼 수 있습니다. 무엇이 같지 않다는 말입니까? 15절은 아담의 범죄가 성경이 말하는 예수님의 순종과 같지 않다는 것을 설명하고 있습니다. 그리고 16절은 아담의 범죄로 인한 결과가 예수 그리스도의 순종으로 인한 결과와 동일하게 취급될 수 없음을 이야기하고 있습니다.

그런데 12절부터 21절 사이에 '은혜', '은사', '선물'이라는 용어가 무려 열 번이나 사용되고 있습니다. '은혜'와 '은사'는 '카리스'라는 동일한 어근을 가진 헬라어입니다. 이 둘을 의미상 엄격히 구별해서 보아야 할 성경 본문도 있습니다. 그러나 오늘 우리가 살펴보고 있는 로마서 5장에서는 은혜, 은사, 선물을 동일한 의미로 보아도 무방합니다.

우리를 향해 베풀어주시는 하나님의 사랑을 한마디로 '은혜'라고 할 수 있습니다. 우리는 이미 로마서 앞부분에서 인간의 본성에 대해 배운 바가 있습니다. 우리는 하나님 앞에서 연약하고, 경건치 아니하고, 죄인이며 원수 된 관계였다는 것을 알았습니다. 사실 우리는 하나님의 사랑을 받을 자격이 전혀 없습니다. 그럼에도 하나님께서는 우리에게 한없는 사랑을 베풀어주셨는데 이것이 '은혜'요, '은사'인 것입니다. 그리고 '은혜' 안에 들어 있는 구체적인 내용을 '선물'이라고 할 수 있습니다.

하나님은 우리를 의롭다 하시고 영원한 생명을 주셨습니다. 다시 말해 칭의와 영생을 우리에게 '선물'로 주신 것입니다. 그러므로 '은혜'나 '은사'나 '선물'은 굳이 구별할 필요가 없습니다. 우리가 어떤 사람에게 선물을 주려고 할 때 선물 꾸러미나 그 속에 든 내용물을 별도로 여기지 않는 것처럼 이 세 가지를 너무 예민하게 구별하지 않는 것이 바람직하다고 봅니다.

그러면 '같지 아니하다'를 정리해볼 필요가 있습니다. 우리는 무엇보다도 아담과 예수 그리스도가 같을 수 없다는 점에 유념해야 합니다. 예수 그리스도는 하나님이시요 참 사람이십니다. 그러나 아담은 하나님이 창조하신 한 줌의 진흙 덩이에 불과한 피조물입니다. 예수 그리스도는 하나님으로서 죄가 전혀 없으신 분이지만 아담은 죄인입니다.

물론 아담도 처음 창조되었을 때에는 죄가 없었습니다. 그러나 그는 유혹에 넘어갈 만한 약점을 지니고 있었으며 결국 죄인이 되고 말았습니다. 아담이나 예수 그리스도는 똑같이 마귀의 시험을 받았습니다. 그러나 아담은 굴복했고 예수 그리스도께서는 그 시험을 물리치셨습니다. 이런 점에서 볼 때 아담과 예수 그리스도는 도저히 비교가 되지 않습니다.

행위 면에서 보아도 아담과 예수 그리스도는 현저히 다를 수밖에 없습니다. 아담의 행위는 불순종으로 우리를 죽이는 것이었습니다. 반면에 예수 그리스도의 행위는 온전한 순종으로 우리를 살리는 것이었습니다. 어찌 죽이는 일과 살리는 일이 같이 취급될 수 있습니까? 그러므로 그 결과도 상반되게 나타날 수밖에 없습니다.

아담은 우리를 죄인 되게 만들었고 예수 그리스도는 우리를 의인 되게 만들었습니다. 아담의 전 생애를 요약하면 저주만 있을 뿐이고, 예수 그리스도의 전 생애를 요약하면 은혜만 있을 뿐입니다. 아담은 우리에게 온갖 저주를 안겨주었지만 예수 그리스도는 우리에게 온갖 은혜를 안겨주셨기 때문입니다. 성경에서 은혜를 많이 강조하는 이유가 바로 여기에 있습니다.

하나님 은혜의 충만성

하나님의 은혜는 우리를 만족스럽게 한다는 특징이 있습니다.

> … 더욱 하나님의 은혜와 또한 한 사람 예수 그리스도의 은혜로 말미암은 선물은 많은 사람에게 넘쳤느니라(15절).

예수 그리스도의 은혜는 더욱 넘치도록 주시는 것이 그 특징이라고 합니다.

> 한 사람의 범죄로 말미암아 사망이 그 한 사람을 통하여 왕 노릇 하였은즉 더욱 은혜와 의의 선물을 넘치게 받는 자들은 한 분 예수 그리스도를 통하여 생명 안에서 왕 노릇 하리로다(17절).

여기에서도 은혜는 더욱 넘치는 것으로 표현되어 있습니다.

> 율법이 들어온 것은 범죄를 더하게 하려 함이라 그러나 죄가 더한 곳에 은혜가 더욱 넘쳤나니(20절).

은혜의 특징은 넘치는 것인데 막연히 넘치는 것이 아니라 더욱 넘친다는 것입니다. 현대어로 바꾸면 '슈퍼'(super)라는 말이 삽입됩니다. 우리가 잘 아는 대로 슈퍼는 최상급입니다. 그래서 '더욱 넘친다'는 말은 '남아돈다', '측량할 수 없을 만큼 풍성하다', '삼킨다'는 의미가 있습니다. 그만큼 대단하다는 뜻입니다.

은혜는 항상 우리 생각 이상입니다. 하나님의 은혜에 대해 성경은 여러 곳에서 더욱 넘친다는 의미로 말씀하고 있습니다. 사도 요한은 요한복음 1장 14절에서 예수 그리스도를 "은혜와 진리가 충만"하신 분이라고 했습니다. 우리는 항상 그분으로부터 넘치는 은혜를 받습니다.

> 우리가 다 그의 충만한 데서 받으니 은혜 위에 은혜러라(요 1:16).

은혜 위에 은혜라는 말은 은혜가 더욱 넘치고 넘친다는 뜻입니다. 예수님이 세상에 오셔서 사역하실 때도 항상 넘치게 은혜를 주셨습니다. 성경에서 그 예를 찾아봅시다.

베드로는 밤새도록 고기를 잡았지만 빈 그물을 끌고 해변가로 힘없이 걸어나올 수밖에 없었습니다. 그때 주님은 어떻게 하셨습니까? 그물이 찢어질 정도로 많은 고기를 잡게 하셨습니다. 또 예수님께서 가나에 있는 혼인 잔칫집에 초대받아 가셨을 때 포도주가 모자라서 난감한 처지에 있는 것을 보시고 어느 정도로 채워주셨습니까? 한 병, 두 병이 아니지요. 마당에 있는 돌 항아리 여섯 개가 넘치도록 가득 채워주셨습니다.

또 예수님이 갈릴리 바다 건너편에 가셔서 허기에 지친 무리들을 먹이실 때에 어떻게 하셨습니까? 그저 겨우 배고픈 정도만 면하도록 하셨나요? 아닙니다. 보리떡 다섯 개와 물고기 두 마리를 가지고 오천 명이 포식을 하고도 열두 바구니가 남을 정도였습니다. 이처럼 예수님의 은혜는 넘치는 것이 특징입니다.

> 우리는 그리스도 안에서 그의 은혜의 풍성함을 따라 그의 피로 말미암아 속량 곧 죄 사함을 받았느니라(엡 1:7).

하나님의 은혜는 적당히 주는 것이 아니라 풍성하게 넘치도록 주시는 은혜입니다. 에베소서 2장에도 비슷한 말씀이 있습니다.

> … 그 은혜의 지극히 풍성함을 오는 여러 세대에 나타내려 하심이라 (엡 2:7).

하나님은 우리에게 은혜를 주시되 더 이상 줄 수 없을 만큼 지극히 풍성하게 주시는 분입니다. 에베소서 3장에도 그와 같은 말씀이 나옵니다.

> 우리 가운데서 역사하시는 능력대로 우리가 구하거나 생각하는 모든 것에 더 넘치도록 능히 하실 이에게(엡 3:20).

이처럼 하나님은 우리가 구하거나 생각하는 것보다 더욱 넘치도록 주신다고 말씀하고 있습니다.

죽음이 왕 노릇 하는 곳에 더욱 넘치는 은혜

어떤 경우에 은혜가 넘치는 것을 체험할 수 있습니까? 저는 오늘 본문에 의거해서 두 가지를 말씀드리려고 합니다. 먼저 은혜는 사망이 왕 노릇 하는 데서 더욱 넘칩니다.

> 한 사람의 범죄로 말미암아 사망이 그 한 사람을 통하여 왕 노릇 하였은즉 더욱 은혜와 의의 선물을 넘치게 받는 자들은 한 분 예수 그리스도를 통하여 생명 안에서 왕 노릇 하리로다(17절).

이 말씀에서 보다시피 아담이 범죄함으로 인하여 사망이 왕 노릇 하게 되었습니다. 아담이 불순종한 순간부터 세상은 사망이 권세를 휘두르는 공동묘지가 되어버렸습니다. 왕 노릇 한다는 말은 그 힘이 굉장히 강하다는 것을 암시합니다. 그가 하고 싶은 대로 무엇이든지 다 한다는 말입니다. 이 사망의 철권 아래 굴복하지 않는 사람을 본 적이 있습니까? 사망은 잔인무도한 폭군입니다. 누가 이 무서운 세력을 피할 수 있단 말입니까?

모세는 사망을 빗대어서 "그들을 홍수처럼 쓸어가시나이다"(시 90:5)라고 표현했습니다. 쉽게 공감이 되지 않는 말씀입니다. 한 통계에 의하면 하루에 인천광역시 인구만큼의 사람이 지구상에서 사라진다고 합니다. 매일 이렇게 많은 사람들이 죽음에 이른다는 것을 염두에 두고 사는 사람은 드물 것입니다.

그러나 그다음에 나오는 말씀이 매우 중요합니다. 17절에서 "더욱 은혜와 의의 선물을 넘치게 받는 자들"은 누구입니까? 바로 예수 믿는 사람들을 가리킵니다. 하나님 앞에 의롭다 함을 받고 영생을 선물로 얻은 성도를 말합니다. 우리가 이와 같은 은혜를 넘치게 받았기 때문에 생명 안에서 왕 노릇 하게 된 것입니다. 생명 안에서 왕 노릇 하는 것은 더욱 넘치게 받은 은혜가 안겨준 결과입니다. 이것은 미래형 동사로서 미래에 가서 확실하게 누릴 영광을 의미합니다. 그렇지만 은혜와 의의 선물을 넘치게 받는 것은 현재형 동사로 적었습니다. 우리는 은혜와 의의 선물을 지금 이 세상에서 받고 있습니다. 현재 이와 같이 넘치는 은혜를 받고 있기 때문에 이미 우리는 생명이 왕 노릇 하는 자리에 들어가 있는 것입니다.

우리는 병들거나 노쇠하면 자연히 사망의 손에 끌려가게 됩니다. 그러나 사망은 우리의 영혼에 그 추악한 손을 대지 못합니다. 우리는 죽음에 대해서 본능적인 공포는 있지만 인간 실존의 공포는 없다고 할 수 있습니다. 왜냐하면 이미 하나님이 넘치도록 주신 생명 안에 있기 때문입니다. 사망은 우리 육신의 죽음에 대해서 패색이 역력합니다.

> 사망이 쏘는 것은 죄요 죄의 권능은 율법이라(고전 15:56).

이것은 사망을 의인화시켜 말하는 것입니다. 사망은 호시탐탐 우리를 끌고 가고자 기회를 노립니다. 그러나 의롭다 함을 받은 하나님의 자녀는 끌고 가지 못합니다. 하나님이 무조건 의롭다고 인정하셨는데 어떻게 그럴 수 있겠습니까? 죄가 있어야 쏠 수 있습니다. 하나님의 은혜를 넘치게 받은 성도에게는 사망이 자기 마음대로 하지 못합니다.

우리가 잘 알다시피 화살을 힘있게 날려 보내려면 그만큼 강한 힘으로 받쳐주어야 합니다. 그런데 우리를 쏘려고 하는 사망의 시위는 이미 끊어진 것이나 다름없습니다. 왜냐하면 우리는 율법에서 자유를 얻었기 때문입니다. 예수 그리스도가 우리를 대신하여 율법을 지켜주셨기 때문에 사망이 그것을 들고 나와 우리를 공격할 수 없습니다.

구약을 보면 이런 사실을 증명할 수 있습니다. 사망은 무차별로 사람을 끌어다가 무덤에 집어넣습니다. 하지만 에녹과 엘리야에게는 호되게 망신을 당했습니다. 에녹과 엘리야는 죽지 않고 하나님 나라로 승천했습니다. 사망은 닭 쫓던 개가 지붕 쳐다보는 꼴이 되고 말았습니다. '허허 내 손에 안 들어오는 자도 있구나.' 아마 사망은 이렇게 중얼거렸을 것입니다. 그러나 이것은 아무것도 아닙니다.

예수 그리스도가 십자가에서 죽으신 지 사흘 만에 부활하시자 사망은 급소를 찔리고 말았습니다. 다시 일어설 수 없을 만큼 치명타를 당했습니다. 머지않아 사망의 비참한 종말이 임할 것입니다.

> … 사망과 음부도 그 가운데에서 죽은 자들을 내주매…(계 20:13).

사망이 끌어다가 무덤에 집어넣은 자들이 다 부활한다는 말입니다. 사망은 사람들을 끌고 무덤에 던질 때는 자기가 승리한 줄 알고 자신만만했지만 예수 그리스도로 말미암아 먹은 것을 다 토해내지 않고는 배길 수 없게 되었습니다.

> 사망과 음부도 불못에 던져지니 이것은 둘째 사망 곧 불못이라(계 20:14).

사망과 음부는 같은 뜻입니다. 종말이 되면 사망이 영원히 자취를 감추게 될 것입니다. 우리는 어떻게 될까요?

> 이 썩을 것이 썩지 아니함을 입고 이 죽을 것이 죽지 아니함을 입을 때에는 사망을 삼키고 이기리라고 기록된 말씀이 이루어지리라(고전 15:54).

그때는 우리 몸이 새로워질 것입니다. 영원히 사는 사람으로 완전히 바뀔 것입니다.

> 우리 주 예수 그리스도로 말미암아 우리에게 승리를 주시는 하나님께

감사하노니(고전 15:57).

우리는 사망을 이겼습니다. 사망을 삼키고 이긴 것입니다. 고래가 요나를 삼키듯이 예수 그리스도의 생명을 받은 우리가 사망을 완전히 집어삼킨 것입니다. 이것이 생명 안에서 왕 노릇 한다는 말입니다. 이것은 이미 시작된 일입니다. 우리는 이미 왕 노릇 하기 시작했습니다.

그런데 생명 안에서 왕 노릇 한다는 것은 사망을 이겼다는 것만을 의미하지 않습니다. 그 이상의 은혜가 있습니다. 그것은 예수님의 생명을 영원토록 누리는 일까지 다 포함합니다. 예수님과 함께 영원토록 살면서 즐거워하는 놀라운 복을 우리가 다 누리게 되는 것입니다.

여기에서 한 가지 질문을 던질 수 있습니다. 우리가 예수 믿고 구원받는 것이 아담이 죄짓기 전의 원상태로 회복되는 것일까요? 아니면 그 이상일까요? 후자가 옳은 대답입니다. 우리는 아담의 원상태로 복귀하는 것이 아닙니다. 만약에 우리가 아담이 죄짓기 이전, 에덴동산의 상태로 회복하는 것이라면 문제가 크다고 할 수 있습니다. 마귀가 또다시 우리를 유혹할 경우 반드시 넘어가지 않으리라고 보장할 수 없기 때문입니다.

그러므로 하나님께서 우리에게 주시는 영생은 아담이 누리지 못한 수준의 영생을 의미한다고 볼 수 있습니다. 그때는 죄가 다시 유혹하지 못할뿐더러 죽음이 우리를 끌고 가지 못할 것입니다. 생명 안에서 왕 노릇 한다는 것이 얼마나 엄청난 의미를 지니는 것인지 놀라지 않을 수 없습니다.

사실 죽음은 잔혹한 것입니다. 이제 갓 태어난 어린아이들을 죽음이 끌고 갈 때 우리는 얼마나 통분을 느낍니까? 아직도 젊디젊은 부부를 죽음이 갈라놓는 것을 볼 때 우리는 얼마나 처절한 슬픔 속에 빠집니까? 이런 사망의 잔혹한 행동 앞에 울분을 느끼지 않는 사람은 한 사람도 없을 것입니다. 예수님도 우셨으니까요. 그분도 사랑하는 사람의 죽음 앞에서 눈물을 흘리셨습니다. 그러나 사망이 난폭하게 날뛰도록 내버려두시는 데는 하나님의 선한 뜻이 숨어 있는 것입니다. 은혜가 얼마나 넘치는가를 더욱 실감 나게 확인시키려는 의도라고 저는 믿습니다.

성경에서 그 예를 찾을 수 있습니다. 이스라엘 백성이 출애굽을 할 시점에 이르렀을 때 바로는 더 완악해졌습니다. 바로가 점점 더 완악해지니까 하나님의 이적 기사가 더 강하게 역사했습니다. 그가 완악해지면 완악해질수록 하나님의 은혜는 더욱 크게 임하고 이스라엘 백성은 하나님의 놀라운 권능을 더욱더 실감하게 되었던 사건을 우리가 잘 알고 있습니다.

오늘 우리의 현실을 보아도 마찬가지라고 생각합니다. 현대 사회는 이곳저곳에서 너무나 비참하고 고통스러운 비극이 꼬리에 꼬리를 물고 일어나고 있습니다. 왜 하나님은 우리를 이와 같은 기막힌 현실 속에서 살아가게 하시는 것일까요? 사망이 날뛰면 날뛸수록 하나님의 역사가 더욱 힘있게 역사하는 것을 우리에게 보여주시기 위함이라고 생각합니다.

우리 중에는 사랑하는 사람을 떠나보내고 고통스러워하며 눈물 흘리는 분들이 많이 계실 줄 압니다. 그분들을 위하여 특별히 말씀드리고 싶습니다. 고통이 크면 클수록 하나님의 은혜는 더욱 넘친다는 것을 믿으십시오. 지금도 그 은혜는 넘치고 있지만 장차 주님 앞에 가서 누릴 그 영광은 우리가 세상에서 사망 때문에 고통을 당한

이상으로 더 크게, 더 실감 나게, 더 영광스럽게 누리게 된다는 것을
확신하십시오.

**죄가 많은 곳에
더욱 넘치는 은혜**

다음으로 은혜는 죄가 많은 곳에 더욱 넘칩
니다. 20절 말씀은 율법의 기능에 대해 말하고 있습니다.

> 율법이 들어온 것은 범죄를 더하게 하려 함이라….

율법은 더러운 지하 감옥에 갇혀 있는 죄수에게 간수가 들고 오는 등불과 비슷한 역할을 합니다. 등불이 없을 때 죄수는 자기가 얼마나 더러운 곳에 살고 있는지도, 자기 몸에 오물이 얼마만큼 묻어 있는지도 모르고 지냅니다. 그런데 간수가 등불을 들고 오면 비로소 자기가 형편없이 더러워져 있다는 것을 알게 됩니다.

율법이 이와 같습니다. 율법은 하나님의 완전하고 거룩한 표준이기 때문에 우리의 죄 됨을 여실히 들추어내어 보여줍니다. 마치 간수가 들고 온 등불 같습니다. 등불을 가지고는 얼굴을 깨끗이 닦을 수 없습니다. 마찬가지로 율법 그 자체는 우리의 죄를 깨끗하게 할 수 없습니다. 등불에 비추어 보아 자기가 더럽다는 것을 안 사람은 몸을 씻기 위해서 세면대로 달려갑니다. 이와 같이 율법을 통해서 자기가 얼마나 악한가를 발견한 사람은 자기 죄를 용서받기 위해서 십자가를 향해 달려가게 되는 것입니다.

그러므로 율법 앞에서 자기 자신이 얼마나 악한가를 덜 보면 덜 보는 것만큼 은혜는 약하다고 할 수 있습니다. 그러나 율법 앞에서

자기가 악한 것을 많이 보면 볼수록 그 사람은 하나님의 은혜를 더 많이 받을 수 있습니다. 자기의 죄악을 씻기 위하여 주님 앞에 무릎을 꿇고 매달리기 때문입니다. 그만큼 더 십자가의 은혜를 사모하기 때문에 주님이 주시는 은혜를 더 많이 받을 수 있는 것입니다.

20절의 중간부터 우리가 참 좋아하는 말씀이 나옵니다.

> … 그러나 죄가 더한 곳에 은혜가 더욱 넘쳤나니.

죄가 많은 곳에는 은혜도 더욱 풍성하다는 말입니다. 이 은혜는 다음 세 가지 경우에 체험할 수 있습니다. 첫째, 죄의식이 강하게 머리를 쳐들 때마다 체험할 수 있는 은혜입니다. 우리가 예수님을 믿으면 모든 죄를 용서받았기 때문에 마음속 죄와의 싸움이 깨끗이 사라지는 듯한 착각을 하기 쉽습니다.

그런데 예수님을 잘 믿고 믿음이 좋아지는데도 계속 마음에는 죄 때문에 고통과 갈등이 일어날 수 있습니다. 죄의식이 예민하게 되살아나고 조그마한 것에도 죄의식을 느낄 때가 있습니다. 우리는 하나님의 말씀을 더 많이 알수록 죄에 대해서 더 예민해질 수 있다는 사실을 알아야 합니다. 성령의 사람이 될수록 육신의 정욕과 싸우는 갈등이 더 심해질 수 있습니다. 바울 사도가 이것을 일종의 자서전적인 고백으로 잘 증명하고 있습니다. 로마서 7장에서 바울은 이렇게 탄식했습니다.

> 내 지체 속에서 한 다른 법이 내 마음의 법과 싸워 내 지체 속에 있는 죄의 법으로 나를 사로잡는 것을 보는도다(롬 7:23).

바울의 마음속에서 심한 갈등이 일어나고 있습니다. 그야말로 그리스도인만이 겪는 실존의 갈등입니다.

오호라 나는 곤고한 사람이로다 이 사망의 몸에서 누가 나를 건져내랴(롬 7:24).

견딜 수 없는 죄의식, 죄책감이 그의 마음을 짓누르는 것을 볼 수 있습니다. 바울처럼 우리가 죄책감으로 괴로움을 당하면 교활한 마귀는 잘됐다는 식으로 우리를 사정없이 공격합니다. 의심을 불러일으키고, 근심의 구렁텅이로 몰아넣고, 깊은 고통 속에 빠뜨립니다.
그런데 사랑하는 성도 여러분, 정말 놀라운 사실이 하나 있습니다. 이런 때일수록 넘치는 하나님의 은혜를 경험할 수 있다는 것입니다. 바울이 지금 그것을 증명하고 있습니다. 이어지는 말씀을 보겠습니다.

우리 주 예수 그리스도로 말미암아 하나님께 감사하리로다…(롬 7:25).

마치 엉엉 울던 아이가 갑자기 울음을 뚝 그치고 환호하는 것과 같은 상황이 벌어집니다. 어떻게 이런 일이 있을 수 있습니까? 바울의 마음속에 하나님의 은혜가 넘쳤기 때문입니다. 우리도 이 같은 은혜를 체험할 수 있습니다. 죄책감으로 인해 갈등하며 괴로워하는 분이 있다면, 그럴 때일수록 하나님의 은혜는 더욱 넘친다는 것을 믿기 바랍니다. 주님을 바라보며 그분께 전적으로 의지하기만 하면 넘치도록 부어주시는 은혜를 체험할 수 있습니다.

둘째, 죄를 많이 지은 자가 특별히 체험할 수 있는 은혜입니다. 다시 말하면 부끄러운 과거를 가진 사람들이 체험할 수 있는 은혜입니다. 과거에 저질렀던 죄악은 문득문득 되살아나는 악몽과 같습니다. 아무리 용서받았다고 믿어도 자꾸 되살아나서 괴롭힐 때가 있습니다. 그래서 불안이 옵니다. 고통이 옵니다. 이것은 세상에서 완전히 버림받은 창녀 같은 사람에게만 해당되는 이야기가 아닙니다. 우리 모두의 이야기입니다. 놀랍게도 그토록 믿음이 탁월했던 바울 역시 그런 사람이었습니다.

> 내가 전에는 비방자요 박해자요 폭행자였으나 도리어 긍휼을 입은 것은 내가 믿지 아니할 때에 알지 못하고 행하였음이라 우리 주의 은혜가 그리스도 예수 안에 있는 믿음과 사랑과 함께 넘치도록 풍성하였도다 미쁘다 모든 사람이 받을 만한 이 말이여 그리스도 예수께서 죄인을 구원하시려고 세상에 임하셨다 하였도다 죄인 중에 내가 괴수니라(딤전 1:13-15).

바울이 자기의 과거를 돌아보며 '비방자요 박해자요 폭행자요 죄인의 괴수로다' 하며 괴로워할 때마다 자기와 같은 죄인을 부르시고 모든 죄를 용서해주셨을 뿐 아니라 복음의 증인으로 불러 일하게 해주신 하나님의 그 넘치는 은혜를 특별히 체험했다는 말입니다. 우리는 남에게 말할 수 없는 죄책감, 자기가 자기를 용서할 수 없는 가책 때문에 고통스러워하고 괴로워할 때가 있습니다. 그럴 때마다 "이 부끄러운 과거 때문에 하나님의 은혜는 더욱 넘치는 거야" 하고 큰소리를 쳐야 합니다. 그러면 자신도 모르는 사이에 넘치도록 채워주시는 하나님의 은혜를 맛볼 수 있을 것입니다.

셋째, 이것은 실제로 어떤 죄를 범한 자리에서 체험할 수 있는 은혜입니다. 죄를 범하는 것은 매우 불행한 일입니다. 그러나 우리의 범죄를 통해서 하나님이 주시는 특별한 은혜가 있습니다. 일곱 번씩 일흔 번이라도 용서해주시는 은혜입니다. 주님은 간음한 여인을 보고 이렇게 말씀하셨습니다.

… 나도 너를 정죄하지 아니하노니 가서 다시는 죄를 범치 말라…(요 8:11).

그 죄 많은 여인이 주님의 크신 은혜에 얼마나 감격하며 뜨거운 눈물을 흘렸겠습니까? 우리는 하나님 사랑의 품이 얼마나 넓고 큰지 평소에는 잘 모르다가 죄를 짓고 나서야 비로소 깨닫곤 합니다. 죄를 짓고 보니 용서해주시는 하나님의 사랑이 얼마나 대단한지를 비로소 알게 된다는 말입니다.

이제 우리는 종합해서 이렇게 말할 수 있습니다. "죄의식이 많은 자의 심령일수록 은혜는 더 넘치고, 남보다 더 악하다고 생각하는 자일수록 은혜는 더 넘치고, 자칫 실수하여 죄를 지었을 때 은혜가 더 넘친다." 옳은 말입니다. 그러나 이 말은 오해의 소지가 많습니다. 은혜가 더욱 넘치도록 하기 위해서는 죄를 지을수록 좋다는 말을 할 수 있기 때문입니다. 이런 위험에 대해서는 6장에서 다루고 있습니다.

그러나 아무리 오해할 소지가 많아도 사실은 사실입니다. 우리가 잘 아는 사실이 있습니다. 아이가 병이 나서 앓아 누우면 어머니는 애끓는 심정으로 간호를 합니다. 앓는 것이 좋은 일은 아니지만 아이에게는 어머니의 특별한 사랑을 독차지할 수 있는 소중한 기회가 됩니다. 마찬가지로 죄짓는 것은 절대 좋은 일이 아니지만 범죄함으로 인해 하나님의 사랑을 특별히 체험할 수 있는 것도 사실입니다. 남보다 더 악하다는 갈등과 불안을 안고 있는 사람일수록 하나님의 은혜가 더욱 넘칠 수 있습니다. 오해를 백 번 한다 해도 그것은 사실입니다. 21절을 잠깐 주목합시다.

> 이는 죄가 사망 안에서 왕 노릇 한 것같이 은혜도 또한 의로 말미암아 왕 노릇 하여….

죄의 반대는 '의'라고 할 수 있지 않습니까? 죄가 왕 노릇 한다면 의가 왕 노릇 한다는 말로 대구를 이루어야 하는데 의라는 말 대신 은혜가 왕 노릇 한다고 말씀합니다. 이 점을 우리가 주목해야 합니다. 죄를 상대할 적수는 우리 안에 있는 의가 아닙니다. 우리를 의롭다고 하신 하나님의 은혜가 우리 죄를 처리해주신다는 것을 알아야 합니다. 나를 사랑하사 나를 위하여 죽으신 예수님의 은혜가 죄를 이깁니다.

그러므로 우리가 죄를 범하지 않고 살 수 있는 순간이 있었다면 그것은 전적으로 하나님의 은혜입니다. 우리가 죄를 범하고도 절망하지 않고 일어설 수 있었다면 그것 역시 전적으로 하나님의 은혜입니다. 나의 나 된 것은 하나님의 은혜뿐입니다.

> 그러나 나의 나 된 것은 하나님의 은혜로 된 것이니…(고전 15:10).

그러므로 하나님의 은혜가 왕 노릇 한다고 말하는 것입니다. 죄는 항상 우리를 낙담시킵니다. 그러나 하나님의 은혜는 인색함 없이 주고 또 주십니다. 관대함과 아량은 은혜의 본질입니다. 죄는 적을수록 좋고, 재물은 적당할수록 좋고, 은혜는 많을수록 좋습니다. 우리가 은혜만은 넘치게 받아야 합니다, 마음속에서 고개를 드는 죄 때문에 고통이 옵니까? 자주 빠지는 어떤 죄로 인해서 근심합니까? 과거의 죄를 되돌아보며 두려워합니까? 그런 때일수록 주님 앞으로 더 열심히 나오십시오. 주님의 십자가를 바라보며 그분의 사랑을 간구해보십시오. 하나님은 그런 사람에게 더욱 넘치는 은혜를 허락해주십니다.

우리는 죽음이 왕 노릇 하는 곳에 은혜가 더 넘친다는 사실을 알았습니다. 이것이야말로 우리에게 굉장한 구원의 확신을 안겨줍니다. 설혹 죄를 범하더라도 버림받지 않았다는 강한 믿음을 가질 수 있는 이유는 의롭다고 하신 주의 은혜가 더욱 넘치기 때문입니다.

사망이 우리를 끌고 갈 수 없다는 강한 믿음을 가질 수 있는 이유는 영생을 주신 하나님의 은혜가 더욱 넘치기 때문입니다. 고린도전서 3장을 보면 불 가운데서 구원받은 사역자 이야기가 나옵니다. 주님의 일을 하시는 분들 중에 가끔 부끄러운 사람이 좀 있습니다. 저도 그런 사람 중의 하나일지 모르겠습니다. 물론 주님 앞에 가보면 알게 되겠지요.

그런데 인간적으로 말한다면 저는 소위 정치 목사를 참 싫어합니다. 정치라는 것은 원래 더러운 것이 아닙니까? 목사가 정치에 재미를 붙이면 자기도 모르게 부패하고 더러워집니다. 한국교회의 역사를 되짚어보면 교단 정치에 손을 댔다가 망한 목사들이 참 많습니다. 한때 자기 마음대로 휘두를 때는 좋았을지 모르지만 그것이 결코 오래갈 수 없지요. 나중에는 교회에서 쫓겨나 거지처럼 돌아다니는 사람이 있었습니다. 그렇지만 그런 사람을 보고 구원은 받을 수 있을까 하며 의심해서는 안 됩니다. 비록 잘못은 했지만 예수님을 믿는 것이 확실하다면 그의 죄가 큰 만큼 그를 향한 하나님의 사랑도 큰 것입니다.

목욕탕에 불이 나서 사람들이 전부 벌거벗고 뛰어나왔다는 기사를 본 적이 있습니다. 비록 부끄러운 목사지만, 그래서 벌거벗고 불 속에서 뛰어나오듯이 겨우 천국에 들어가는 부끄러운 구원을 받을지 모르지만, 그런 자를 위해 주시는 하나님의 은혜가 따로 있다고 믿습니다. 그러므로 하나님의 은혜는 우리가 생각하는 것을 훨씬 뛰어넘는 그리고 우리의 어떤 죄악보다 더 풍성하게 넘친다는 것을 알아야 할 것입니다.

사랑하는 형제자매 여러분, 하나님이 주시는 은혜가 이토록 넘치는데 우리가 이 은혜를 누리지 못한다면 얼마나 부끄러운 일이겠습니까? 이토록 넘치게 주시는 하나님의 은혜를 우리가 누리지 못한다면 악을 범하는 것이라고 해도 과언이 아닙니다.

하나님은 우리를 왕자처럼 살도록 만들어주셨습니다. 그런데 우리가 거지로 산다면 어떻게 그분을 위한다고 할 수 있겠습니까? 죽음이 왕 노릇 하는 곳에 하나님의 은혜는 더욱 넘치고, 죄가 많은 곳에 하나님의 은혜는 더욱 넘칩니다. 그렇기 때문에 우리는 은혜 속에서 빈궁하게 살면 안 되는 것입니다. 하나님은 우리에게 은혜만은 풍성히 주신다고 약속하셨습니다. 어려움을 당할 때마다 우리 자신이 누구인가를 생각하며 넘치도록 부어주시는 하나님의 은혜를 사모합시다. 우리는 하나님 나라의 왕궁에서 살 왕자들입니다.

Index of Scripture Passages / 성경구절 색인

○ 창세기
- 1:27-28   340
- 2:16-17   333
- 3:5   211
- 3:19   333
- 6:5-7   202
- 8:20-21   202
- 9:25   341
- 12:2   15
- 15   236, 255
- 15:2-3   263
- 15:5   236, 256
- 15:6   236
- 17:17-18   263
- 18:12   263-264
- 18:14   305

○ 출애굽기
- 19:22   71

○ 신명기
- 4:6   150
- 4:29   176-177

○ 역대상
- 29:11   305

○ 시편
- 7:11   74
- 10:7   176
- 14:1, 3, 5   176
- 16:10   15
- 36:1   176
- 51:12   64
- 53:1   91
- 90:5   359
- 104:2   94
- 106:21-22   342
- 140:3   176

○ 잠언
- 3:12   72
- 9:17   98
- 16:2   138

○ 이사야
- 11:1   15
- 14:14   211-212
- 49:6   15
- 53   15
- 59:7-8   176
- 61:1   15

○ 예레미야
- 17:9   179

○ 에스겔
- 18:23   191

○ 하박국
- 1:13   71
- 2:4   197

○ 마태복음
- 1:1   234
- 3:15   345
- 5:17   224
- 7:9-10   296
- 7:21   156, 253
- 12:34   179
- 17   317
- 17:4   318
- 17:20   260
- 23:3   155
- 26:39   346

○ 마가복음
- 6:6   305

○ 누가복음
- 5:32   170
- 9:23   20
- 12:5   75
- 12:47-48   92
- 16:15   134
- 18:11-12   222-223
- 18:11   132
- 23:42   253
- 23:43   254

○ 요한복음
- 1:14   357
- 1:16   357
- 6:47   253
- 8:11   368
- 8:32   332
- 8:56   237
- 10:28   349
- 14:1-2   311
- 15:11   311-312
- 16:23   295

○ 사도행전
- 1:8   55
- 1:31   223
- 3:6   55
- 4:12   223
- 7:56   313
- 9:15   13
- 9:16   17

13:35	15			110, 123	3:18	182
20:24	18	1:27	114	3:19-26	189
		1:28	79, 108-109	3:19-20	183
○로마서		1:29	115	3:21-24	197
1:1-17	35	1:32	120, 121	3:21	196, 197
1:1-7	9	2:1-16	125, 128	3:22	197, 232
1:1	33	2:1	128, 131, 134	3:23	197, 315
1:2	14	2:3	134	3:24	200, 205, 213
1:3-4	14	2:4	135, 136	3:25-26	195
1:3	16	2:5-6	141	3:25	200, 201
1:4	16	2:5	81	3:26	204
1:6	19, 28, 36	2:7	137	3:27-31	209
1:7	36	2:9-10	129	3:27	213, 214
1:8-17	31, 49	2:11	141	3:28	232
1:8	36	2:14	140	3:29-30	220
1:10	36	2:15	121, 140	3:29	213
1:11	36, 43	2:16	82, 142	3:31	213
1:12	43	2:17-3:8	145	4:1-17	229, 235
1:13	36, 61	2:17-24	148	4:1-2	235
1:15	35, 36, 43, 51, 52	2:17	148	4:1	235
1:16-17	51	2:18	149	4:2	235
1:16	56	2:19-20	151	4:3	235-236
1:17-3:18	197	2:20	150	4:4-5	243
1:17	52, 57, 171, 197	2:21	151, 152	4:5	244
		2:22	152, 153	4:7-8	241
1:18	67, 69, 73, 74, 89, 115	2:23-24	154	4:9-12	235
		2:25-29	158, 159	4:10	239
1:19-25	73, 87	2:25	159	4:13	240
1:19-20	95	2:26	159	4:17	257
1:19	93	2:27	159	4:18-25	249
1:20	94	2:29	159	4:18	255, 256
1:21	91, 96, 177	3:1-2	150	4:19-21	262
1:22	96	3:3-8	161	4:19	255, 260
1:23-25	97	3:9-18	167	4:20-21	267
1:23	97, 100	3:9	172, 183	4:21-22	251
1:24	79, 98, 99, 111	3:10-18	175	4:21	260
		3:10-11	176	4:23-24	252
1:25	101, 104, 108	3:10	176	4:24	258
		3:12	177	4:25	259, 283
1:26-32	74, 105	3:13-15	178	5	354
1:26-27	111	3:15	180	5:1-11	269, 271, 272, 289,
1:26	79, 108,	3:16-18	181		

	294, 309
5:1-2	271
5:1	275, 283
5:2	292, 293, 297, 307, 312, 317
5:3-11	272
5:3-4	327
5:3	318
5:5	324
5:6-8	324
5:6	283
5:8	284, 294
5:9	83, 284, 294
5:10	272, 284, 294
5:12-21	329, 351, 354
5:12	332, 333
5:13-14	336
5:13	337
5:14	337, 344
5:15	343, 346, 353, 354, 356
5:16	343, 346, 353, 354
5:17	343, 356, 358, 359
5:18	343, 344
5:19	335, 343, 345, 346
5:20	356, 364, 365
5:21	347, 369
7:7	337
7:23	174, 365
7:24	279, 366
7:25	366
8:22-23	315
8:32	296
11:33	34, 205
13:13-14	38

14:7-8	21
15:20	35
16:27	35

○고린도전서

2:2	45, 55, 226
4:9	17
5:8	116
6:19-20	21
15:10	369
15:22	344
15:54	361
15:55-57	348
15:57	361-362
15:56	360

○갈라디아서

1:17-18	15
2:20	203
4:4	345
5:3	160
5:6	239

○에베소서

1:7	357
1:17	44
1:18-19	44
2:2	173
2:7	358
2:8-9	215
3:12	298
3:20	358

○빌립보서

3:5-6	215
3:7	226
3:21	316
4:19	305

○골로새서

2:13	280, 286

○데살로니가전서

4:14	348

○디모데전서

1:13-15	367
2:4	332
2:5	222
6:1	173

○디모데후서

4:10	254

○히브리서

4:16	298
9:27	181, 339
11:1	258
11:8	242
12:2	243, 288
12:11	319

○야고보서

4:2	307

○베드로전서

3:18	295

○요한일서

3:2	316

○요한계시록

20:13	361
20:14	361

국제제자훈련원은 건강한 교회를 꿈꾸는 목회의 동반자로서 제자 삼는 사역을 중심으로
성경적 목회 모델을 제시함으로 세계 교회를 섬기는 전문 사역 기관입니다.

옥한흠 전집 강해 01
로마서 1 내가 얻은 황홀한 구원

초판 1쇄 발행 1992년 10월 30일
개정4판 2쇄(32쇄) 발행 2024년 2월 29일

지은이 옥한흠

펴낸이 오정현
펴낸곳 국제제자훈련원
등록번호 제2013-000170호(2013년 9월 25일)
주소 서울시 서초구 효령로68길 98(서초동)
전화 02)3489-4300　**팩스** 02)3489-4329
이메일 dmipress@sarang.org

저작권자 (C) 옥한흠, 1992, Printed in Korea.
이 책은 저작권법에 의해 보호를 받는 저작물이므로 저자와 출판사의 허락 없이
내용의 일부를 인용하거나 발췌하는 것을 금합니다.

ISBN 978-89-5731-786-0 04230
ISBN 978-89-5731-785-3 04230(세트)

※ 책값은 뒤표지에 있습니다. 잘못된 책은 구입하신 곳에서 교환해드립니다.